말/하/기/집/중/트/레/이/닝

일본어 제대로 말문트기!!

민나노 독학 일본어 공부

해설 한국외국어대학교 강사 **장성숙 · 조수진**
시사일본어학원 강사 **임성훈**

시사일본어사

2001년, 「민나노 니홍고」 한국판이 출간된지 6년. 지금도 여전히 그 인기는 독자들에게서 증명되고 있습니다. 이에 발 맞추어 좀더 쉽고 효율적으로 「민나노 니홍고」를 독학할 수 있는 교재가 나왔습니다.

말하기 중심교재
이 책은 「민나노 니홍고」가 중점을 둔 반복연습을 더욱 살려 더 효율적으로 공부할 수 있도록 고안되어 있습니다. 본 내용은 살리되 구성을 새롭게 하여, 말하기 중심 교재로 탈바꿈하였습니다.

꼼꼼하게 짚어주는 핵심문형, 문법, 표현
기존의 바꿔넣기 연습만 하던 것을 문형으로 제시하여 좀더 머리속에 쏙쏙 들어오도록 구성하였으며, 꼭 필요한 문법 내용과 알아두면 좋을 표현도 첨가하였습니다. 여기서 확실히 배운 다음 그 뒤로 계속 입을 훈련하는 연습이 이어집니다.

특별 부록 두가지 스타일의 MP3 CD 훈련용 · 도전자용
책을 보면서 네이티브의 음성을 듣는 것은 무엇보다 중요한 사항입니다. 이에 이 책에는 말하기 훈련용 MP3 CD 를 부록으로 넣었습니다. 책을 보며 음성을 듣고 2 번씩 따라해보는 구성이라 독학자에게 아주 효율적입니다. 그리고 훈련용과 함께 도전자용도 따로 준비되어 있습니다. 훈련용으로 실력을 기르셨다면 이제 책을 덮고, 문장을 만드는 도전을 해볼 수 있습니다. 통학이나 통근 시 도전자용을 연습하면 한층 말하기가 업그레이드된 자신을 발견할 것입니다.
[회화랑 친해지기]는 A, B로 역할을 나눠서 말할 수 있도록 되어 있어 혼자서도 충분히 회화 연습을 할 수 있습니다.

친절한 정답, 본문, 스크립트 해석
기존 교재에는 없었던 해석과 연습정답을 별책에 담아 혼자서도 「민나노 니홍고」를 마스터 할 수 있습니다.

이 책을 통해 일본어에 자신감을 가지시기를 바라며, 단계별로 차근히 올라가 마스터의 경지까지 이르시길 바랍니다.

Contents 차례

Structure 이 책의 구성과 특징

중요 단어 파악하기

본 내용에 들어가기 전 중요 단어를 제시함으로서 그 과에서 배울 내용을 미리 예측해 봅니다.

여기서 주요 단어를 파악해 두면 본 내용을 이해하는데 큰 도움이 됩니다.

 에는 없습니다.

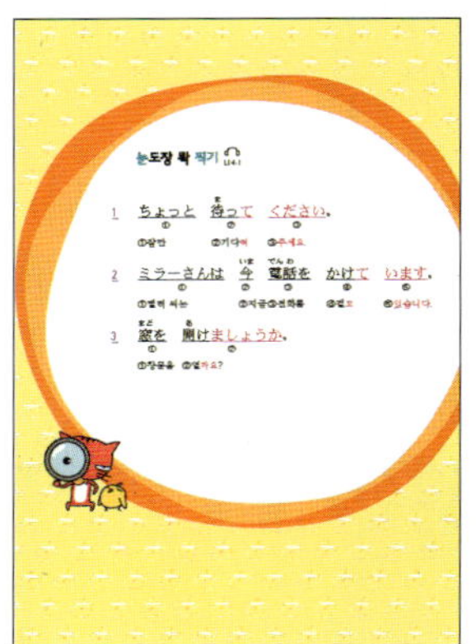

눈도장 콱 찍기

그 과의 중심문형을 우선 눈으로 찍고 가는 페이지입니다. 가장 핵심적인 내용만을 모아놓았기 때문에 여기 있는 문장만 달달 외워도 그 과의 문형은 모두 익혔다고 할 수 있습니다. 음성을 들으면서 모두 암기해 놓읍시다.

 의 **文型**에 해당

워밍업 하기

본 문형에 들어가기전 기본 문법 사항으로 워밍업하는 페이지입니다. 품사별 활용형의 원리를 설명하고 있습니다. 그냥 지나치지 말고 꼭 숙지하고 넘어가세요.

 에는 없습니다.

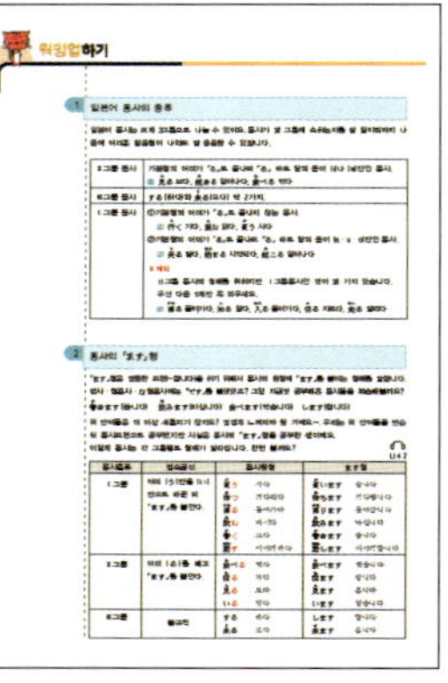

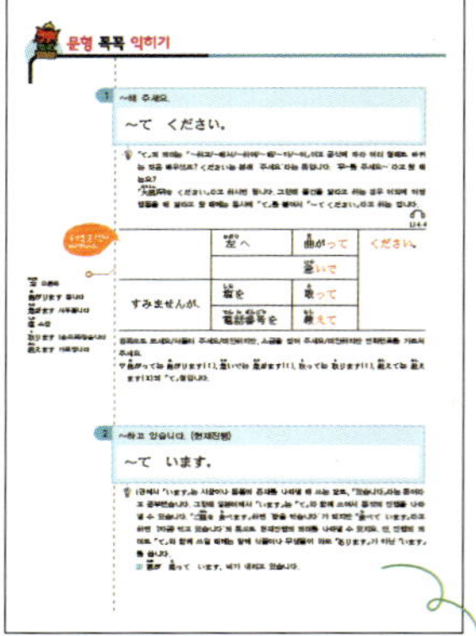

문형 꼭꼭 익히기

그 과의 중심문형을 공부하는 페이지입니다. 꼼꼼하게 문법설명을 숙지한 후 아래에 있는 문장 연습을 해봅시다. 여러 단어로 바꿔넣기를 하는 사이에 자연스레 문형이 몸에 익혀질 것입니다. 「훈련용 MP3」로 반복연습 하세요!

 의 **練習A**에 해당

하나하나 꼼꼼하게 문법설명을 해 놓았기 때문에 따로 문법책이 필요없습니다.

셀로판지 표시가 있는 곳은 답을 가리고 문제를 푸는 곳입니다.

입에 착 붙게 말하기

오래 일본어를 공부한 사람도 막상 말을 하려 하면 입이 탁 막히는 경우가 많습니다. 이는 말하기 훈련이 부족하기 때문입니다. 셀로판지로 답을 가린 후 우선 문장을 만들어보세요. 그 다음 정답을 확인한 후 음성을 들어보세요. 업그레이드 연습은 MP3 CD 「말하기 도전자용」에서 하세요!

 의 **練習B**에 해당

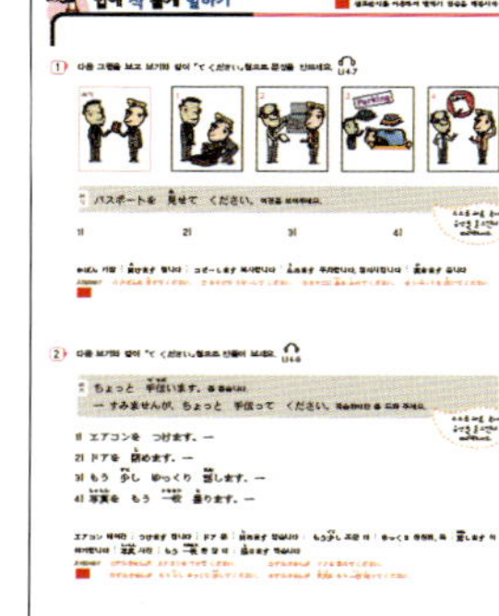

회화랑 친해지기

문형으로 말하기 훈련을 했다면 이제 회화입니다. 모두 비교적 간단하고 짧은 대화라 부담없이 연습을 할 수 있으니 걱정마세요! 보라색 부분의 단어를 바꿔가며 연습합시다. 녹음 또한 A, B로 역할을 맡아 연습할 수 있도록 배려되어 있으니 꼭 연습하세요!!

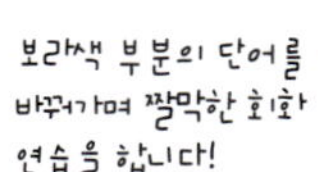 의 練習C에 해당

보라색 부분의 단어를 바꿔가며 짤막한 회화 연습을 합니다!

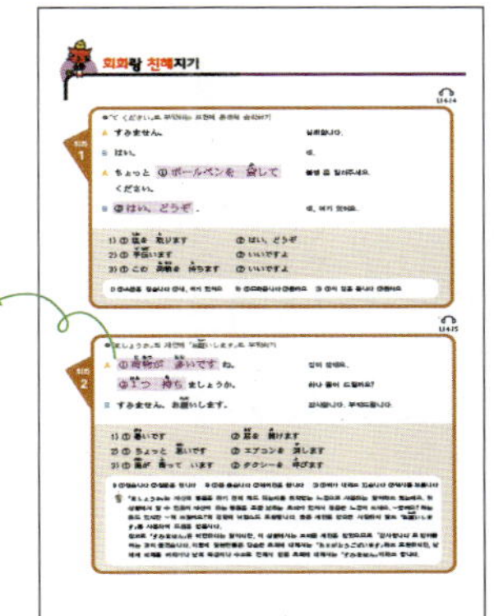

회화 고수되기

앞에서 충분히 말하기 연습을 하셨다면 이제 본격 회화입니다. 한번 음성을 들으며 읽은 다음, 아래에 있는 단어와 해석을 익히세요. 그 다음엔 셀로판지로 후리가나를 가린 다음 읽어보세요. 뜻을 생각하며 읽는 것이 중요합니다.

 의 会話에 해당

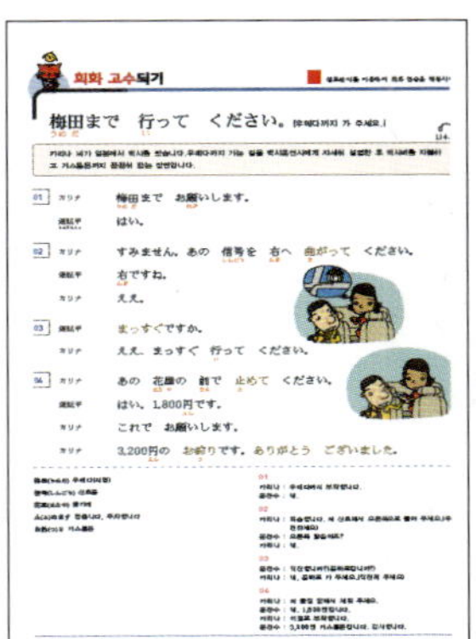

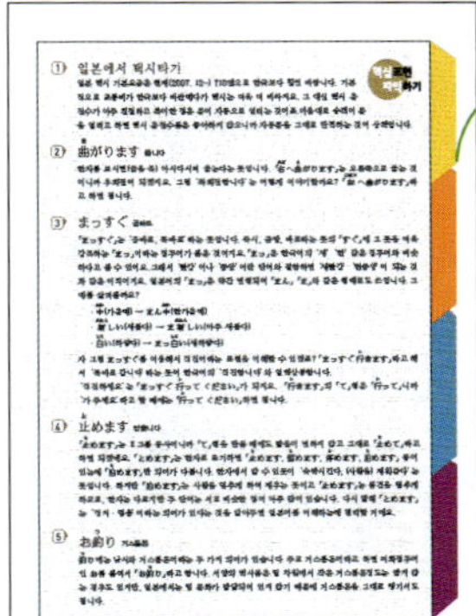

중요표현과 문법사항이 꼼꼼하게 정리되어 있습니다. 또한 함께 알아두면 좋을 내용까지 알차게 들어 있습니다.

*후리가나: 일본 한자 읽는 방법

도전 듣기 · 쓰기

이제 한 과를 마무리하는 테스트 페이지입니다. 듣기와 쓰기 문제로 나뉘어져 있으며, 앞에서 충분히 학습을 하셨다면 모두 푸실 수 있는 내용입니다. 자신의 능력을 시험해보세요!

 의 問題에 해당

스크립트&해답 별책

별책에 도전 듣기 · 쓰기와 중간고사 · 기말고사의 스크립트 해석과 해답이 자세하게 실려 있습니다. 문제를 푼 다음 답을 꼭 확인하세요!

스크립트와 해답, 해석까지 모두 실려 있습니다.

Charactor 등장인물

佐藤 けいこ
(さ と う)
(사토 게이코)

일본, IMC의 사원

マイク・ミラー
(마이크 밀러)

미국, IMC의 사원

カリナ (카리나)

인도네시아, 후지 대학의 학생

ホセ・サントス
(호세 산토스)

브라질, 브라질에어의 사원

マリア・サントス
(마리아 산토스)

브라질, 주부

ワン　シュエ
(왕 슈에)

중국, 고베 병원의 의사

山田　一郎
(や ま だ)(いちろう)
(야마다 이치로)

일본, IMC의 사원

山田　友子
(や ま だ)(とも こ)
(야마다 토모코)

일본, 은행원

<ruby>松本<rt>まつもと</rt></ruby> <ruby>正<rt>ただし</rt></ruby>
(마츠모토 타다시)
일본, IMC의 부장

<ruby>松本<rt>まつもと</rt></ruby> <ruby>良子<rt>よしこ</rt></ruby>
(마츠모토 요시코)
일본, 주부

<ruby>木村<rt>きむら</rt></ruby> いずみ
(기무라 이즈미)
일본, 아나운서

ジョン・ワット
(존 왓트)
영국, 사쿠라 대학의
영어 교사

カール・シュミット
(칼 슈미트)
독일, 파워전기의
기술자

이진주
한국, AKC의
연구자

タワポン (타와퐁)
태국, 사쿠라 대학
의 학생

グプタ (구푸타)
인도, IMC의 사원

<ruby>山田<rt>やまだ</rt></ruby> <ruby>太郎<rt>たろう</rt></ruby>
(야마다 타로)
일본, 초등학생, 8살
야마다 이치로와
토모코의 아들

テレサ・サントス
(테레사 산토스)
브라질, 초등학생, 9살
호세 산토스와
마리아의 딸

MP3 CD 의 구성

❶ 말하기 훈련용

교재안의 모든 음성 자료가 들어 있습니다. 셀로판지 표시가 있는 부분은 우선 그 부분을 셀로판지로 가린 다음 음성을 들으세요. 기본적으로는 한번씩, 「문형 꼭꼭 익히기」는 두번씩 녹음되어 있습니다. 처음에는 답이 맞았는지 확인하고, 두번째에는 네이티브와 똑같은 발음과 속도로 따라해 보세요! 「회화랑 친해지기」는 역할을 분담할 수 있도록 A, B가 따로 녹음되어 있습니다. 네이티브와 번갈아가며 회화를 해보세요.

❷ 말하기 도전자용

훈련용으로 연습을 충분히 하셨다면 이제 업그레이드 버전인 **도전자용**으로 연습하세요! 교재의 핵심 부분인 「입에 착 붙게 말하기」 부분을 집중 연습합니다.
들려주는 예문과 단어로 문장을 만드는 연습입니다. 단어를 기억하고 또 문장으로 만들어야 하는, 조금 어려운 연습이지만 이것만 마스터하면 평상시 일본어 말하기는 문제없습니다! 통학이나 통근시 연습해보세요!

초급완성코스   14~25과

Lesson 14

부탁표현과 현재진행표현

중요단어 파악하기

〜て ください ~해 주세요(~하세요)

〜て います ~하고 있습니다

〜ましょうか ~할까요?

1 ちょっと 待^まって ください。
　　①　　　　　②　　　　③
①잠깐　　　　　②기다려　　③주세요

2 ミラーさんは 今^{いま} 電話^{でんわ}を かけて います。
　　①　　　　　　②　　③　　　④　　　⑤
①밀러 씨는　　　　②지금 ③전화를　④걸고　　⑤있습니다

3 窓^{まど}を 開^あけましょうか。
　　①　　　②
①창문을　②열까요?

1 일본어 동사의 종류

일본어 동사는 크게 3그룹으로 나눌 수 있어요. 동사가 몇 그룹에 속하는지를 잘 알아둬야지 나중에 어려운 활용형이 나와도 잘 응용할 수 있답니다.

Ⅱ그룹 동사	기본형의 어미가 「る」로 끝나며 「る」 바로 앞의 음이 [i]나 [e]단인 동사. 예 見る 보다, 起きる 일어나다, 食べる 먹다
Ⅲ그룹 동사	する(하다)와 来る(오다) 딱 2가지.
Ⅰ그룹 동사	①기본형의 어미가 「る」로 끝나지 않는 동사. 예 行く 가다, 読む 읽다, 買う 사다 ②기본형의 어미가 「る」로 끝나도 「る」 바로 앞의 음이 [a·u·o]단인 동사. 예 売る 팔다, 始まる 시작되다, 起こる 일어나다 ※예외 Ⅱ그룹 동사의 형태를 취하지만 Ⅰ그룹동사인 것이 몇 가지 있습니다. 우선 다음 5개만 꼭 외우세요. 예 帰る 돌아가다, 知る 알다, 入る 들어가다, 切る 자르다, 走る 달리다

2 동사의 「ます」형

「ます」형은 정중한 표현(~합니다)을 하기 위해서 동사의 원형에 「ます」를 붙이는 형태를 말합니다. 명사·형용사·な형용사에는 「です」를 붙였었죠? 그럼 지금껏 공부해온 동사들을 복습해볼까요?
書きます(씁니다)　飲みます(마십니다)　食べます(먹습니다)　します(합니다)

위 단어들은 더 이상 새롭지가 않지요? 정겹게 느껴져야 할 거에요~. 우리는 위 단어들을 단순히 동사표현으로 공부했지만 사실은 동사의 「ます」형을 공부한 셈이에요.
이렇게 동사는 각 그룹별로 형태가 달라집니다. 한번 볼까요?

L14-2

동사종류	접속공식	동사원형		ます형	
Ⅰ그룹	어미 [う]단을 [い]단으로 바꾼 뒤 「ます」를 붙인다.	買う	사다	買います	삽니다
		待つ	기다리다	待ちます	기다립니다
		帰る	돌아가다	帰ります	돌아갑니다
		飲む	마시다	飲みます	마십니다
		書く	쓰다	書きます	씁니다
		話す	이야기하다	話します	이야기합니다
Ⅱ그룹	어미 [る]를 빼고 「ます」를 붙인다.	食べる	먹다	食べます	먹습니다
		寝る	자다	寝ます	잡니다
		見る	보다	見ます	봅니다
		いる	있다	います	있습니다
Ⅲ그룹	불규칙	する	하다	します	합니다
		来る	오다	来ます	옵니다

「ます」형 앞에는 발음이 모두 [i]라서 간단했는데 「て」형은 좀 복잡해요. 그래서 「て」형을 공부하면서 일본어 공부를 포기하는 나약자들도 많아요. 하지만 정말 별것 아니랍니다~ 남들도 모두 힘들어하는 부분이니까 조금만 힘내서 규칙을 외워 봐요.

「て」형은 주로 뒤에 「ください(주세요)」「います(있습니다)」등과 결합해서 「~해 주세요(의뢰)」「~하고 있습니다(진행)」등의 표현을 할 때 사용됩니다. 즉, 「て」는 「~하고/~해서/~하여/~해/~아/~어」등의 다양한 뜻으로 사용되는 접속 어미입니다.

Ⅱ그룹 동사의 경우에는 「ます」형과 마찬가지로 어미 「る」를 빼고 「て」를 붙이지만, Ⅰ그룹 동사의 경우 어미에 따라 그 형태가 약간씩 바뀝니다. 발음을 편하게 하기 위해서 바뀌는 건데, 복잡해 보이지만 공식만 외우면 문제 없답니다.

L14-3

동사종류	접속공식	ます형		て형	
Ⅰ그룹	ます앞이 [い·ち·り]인 동사는 「って」가 된다	買います	삽니다	買って	사고
		待ちます	기다립니다	待って	기다리고
		帰ります	돌아갑니다	帰って	돌아가서
	ます앞이 [に·み·び]인 동사는 「んで」가 된다.	死にます	죽습니다	死んで	죽고
		飲みます	마십니다	飲んで	마시고
		呼びます	부릅니다	呼んで	부르고
	ます앞이 [き·ぎ]인 동사는 「いて·いで」가 된다.	書きます	씁니다	書いて	쓰고
		急ぎます	서두릅니다	急いで	서두르고
		예외 行きます	갑니다	行って	가고
	ます앞이 [し]인 동사는 [て]를 만나도 변하지 않고 「して」가 된다.	話します	이야기합니다	話して	이야기하고
		貸します	빌려줍니다	貸して	빌려주고
Ⅱ그룹	ます를 빼고 「て」를 붙인다.	食べます	먹습니다	食べて	먹고
		寝ます	잡니다	寝て	자고
		見ます	봅니다	見て	보고
		います	있습니다	いて	있고
Ⅲ그룹	불규칙	します	합니다	して	하고
		来ます	옵니다	来て	오고

문형 꼭꼭 익히기

---

1 ~해 주세요.

> ## ～て　ください。

「て」의 의미는 「～하고/～해서/～하여/～해/～아/～어」이고 공식에 따라 여러 형태로 바뀌는 것은 배우셨죠? ください는 본래 '주세요'라는 뜻입니다. '무～를 주세요～'라고 할 때는요?
「大根(무)を　ください」라고 하시면 됩니다. 그런데 물건을 달라고 하는 경우 이외에 어떤 행동을 해 달라고 할 때에는 동사에 「て」를 붙여서 「～て　ください」라고 하는 겁니다.

L14-4

左 왼쪽
曲がります 돕니다
急ぎます 서두릅니다
塩 소금
取ります (손으로)집습니다
教えます 가르칩니다

	左へ	曲がって	ください。
		急いで	
すみませんが、	塩を	取って	
	電話番号を	教えて	

왼쪽으로 도세요/서둘러 주세요/미안하지만, 소금을 집어 주세요/미안하지만 전화번호를 가르쳐 주세요.
♡ 曲がっては 曲がります(Ⅰ), 急いでは 急ぎます(Ⅰ), 取っては 取ります(Ⅰ), 教えては 教えます(Ⅱ)의 「て」형입니다.

---

2 ~하고 있습니다. (현재진행)

> ## ～て　います。

1권에서 「います」는 사람이나 동물의 존재를 나타낼 때 쓰는 말로, 「있습니다」라는 뜻이라고 공부했습니다. 그런데 일본어에서 「います」는 「て」와 함께 쓰여서 동작의 진행을 나타낼 수 있습니다. 「ご飯を　食べます」하면 '밥을 먹습니다'가 되지만 「食べて　います」라고 하면 '(지금) 먹고 있습니다'의 뜻으로 현재진행의 의미를 나타낼 수 있지요. 단, 진행의 의미로 「て」와 함께 쓰일 때에는 앞에 식물이나 무생물이 와도 「あります」가 아닌 「います」를 씁니다.
예 雨が　降って　います。비가 내리고 있습니다.

読みます 읽습니다
見ます 봅니다
勉強します 공부합니다
レポート 레포트
ビデオ 비디오

L14-5

ミラーさんは	今	レポートを	読んで	います。
		ビデオを	見て	
		日本語を	勉強して	
あなたは		何を	して	いますか。

밀러 씨는 지금 [레포트를 읽고/비디오를 보고/일본어를 공부하고] 있습니다. // 당신은 지금 무엇을 하고 있습니까?

♡ 書いては 書きます(Ⅰ), 見ては 見ます(Ⅱ), 勉強しては 勉強します(Ⅲ), して 역시 します(Ⅲ)의 「て」형입니다.

3 ~할까요?

~ましょうか。

자신이 행동하기 전에 그 행동에 대해서 남에게 허락받는 듯 한 기분으로 물어보거나(이런 행동을 해도 되나요?) 같이 하자고 권유할 때에 쓰는 표현입니다. 「ましょう(합시다)」는 단순한 권유표현으로 자신의 행동에 대해 허락받는 뉘앙스는 없습니다. 동사의 「ます」형과 똑같이 접속합니다.

L14-6

手伝います 돕습니다
迎えます 맞이합니다
砂糖 설탕

	手伝い	ましょうか。
迎えに	行き	
砂糖を	取り	

도와줄까요?/데리러 갈까요?/설탕을 집어 줄까요?

입에 착 붙게 말하기

셀로판지를 이용하여 말하기 연습을 해봅시다.

---

① 다음 그림을 보고 보기와 같이 「て ください」형으로 문장을 만드세요. L14-7

> **보기** パスポートを 見せて ください。 여권을 보여주세요.

1)　　　　　　　　　2)　　　　　　　　　3)　　　　　　　　　4)

かばん 가방 ｜ 開けます 엽니다 ｜ コピーします 복사합니다 ｜ 止めます 주차합니다, 정지시킵니다 ｜ 書きます 씁니다

Answer　1) かばんを 開けて ください。　2) あそこで コピーして ください。　3) あそこに 車を 止めて ください。　4) レポートを 書いて ください。

---

② 다음 보기와 같이 「て ください」형으로 만들어 보세요. L14-8

> **보기** ちょっと 手伝います。 좀 돕습니다.
> → すみませんが、ちょっと 手伝って ください。 죄송하지만 좀 도와 주세요.

1) エアコンを つけます。 →

2) ドアを 閉めます。 →

3) もう 少し ゆっくり 話します。 →

4) 写真を もう 一枚 撮ります。 →

エアコン 에어컨 ｜ つけます 켭니다 ｜ ドア 문 ｜ 閉めます 닫습니다 ｜ もう少し 조금 더 ｜ ゆっくり 천천히, 푹 ｜ 話します 이야기합니다 ｜ 写真 사진 ｜ もう 一枚 한 장 더 ｜ 撮ります 찍습니다

Answer　1) すみませんが、エアコンを つけて ください。　　2) すみませんが、ドアを 閉めて ください。
　3) すみませんが、もう 少し ゆっくり 話して ください。　4) すみませんが、写真を もう 一枚 撮って ください。

---

3 다음 보기와 같이 괄호안의 단어를 넣어서 「ましょうか」로 질문을 만들고 「て ください」로 답해보세요.

> 보기 窓を 開けます(少し) → Q：窓を 開けましょうか。 창문을 열까요?
> A：ええ、少し 開けて ください。 네, 조금 열어 주세요.

스스로 해본 후에 음성을 들으면서 따라하세요.

1) これを コピーします(5枚) →

2) レポートを 送ります(すぐ) →

3) タクシーを 呼びます(2台) →

4) あしたも 来ます(10時) →

送ります 보냅니다 │ タクシー 택시 │ 呼びます 부릅니다 │ 2台 두 대 │ 来ます 옵니다

Answer
1)Q：これを コピーしましょうか。　A：ええ、5枚 コピーして ください。
2)Q：レポートを 送りましょうか。　A：ええ、すぐ 送って ください。
3)Q：タクシーを 呼びましょうか。　A：ええ、2台 呼んで ください。
4)Q：あしたも 来ましょうか。　A：ええ、10時に 来て ください。

4 보기와 같이 「ましょうか」의 질문에 ええ가 주어지면 「お願いします」로 부탁을 하고, いいえ가 주어지면 「けっこうです」로 사양하는 표현을 해 봅시다.

> 보기 1) 電気を 消します(ええ)
> → Q：電気を 消しましょうか。 불을 끌까요?
> A：ええ、お願いします。 네 부탁합니다.
>
> 2) 手伝います(いいえ)
> → Q：手伝いましょうか。 도와 드릴까요?
> A：いいえ、けっこうです。 아니요, 괜찮습니다(됐습니다).

스스로 해본 후에 음성을 들으면서 따라하세요.

1) 地図を かきます(ええ) →

2) 荷物を 持ちます(いいえ) →

3) エアコンを つけます(いいえ) →

4) 駅まで 迎えに 行きます(ええ) →

地図 지도 │ かきます 그립니다, 씁니다 │ 荷物 짐 │ 持ちます 듭니다 │ 駅 역 │ 迎えに 行きます 데리러 갑니다

Answer
1)Q：地図を 書きましょうか。　A：ええ、お願いします。　2)Q：荷物を 持ちましょうか。　A：いいえ、けっこうです。
3)Q：エアコンを つけましょうか。　A：いいえ、けっこうです。　4)Q：駅まで 迎えに 行きましょうか。　A：ええ、お願いします。

셀로판지를 이용하여 말하기 연습을 해봅시다.

5 다음 그림을 보고 현재진행형 「て います」형태로 바꾸어 보세요. L14-11

| 보기 | 今　手紙を　書いて　います。지금 편지를 쓰고 있습니다. |

스스로 해본 후에
음성을 들으면서
따라하세요.

1)　　　　　　2)　　　　　　3)　　　　　　4)

電話 전화 | かけます 겁니다 | コーヒー 커피 | 飲みます 마십니다 | ダンス 춤 | たばこ 담배 | 吸います 피웁니다

Answer
1) 今 電話を かけて います。또는 今電話を しています。　2) 今 コーヒーを 飲んで います。
3) 今 ダンスを して います。　4) 今 たばこを 吸って います。

6 다음 그림을 보고 주어진 사람이 현재 무엇을 하고 있는지 「て います」문형을 이용하여 묻고 답해 보세요. L14-12

<table>
<tr><td>보기</td><td>山田さん → Q：山田さんは　何を　して　いますか。 야마다 씨는 무엇을 하고 있습니까?
A：子どもと　遊んで　います。 아이와 놀고 있습니다.</td></tr>
</table>

1)　ミラーさん →　　　　　　　　　　2)　ワンさん →

3)　カリナさん →　　　　　　　　　　4)　サントスさん →

新聞 신문 ｜ 読みます 읽습니다 ｜ 絵 그림 ｜ 描きます 그립니다 ｜ 話します 이야기합니다 ｜ 寝ます 잡니다

Answer
1)Q：ミラーさんは 何を して いますか。　　A：シュミットさんと 話して います。
2)Q：ワンさんは 何を して いますか。　　A：新聞を 読んで います。
3)Q：カリナさんは 何を して いますか。　　A：絵を かいて います。
4)Q：サントスさんは 何を して いますか。　　A：寝て います。

---

7 왼쪽 그림을 보고 질문에 구체적으로 답해 보세요. L14-13

<table>
<tr><td>보기</td><td>カリナさんは　何を　かいて　いますか。 카리나 씨는 무엇을 그리고 있습니까?
→ 花を　かいて　います。 꽃을 그리고 있습니다.</td></tr>
</table>

1)　山田さんは　だれと　遊んで　いますか。 →

2)　サントスさんは　どこで　寝て　いますか。 →

3)　ワンさんは　何を　読んで　いますか。 →

4)　ミラーさんは　だれと　話して　いますか。 →

木の下 나무아래

Answer
1)子どもと 遊んで います。　　2)木の 下で 寝て います。
3)新聞を 読んで います。　　4)シュミットさんと 話して います。

회화랑 친해지기

● 「て ください」로 부탁하는 표현에 흔쾌히 승락하기

회화 1

A すみません。 실례합니다.

B はい。 네.

A ちょっと ① ボールペンを 貸して ください。 볼펜 좀 빌려주세요.

B ② はい、どうぞ。 네, 여기 있어요.

1) ① 塩を 取ります ② はい、どうぞ
2) ① 手伝います ② いいですよ
3) ① この 荷物を 持ちます ② いいですよ

1) ①소금을 집습니다 ②네, 여기 있어요   2) ①도와줍니다 ②좋아요   3) ①이 짐을 듭니다 ②좋아요

● 「ましょうか」의 제안에 「お願いします」로 부탁하기

회화 2

A ① 荷物が 多いです ね。 짐이 많네요.

② 1つ 持ち ましょうか。 하나 들어 드릴까요?

B すみません。お願いします。 감사합니다. 부탁드립니다.

1) ① 暑いです ② 窓を 開けます
2) ① ちょっと 寒いです ② エアコンを 消します
3) ① 雨が 降って います ② タクシーを 呼びます

1) ①덥습니다 ②창문을 엽니다   2) ①좀 춥습니다 ②에어컨을 끕니다   3) ①비가 내리고 있습니다 ②택시를 부릅니다

「ましょうか」는 자신의 행동을 하기 전에 해도 되는지를 허락받는 느낌으로 사용하는 말이라고 했는데요. 위 상황에서 알 수 있듯이 자신이 하는 행동을 조금 낮추는 효과가 있어서 정중한 느낌이 드네요. ～할까요? 라는 뜻도 있지만 ～해 드릴까요?의 겸양의 뉘앙스도 포함됩니다. 좋은 제안을 받으면 사양하지 말고 「お願いします」를 사용하여 도움을 받읍시다.

참고로 「すみません」은 미안하다는 말이지만, 이 상황에서는 고마운 제안을 받았으므로 '감사합니다' 로 받아들이는 것이 좋겠습니다. 이렇게 일본인들은 단순한 호의에 대해서는 「ありがとうございます」라고 표현하지만, 남에게 피해를 끼치거나 남의 희생이나 수고로 인해서 받은 호의에 대해서는 「すみません」이라고 합니다.

L14-16

회화 **3**

● 제 3자의 행동을 「て います」를 사용한 진행형으로 표현해 보기

A さあ、会議を　始めましょう。　　　　자, 회의를 시작합시다.

あれ？ミラーさんは？　　　　어? 밀러 씨는요?

B 今　電話を　かけて　います。　　　　지금 전화를 걸고 있습니다.

A そうですか。　　　　그래요?

じゃ、ちょっと　待ちましょう。　　　　그럼 좀 기다립시다.

1) 松本さんと　話します　　　　2) 東京に　レポートを　送ります

3) コピーします

1) 마츠모토 씨와 이야기합니다　　2) 도쿄에 레포트를 보냅니다　　3) 복사합니다

셀로판지를 이용하여 회화 연습을 해봅시다.

梅田まで　行って　ください。(우메다까지 가 주세요.)

L14-17

카리나 씨가 일본에서 택시를 탔습니다. 우메다까지 가는 길을 택시운전사에게 자세히 설명한 후 택시비를 지불하고 거스름돈까지 꼼꼼히 받는 장면입니다.

01 カリナ　梅田まで　お願いします。

運転手　はい。

02 カリナ　すみません。あの　信号を　右へ　曲がって　ください。

運転手　右ですね。

カリナ　ええ。

03 運転手　まっすぐですか。

カリナ　ええ、まっすぐ　行って　ください。

04 カリナ　あの　花屋の　前で　止めて　ください。

運転手　はい。1,800円です。

カリナ　これで　お願いします。

運転手　3,200円の　お釣りです。ありがとう　ございました。

梅田(うめだ) 우메다(지명)

信号(しんごう) 신호등

花屋(はなや) 꽃가게

止(と)めます 멈춥니다, 주차합니다

お釣(つ)り 거스름돈

01
카리나 : 우메다까지 부탁합니다.
운전수 : 네.

02
카리나 : 저기요. 저 신호에서 오른쪽으로 돌아주세요.
　　　　(우회전해 주세요)
운전수 : 오른쪽 말씀이죠?
카리나 : 네.

03
운전수 : 직진합니까?(곧바로입니까?)
카리나 : 네, 곧바로 가 주세요.(직진해 주세요)

04
카리나 : 저 꽃집 앞에서 세워 주세요.
운전수 : 네. 1,800 엔입니다.
카리나 : 이걸로 부탁합니다.
운전수 : 3,200엔 거스름돈입니다. 감사합니다.

① 일본에서 택시타기

일본 택시 기본요금은 도쿄의 경우 710엔(2007. 12~) 으로 한국보다 훨씬 비쌉니다. 기본적으로 교통비가 한국보다 비싼데다가 택시는 더 비싸죠. 그 대신 택시 운전수가 아주 친절하고 특이한 점은 문이 자동으로 열리는 것입니다. 마음대로 승객이 문을 열려고 하면 택시 운전수들은 좋아하지 않으니까 자동문을 그대로 만끽하는 것이 상책입니다.

② 曲がります 돕니다

한자를 보시면(굽을 곡) 아시다시피 굽는다는 뜻입니다. 「右へ曲がります」는 오른쪽으로 굽는 것이니까 우회전이 되겠지요. 그럼 '좌회전합니다' 는 어떻게 이야기할까요? 「左へ曲がります」라고 하면 됩니다.

③ まっすぐ 곧바로

「まっすぐ」는 '곧바로, 똑바로' 라는 뜻입니다. 즉시, 금방, 바로라는 뜻의 「すぐ」에 그 뜻을 더욱 강조하는 「まっ」이라는 접두어가 붙은 것이지요. 「まっ」은 한국어의 '새' '한' 같은 접두어와 비슷하다고 볼 수 있어요. 그래서 '빨강' 이나 '중앙' 이란 단어와 결합하면 '새빨강' '한중앙' 이 되는 것과 같은 이치이지요. 일본어의 「まっ」은 약간 변형되어 「まん」「ま」와 같은 형태로도 쓰입니다. 그 예를 살펴볼까요?

- 中(가운데) → まん中(한가운데)
- 新しい(새롭다) → ま新しい(아주 새롭다)
- 白い(하얗다) → まっ白い(새하얗다)

자 그럼 まっすぐ를 이용해서 직진이라는 표현을 이해할 수 있겠죠? 「まっすぐ行きます」라고 해서 '똑바로 갑니다' 라는 뜻이 한국어의 '직진합니다' 와 일맥상통합니다.

'직진하세요' 는 「まっすぐ行ってください」가 되지요. 「行きます」의 「て」형은 「行って」니까 '가 주세요' 라고 할 때에는 「行ってください」라고 하면 됩니다.

④ 止めます 멈춥니다

「止めます」는 Ⅱ그룹 동사이니까 「て형」을 만들 때에도 발음이 변하지 않고 그대로 「止めて」라고 하면 되겠네요. 「とめます」는 한자로 표기하면 「止めます, 留めます, 停めます, 泊めます」 등이 있는데 「泊めます」만 의미가 다릅니다. 한자에서 알 수 있듯이 '숙박시킨다, (사람을) 재워준다' 는 뜻입니다. 하지만 「泊めます」는 사람을 멈추게 하여 재우는 뜻이고 「止めます」는 물건을 멈추게 하므로, 한자는 다르지만 두 단어는 서로 비슷한 점이 아주 많습니다. 다시 말해 「とめます」는 '정지·멈춤' 이라는 의미가 있다는 것을 알아두면 일본어를 이해하는데 편리할 거에요.

⑤ お釣り 거스름돈

釣り에는 낚시와 거스름돈이라는 두 가지 의미가 있습니다. 주로 거스름돈이라고 하면 미화접두어인 お를 붙여서 「お釣り」라고 합니다. 서양의 택시들은 팁 차원에서 작은 거스름돈정도는 받지 않는 경우도 있지만, 일본에서는 팁 문화가 발달되어 있지 않기 때문에 거스름돈을 그대로 챙기셔도 됩니다.

6 ありがとうございました 감사합니다

「ありがとうございます」와 「ありがとうございました」는 어떻게 구별해서 쓸까요? 「ありがとうございました」는 직역하면 '감사했습니다' 란 뜻인데요. 한국에서는 택시운전수에게 '감사했습니다' 라고 말하기 보다는 '감사합니다' 라고 말하는 것이 자연스러운데 왜 일본인들은 「ありがとうございました」라고 하는 것일까요?

이런 과거표현은 식당에서 식사를 마치고 돌아가는 손님에게도 자주 쓰고 있는데요, 「ありがとうございました」는 손님이 자신의 서비스나 가게를 이용해 준다는 전제하에서 쓸 수 있습니다.

자기 식당에 들어온 이상 손님은 당연히 음식을 주문할 것이고, 나의 택시에 올라탄 이상 당연히 택시를 타고 목적지에 갈 것이 분명하기 때문에 그 손님에게 이용해 주셔서 감사하다는 미리 '예상되고 기대했었다는' 기분을 담아 표현할 때에 「ありがとうございました」를 사용할 수 있는 것이지요. 왜 이렇게 복잡하냐구요? 인간의 복잡다단한 심정을 시제하나로 표현하려 보니 이렇게 되었네요.

여기에서 주의해야 할 점은 저 사람이 나에게 호의를 베풀지 안 베풀지 모르는 상황에서 「ありがとうございました」를 쓰면 상대방을 불편하게 할 수도 있다는 점이에요.

친구가 초콜렛을 나에게 선물해 주었는데 「ありがとうございました」라고 하면 친구가 선물해 줄 것을 이미 알고 있거나 기대했었다는 뉘앙스가 들어가기 때문에, 그럴 때에는 오히려 「ありがとうございます」라고 하시는 것이 좋겠네요. 뭐가 뭔지 모르겠다 싶으시면 그냥 무난하게 「ありがとうございます」를 애용하도록 합시다.

① 질문을 듣고 자기의 상황에 비추어 자유롭게 답하세요.

L14-18

1) ____

2) ____

3) ____

4) ____

5) ____

② 대화를 잘 듣고 상황에 맞게 표현한 그림을 고르세요.

L14-19

1

2
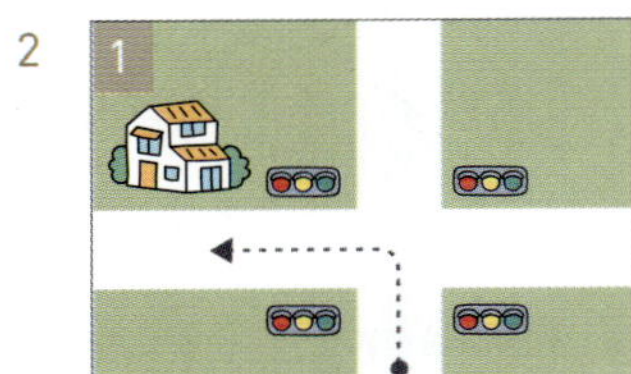
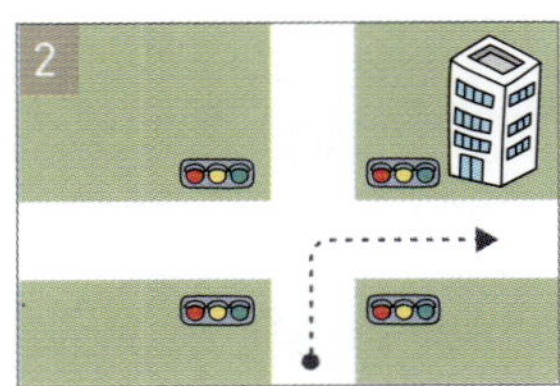
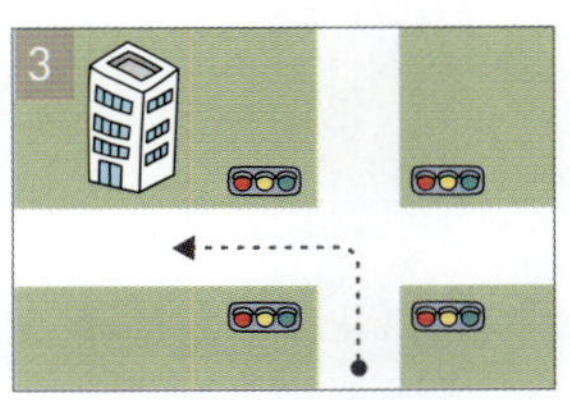

③ 대화를 듣고 제시문에 맞으면 ○, 틀리면 ×표를 하세요.

L14-20

1) (   )   2) (   )   3) (   )

④ 보기와 같이 ます형을 て형으로 바꾸어 보세요.

보기 書きます	書いて	9) 食べます	
1) 行きます		10) 寝ます	
2) 急ぎます		11) 起きます	
3) 飲みます		12) 見ます	
4) 呼びます		13) 借ります	
5) 帰ります		14) います	
6) 買います		15) 来ます	
7) 待ちます		16) します	
8) 貸します		17) 勉強します	

⑤ 보기와 같이 문장에 맞는 제시어를 골라 올바른 형태로 넣으세요.

閉めます	貸します	待ちます	来ます	急ぎます

보기 すみませんが、ボールペンを （貸して） ください。 죄송하지만, 볼펜을 빌려 주세요.

1) 時間が ありませんから、（　　　　） ください。

2) 今、忙しいですから、また あとで （　　　　） ください。

3) A：さあ、行きましょう。

　　B：すみませんが、ちょっと （　　　　） ください。

4) 寒いですから、ドアを （　　　　） ください。

6 보기와 같이 제시어를 골라 올바른 형태로 넣으세요.

降ります　　泳ぎます　　~~食べます~~　　遊びます　　します

> 보기　山田さんは　今　昼ごはんを　（ 食べて ）　います。 야마다 씨는 지금 점심을 먹고 있습니다.

1) A：テレサちゃんは　どこですか。

　 B：2階です。太郎くんと　（　　　　）　いますよ。

2) 雨が　（　　　　）　いますね。タクシーを　呼びましょうか。

3) A：サントスさんは　今　何を　（　　　　）　いますか。

　 B：プールで　（　　　　）　います。

7 다음 편지를 읽고 질문이 내용에 맞으면 ○, 틀리면 ×표를 하세요.

手紙

　　マリアさん　お元気ですか。毎日　暑いですね。わたしと　太郎は　今　両親の
うちに　います。両親の　うちは　海の　近くに　あります。太郎は　毎日
泳ぎに　行きます。時々　釣りも　します。ここの　魚は　おいしいです。
週末に　夫も　来ます。

　　マリアさんも　ホセさん、テレサちゃんと　いっしょに
遊びに　来て　ください。駅まで　車で　迎えに　行きます。
待って　います。

山田友子

1) （　　）友子さんは　ご主人と　太郎君と　3人で　両親の　うちへ　来ました。

2) （　　）太郎君は　毎日　釣りを　します。

3) （　　）海の　近くですから、ここの　魚は　おいしいです。

4) （　　）友子さんは　車が　ありません。

15

승낙하기와 금지하기

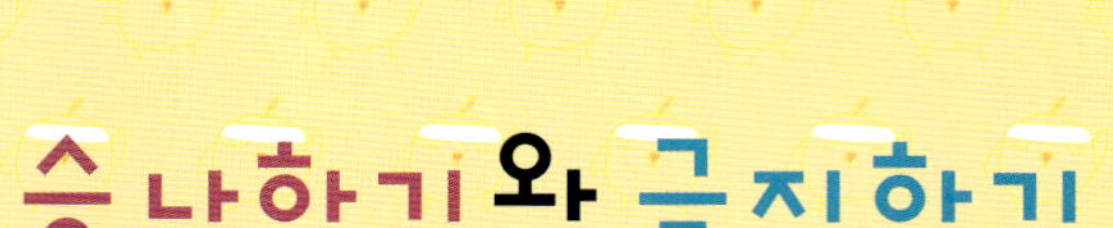

○ **중요단어 파악하기**

～ても　いいです　～해도 됩니다

～ては　いけません　～하면 안 됩니다

～て　います　～하고(해) 있습니다(상태의 계속)

1 <u>写真を</u> <u>撮っても</u> <u>いいです</u>。
　　しゃしん　　と
　　①　　　　　②　　　　　③

①사진을　　②찍어도　　③됩니다.

2 <u>ここで</u> <u>遊んでは</u> <u>いけません</u>。
　　　　　　あそ
　　①　　　　　②　　　　　③

①여기에서　②놀면　　③안 됩니다.

3 <u>サントスさんは</u> <u>パソコンを</u> <u>持って</u> <u>います</u>。
　　　　　　　　　　　　　　　　　も
　　①　　　　　　　②　　　　③　　　④

①산토스 씨는　　②컴퓨터를　　③가지고　　④있습니다.

---

1 ~해도 됩니까? (허락)

～ても　いいですか。

「위 문형을 분석해 보면,

　　　　「て」　＋「も」＋「いいですか」
　　　　「～해」＋「도」＋「좋습니까?」

가 되니까 자연스러운 표현으로 고치면 「～해도 좋습니까?」「～해도 됩니까?」가 됩니다.
허락과 승낙을 받고 싶을 때 쓰는 문형이죠. 그럼, 허락이나 승낙하겠다는 뜻으로 '～해도
됩니다, ～해도 좋아요'라고 할 때에는 어떻게 할까요?
네~! 너무 간단하죠~! 「～ても いいです」라고 하면 끝!
잠깐! 「ても」앞에 동사는 어떤 모양이 올까요? 14과에서 배운 「て」형으로 바꿔주면 됩니다.

L15-2

음성을 들으면서
따라하세요.

えんぴつ
鉛筆 연필
か
書きます 씁니다
つか
使います 사용합니다
すわ
座ります 앉습니다

えんぴつ 鉛筆で	か 書いて	も　いいですか。
この　でん わ 電話を	つか 使って	
ここに	すわ 座って	

[연필로 써/이 전화를 사용해/여기에 앉아]도 됩니까?
♡ 使っては 使います（Ⅰ）, 座っては 座ります（Ⅰ）의 「て」형입니다.

---

2 ~해서는 안 됩니다. (금지)

～ては　いけません。

「위 문형을 분석해 보면,

　　　　「て」　　＋「は」　　＋「いけません」
　　　　「～해서」＋「은/는」＋「안 됩니다」

「いけません」에는 바람직스럽지 않다, 좋지 않다는 뜻이 있습니다. 위 문형과 같이 금지를
나타낼 경우 「～ては いけません」형태로 사용됩니다. 「いけません！」 한마디로도 금지의
의미가 있지만 구체적인 어떤 행동을 표현하기 위해서는 앞에 무엇을 '해서는'에 해당되
는 「ては」와 결합을 해야겠지요. 「ては」역시 앞에는 「て」형으로 바꿔주면 됩니다.

L15-3

お酒を	飲んで	は　いけません。
ここで　写真を	撮って	
ここに　自転車を	止めて	

お酒 술
写真 사진
自転車 자전거
飲みます 마십니다
撮ります 찍습니다
止めます 주차합니다, 세웁
　　니다

[술을 마시면/여기에서 사진을 찍으면/여기에 자전거를 세우면] 안 됩니다.
♡飲んでは 飲みます（Ⅰ）, 撮っては 撮ります（Ⅰ）, 止めては 止めます（Ⅱ）의 「て」형입니다.

3　~하고/해 있습니다. (상태의 계속)

~て　います。

「~て　います」는 현재 진행의 의미로 ~하고 있습니다 라는 뜻이라고 14과에서 공부했습니다. 이번 과에서는 「~て　います」에 동작의 현재 진행 이외에 상태가 계속되는 경우에도 사용된다는 것을 알아두어야겠네요. 얼핏 보면 「住みます(살다, 거주하다)」의 「住んで　います」는 '살고 있습니다'라는 뜻으로 동작의 현재 진행형처럼 보이지만 엄밀히 따져보면 「住んで　います」는 거주하는 상태가 계속되고 있는 것으로 간주해야 합니다. 아래 표에 나온 「住みます」・「知ります」・「結婚します」같은 동사는 현재의 상태를 나타내기 위해서 항상 「~て　います」형태로 사용된다는 점에 주의하세요.

■ 연습1

L15-4

わたしは	京都に	住んで	います。
	マリアさんを	知って	
		結婚して	

京都 교토(지명)
住みます 거주합니다
知っています 압니다
結婚します 결혼합니다

나는 [교토에 살고/마리아 씨를 알고] 있습니다. // 나는 결혼했습니다.
♡住んでは 住みます（Ⅰ）, 知っては 知ります（Ⅰ）, 結婚しては 結婚します（Ⅲ）의 「て」형입니다.

문형 꼭꼭 익히기

여기에서의 「~て います」는 습관적인 행위, 즉 장기간에 걸쳐 같은 동작이 반복될 때 씁니다. 연습2와 같이 직업과 신분 등을 표현할 수 있어요.

■ 연습2

L15-5

ミラーさんは	IMCで	働(はたら)いて	います。
	会社(かいしゃ)で　英語(えいご)を	教(おし)えて	
	日本語学校(にほんごがっこう)で 日本語を	勉強(べんきょう)して	

밀러 씨는 [IMC에서 일하고/회사에서 영어를 가르치고/일본어 학교에서 일본어를 공부하고] 있습니다.

♡ 働(はたら)いて는 働(はたら)きます(Ⅰ), 教(おし)えて는 教(おし)えます(Ⅱ), 勉強(べんきょう)して는 勉強(べんきょう)します(Ⅲ)의 「て」형입니다.

★ 한국인이 잘 틀리는 표현 ①

결혼했습니다	結婚(けっこん)しました	結婚(けっこん)して　います
	단순한 사건(몇 년도에 결혼을 했다)을 이야기하거나 예전에 한번 결혼했었다는 의미로 사용	현재 기혼자로서 결혼 생활중 일 경우에 사용. 일반적으로 '결혼했다'라고 할 때에는 이 표현을 사용해야 함
결혼 안했습니다	結婚(けっこん)しませんでした	結婚(けっこん)して　いません
	결혼할 기회가 있었는데 하지 않았거나 단순한 사건에 대해서 부정할 때에 사용	아직 미혼일 경우에 사용함

★ 한국인이 잘 틀리는 표현 ②

「압니다」라고 할 때에는 「知(し)ります」 대신에 반드시 「知(し)っています」형태로 사용해야 합니다. 반면 「모릅니다」라고 할 때에는 「知(し)っていません」을 쓸 수 없고 「知(し)りません」만 사용할 수 있습니다.

일본어와 한국어의 「알다/모르다」

	알다	모르다
이미 머릿속에 정보가 있어 인지함	知(し)っています	知(し)りません
몰랐던 것을 이해함	分(わ)かりました	分(わ)かりません

★ **일본인들에게 「結婚していますか」로 물어보는 한국인**

일본인이 한국인과 만나서 서로를 알아가는 과정에서 초기단계에 자주 느끼는 것이 '한국인은 너무 단도직입적으로 물어본다' 는 것입니다. 꼬리에 꼬리를 물면서 묻다보면 영락없이 호구조사를 당하는 느낌인데, 요즘은 한국인들도 불편하게 여기는 경우가 많고, 일본인들은 더더욱 부담을 느끼는 경우가 있습니다. 그런 질문 패턴의 대표적인 「けっこんしていますか」를 들 수 있습니다. 한국인은 처음 만나 서로 명함을 건네 받은지 얼마 되지도 않아서 바로 호구조사에 돌입하여 인간관계를 불편하게 만들어 버리는 경우가 있습니다.

(한국인) Q : けっこんしていますか。

(일본인) A : いいえ、まだです。

만약 위와 같은 대화가 오고 가면 한국인은 여기에서 질문이 끝나지 않습니다.

(한국인) Q : どうしてですか。かわいいのに。(왜 안했어요? 이쁜데.)

(일본인) A : ー_ー

이렇게 결혼이나 출산, 애인에 관한 질문을 너무 단도직입적으로 하는 것은 자칫 상대방을 불편하게 하고 대화 분위기를 흐릴 수 있으므로 삼가는 것이 좋습니다. 특히 「かわいいのに」 등등의 부가 코멘트는 별뜻없이 언급되었다 하더라도 상대방이 기분나쁘게 들었다면 セクハラ(성희롱)적 발언이 될 수도 있기 때문에 남자분들은 특별히 유의하는 게 좋습니다.

그럼, 일본인들에게 결혼했는지 애인있는지는 어떻게 물어보죠?

좀더 친해지고 나서 자연스럽게 대화 속에서 기혼이나 애인의 유무에 관련된 정보를 캐치하는 방식으로 서로서로 배려(?)를 하면 됩니다.

셀로판지를 이용하여 말하기 연습을 해봅시다.

① 보기와 같이 「ても いいですか」를 넣어서 허락을 구하는 문장으로 바꿔보세요. L15-6

> 보기 パソコンを 使います 컴퓨터를 씁니다
> → パソコンを 使っても いいですか。 컴퓨터를 써도 됩니까?

스스로 해본 후에
음성을 들으면서
따라하세요.

1) 帰ります →
2) テレビを 消します →
3) たばこを 吸います →
4) 窓を 開けます →

使います 사용합니다 | 帰ります 퇴근합니다, 집에 갑니다 | テレビ 텔레비전 | 消します 끕니다 | 吸います (담배를) 피웁니다
| 窓 창문 | 開けます 엽니다

Answer 1)帰っても いいですか。 2)テレビを 消しても いいですか。 3)たばこを 吸っても いいですか。 4)窓を 開けても いいですか。

② 다음 그림을 보고 보기와 같이 「ては いけません」문형을 이용하여 금지문으로 만들어 보세요. L15-7

> 보기 ここで
> → ここで たばこを 吸っては いけません。 여기에서 담배를 피우면 안됩니다

스스로 해본 후에
음성을 들으면서
따라하세요.

1) ここで →
2) ここで →
3) ここに →
4) ここに→

写真 사진 | 撮ります 찍습니다 | サッカー 축구 | 車 차 | 止めます 주차하다 | 入ります 들어갑니다
Answer 1)ここで 写真を 撮っては いけません。 2)ここで サッカーを しては いけません。
3)ここに 車を 止めては いけません。 4)ここに 入っては いけません。

③ 보기와 같이 「ても いいですか」로 질문을 만들고 ○×를 보고 「ええ(허락함)」와 「すみません(허락안함)」으로 구별하여 답하세요.

보기
1) Q：この　傘を　借りても　いいですか。 이 우산을 빌려도 될까요?
   A：ええ、いいですよ。どうぞ。 네, 좋아요. 가져가세요.

2) Q：たばこを　吸っても　いいですか。 담배를 피워도 될까요?
   A：すみません。ちょっと……。 죄송합니다. 좀….(곤란한데요)

스스로 해본 후에
음성을 들으면서
따라하세요.

1)　　　　　　　　2)　　　　　　　　3)　　　　　　　　4)

座ります 앉습니다 ｜ 置きます 놓습니다 ｜ カタログ 카탈로그 ｜ もらいます 받습니다

Answer

1) Q：ここに 座っても いいですか。　　A：ええ、いいですよ。どうぞ。
2) Q：かばんを 置いても いいですか。　A：すみません。ちょっと……。
3) Q：カタログを もらっても いいですか。　A：すみません。ちょっと……。
4) Q：電話を 使っても いいですか。　　A：ええ、いいですよ。どうぞ。

実제 회화에서 흔쾌히 승낙할 때에는 「ええ、いいですよ」라고 하면 되지만 불가능할 때에는 단도직입적으로 「いけません(안 됩니다)」이라든지 「だめです」라고 하기 보다는 좀 더 부드럽게 「すみません、ちょっと……(죄송합니다, 좀…)」이라고 하는 것이 좋습니다. 이렇게만 표현을 해도 그 뜻이 충분히 전달되기 때문에 너무 강력한 금지표현은 안하는 경우가 많습니다.

 셀로판지를 이용하여 말하기 연습을 해봅시다.

4 보기와 같이 상태의 계속을 나타내는 「て いますか」의 질문에 긍정과 부정으로 대답해 보세요. L15-9

보기

1) ミラーさんを　知って　いますか。（はい） 밀러 씨를 알아요?

　→ はい、知って　います。 네, 압니다.

2) ミラーさんは　傘を　持って　いますか。（いいえ） 밀러 씨는 우산을 갖고 있나요?

　→ いいえ、持って　いません。 아니요, 갖고 있지 않아요.

스스로 해본 후에 음성을 들으면서 따라하세요.

1) ミラーさんは　結婚して　いますか。（いいえ） →

2) ミラーさんは　大阪に　住んで　いますか。（はい） →

3) ミラーさんは　自転車を　持って　いますか。（はい） →

4) ミラーさんの　住所を　知って　いますか。（いいえ）→

知っています 압니다 ｜ 傘 우산 ｜ 持ちます (손으로)듭니다, 소유합니다 ｜ 結婚します 결혼합니다 ｜ 住みます 삽니다, 거주합니다 ｜
自転車 자전거 ｜ 住所 주소

Answer
1) いいえ、結婚して いません。(아니요, 결혼 안 했습니다)　　2) はい、住んで います。
3) はい、持って います。　　　　　　　　　　　　　　　　4) いいえ、知りません。 *

　　　　　[주의]「知っています」의 부정은「知って いません」이 아니라「知りません」이라는 점!

5 보기와 같이 주어진 질문에 구체적인 제시어를 넣어 답변해 봅시다. 🎧 L15-10

> 보기 どこで　安い　電気製品を　売って　いますか。（大阪の　日本橋）
> 어디에서 싼 전기제품을 팔고 있습니까?(팝니까?)
>
> → 大阪の　日本橋で　売って　います。 오사카의 닛폰바시에서 팔고 있습니다.(팔아요)

스스로 해본 후에
음성을 들으면서
따라하세요.

1) IMCは　何を　作って　いますか。（コンピューターソフト）→
2) あの　店で　何を　売って　いますか。（古い　服）→
3) さくら大学は　どこの　コンピューターを　使って　いますか。（パワー電気）→
4) どこで　コンサートの　チケットを　売って　いますか。（プレイガイド）→

安い 싸다 │ 電気製品 전기제품 │ 売ります 팝니다 │ 日本橋 닛폰바시(지명) │ 作ります 만듭니다 │ コンピューターソフト 컴퓨터 소프트 │ 古い 오래되다 │ 服 옷 │ コンサート 콘서트 │ チケット 티켓 │ プレイガイド 티켓에이전시, 티켓 파는 곳

Answer
1) コンピューターソフトを 作って います。　　2) 古い 服を 売って います。
3) パワー電気の コンピューターを 使って います。　　4) プレイガイドで 売って います。

6 보기와 같이 「て いますか」로 바꾸어 질문을 만들고 제시어를 넣어 대답해 보세요. 🎧 L15-11

> 보기 シュミットさん・どこ・働きますか（パワー電気）→
>
> Q：シュミットさんは　どこで　働いて　いますか。 슈미트 씨는 어디에서 일하고 있습니까?
>
> A：パワー電気で　働いて　います。 파워전기에서 일하고 있습니다.

스스로 해본 후에
음성을 들으면서
따라하세요.

1) イーさん・何・研究しますか（経済）→
2) 山田友子さん・どこ・働きますか（アップル銀行）→
3) カリナさん・何・勉強しますか（美術）→
4) ワットさん・どこ・教えますか（さくら大学）→

働きます 일합니다 │ 研究します 연구합니다 │ 経済 경제 │ アップル銀行 애플은행 │ 美術 미술 │ 教えます 가르칩니다

Answer
1) Q：イさんは 何を 研究して いますか。　　A：経済を 研究して います。
2) Q：山田友子さんは どこで 働いて いますか。　　A：アップル銀行で 働いて います。
3) Q：カリナさんは 何を 勉強して いますか。　　A：美術を 勉強して います。
4) Q：ワットさんは どこで 教えて いますか。　　A：さくら 大学で 教えて います。

회화랑 친해지기

● 「ても いいですか」로 허락을 구하고 흔쾌히 승락하기

회화 1

A この **カタログ** もらっても いいですか。　이 카탈로그 가져가도 됩니까?

B ええ、どうぞ。　네, 그러세요.

A どうも。　감사합니다.

1) 資料　2) 地図　3) 時刻表

1) 자료　2) 지도　3) 시각표

「~ても いいですか」로 물었을 때 「どうぞ」로 흔쾌히 승낙해 보세요. 그리고 감사의 뜻으로 간략하게 「どうも」라고 답례하는 연습도 몸에 익혀두어야 합니다.

● 「知って いますか」(~ 알아요?) 연습하기

회화 2

A **山田さんの 電話番号**を 知って いますか。　야마다 씨 전화번호 아십니까?

B ええ。　네.

A すみませんが、教えて ください。　죄송하지만, 가르쳐 주십시오.

1) 松本さんの 住所　2) 安い 床屋　3) いい 歯医者

1) 마츠모토 씨 주소　2) 저렴한 이발소　3) 좋은 치과

마음에 두고 있던 그녀의 전화번호를 제 3자가 알고 있다면? 그에게 다가가서 슬며시 그녀의 전화번호를 성공적으로 입수해 봅시다. 그 외에도 좋은 정보를 알고 있는 사람에게 다가가서 「~을 知って いますか。教えて ください」라고 표현해 봅시다.

床屋 : 이발소란 뜻인데 요즘 젊은 사람들은 이발소에 잘 가지 않고 그냥 ヘアサロン(헤어살롱)이나 美容院(미장원)을 이용하고 있답니다. 한국도 그렇게 바뀌고 있지요?

「歯医者」는 치과의사란 뜻인데 보통 치과를 일컬을 때에 歯科라는 말 대신에 歯医者를 쓰기도 합니다. 그래서 치과에 간다는 표현을 보통 「歯医者さんに 行きます」라고 합니다.

L15-14

회화 3

●인터뷰에서 자신의 이름과 직업, 구체적으로 하는 일에 대해서 말하기

A お名前は？　　　　　　　　　　　　　　　　성함은요?

B ① ミラー です。　　　　　　　　　　　　밀러입니다.

A お仕事は？　　　　　　　　　　　　　　　　하시는 일은요?

B ② 会社員 です。　　　　　　　　　　　　회사원입니다.

③ コンピューターの　会社で　　　　　컴퓨터 회사에서

働いて　います。　　　　　　　　　　일하고 있습니다.

1) ① ワット　　② 教師　　③ 大学で　英語を　教えます
2) ① カリナ　　② 学生　　③ 富士大学で　勉強します
3) ① ワン　　② 医者　　③ 神戸の　病院で　働きます

1) ①왓트　②교사　③대학에서 영어를 가르칩니다　　2) ①카리나　②학생　③후지대학에서 공부합니다
3) ①왕　②의사　③고베에 있는 병원에서 일합니다

인터뷰의 질문이 다소 짧은 듯한 느낌이 들지도 모르지만「お」의 위력이지요. 간략하고도 정중한 느낌을 충분히 담고 있기 때문에 名前, 仕事 단어 하나에 붙이기만 하면 제대로 된 하나의 질문이 된답니다.

ご家族は？ _{（か ぞく）} （가족은 어떻게 되세요?）

L15-15

> 밀러 씨와 기무라 씨가 같이 영화를 보고 서로의 감상을 이야기하면서 밀러 씨가 가족을 떠올립니다. 그리고 그 가족에 대한 간단한 정보를 교환하고 있네요.

ミラー	きょうの　映画は　よかったですね。
木村	ええ、特に　あの　お父さんは　よかったですね。
ミラー	ええ。わたしは　家族を　思い出しました。
木村	そうですか。ミラーさんの　ご家族は？
ミラー	両親と　姉が　1人　います。
木村	どちらに　いらっしゃいますか。
ミラー	両親は　ニューヨークの　近くに　住んで　います。 姉は　ロンドンです。 木村さんの　ご家族は？
木村	3人です。父は　銀行員です。 母は　高校で　英語を　教えて　います。

映画(えいが) 영화

特(とく)に 특히

両親(りょうしん) 부모님

姉(あね) 누나, 언니

どちら 어디(どこ의 정중한 표현)

いらっしゃいます 계십니다(います・来ます・行きます의 존경어)

近(ちか)く 근처

ニューヨーク 뉴욕

ロンドン 런던

父(ちち) (자기) 아버지

銀行員(ぎんこういん) 은행원

母(はは) (자기) 어머니

高校(こうこう) 고등학교

教(おし)えます 가르칩니다

밀러　：오늘 영화는 좋았지요?
기무라 : 네, 특히 그 아버지는 좋았어요.
밀러　：네. 저는 가족이 생각났어요.
기무라 : 그래요? 밀러 씨 가족은 어떻게 되세요?
밀러　：부모님과 누나가 한 명 있어요.
기무라 : 어디에 계세요?
밀러　：부모님은 뉴욕 근처에 살고 있어요. 누나는 런던이에요.
　　　　기무라 씨의 가족은요?
기무라 : 3명이에요. 아버지는 은행원입니다.
　　　　어머니는 고등학교에서 영어를 가르치고 있어요.

① **よかったですね** 좋았어요

「よかった」는「いい」의 과거형입니다. 그러니까「よかった」는 '좋았다' 정도로 해석하면 됩니다.「ね」가 붙으면 '좋았지요, 좋았네요, 좋았어요' 등등의 다양한 뉘앙스를 포함할 수 있습니다.「よかった」에는 좋았다는 의미 외에도 '다행이다, 잘 됐다' 는 뜻도 있습니다.

② **あの**

「こ・そ・あ・ど」의 지시사 중「あ」는 화자와 청자 모두에게서 먼 것을 가리킬 때 쓰이는 말입니다. 즉「あれ」는 '저것',「あそこ」는 '저기',「あの」는 '저' 에 해당되는 표현이죠. 그런데 이「あ」는 한국어의「저」가 아닌「그」로 해석되는 경우가 있답니다.「あれ」가 '그것'「あそこ」가 '거기',「あの」가 '그' 의 뜻으로 둔갑해 버리는 것이죠. 어떤 때냐구요? 간단하게 설명하자면 청자와 화자가 이미 알고 있는 사항일 때「あ」는「그」라는 의미가 됩니다. 바꾸어 말하자면 청자와 화자가 이미 알고 있는 사항에 대해서「そ」를 쓰지 않고「あ」를 쓴다는 사실. 청자와 화자가 이미 알고 있는 사항이란 무엇일까요? 예를 들어 보죠.

> 예 우리 매일 가는 **그** 찻집에서 만나자. →いつもの **あの** 喫茶店で 会いましょう。

③ **思い出します** 생각납니다

「思います」와「出します」의 합성어입니다.「思います」는 '생각합니다' 이고「出します」는 '꺼냅니다' 라는 뜻인데, 합성어를 그대로 직역하자면 생각을 꺼냅니다 정도가 되겠지요. 그런데 이 단어는 한국어로 '생각이 납니다' 에 가장 잘 들어맞는 동사입니다. 한 가지 주의해야 할 점은 한국어로는 '~이 생각납니다' 라고 해서 앞에 '이/가' 가 오지만, 일본어에서는「~を 思い出します」라고 해서 앞에「を」라는 조사를 씁니다. 예문을 좀 볼까요?

> 예 この マフラーを 見て、昔の 彼女を **思い出しました**。
> 이 목도리를 보고서 옛날 여자 친구가 생각났어요.

④ **ご家族** 가족분

「家族」에 미화접두어「ご」가 붙어서 정중한 표현이 되었지요. 미화존경접두어에는「お」와「ご」가 있다는 것 기억하시죠? 주로「お」가 많이 붙는데 일본 고유어가 아닌 한자어에는「ご」가 주로 붙습니다.

> 예 ご 両親(부모님) ご 兄弟(형제분들) ご 連絡(연락) ご 結婚(결혼) 등

⑤ **~に 住んで います** ~에 살고 있습니다

'~에 살고 있습니다' 라고 할 때에 자주 실수하기 쉬운 부분으로, 앞에 조사를「に」대신「で」를 써 버리는 것입니다. 하지만 일본어에서는「住んで います」앞에 꼭「に」를 쓰니 주의합시다. 또 '~에 살아요' 라고 할 때에도「~に 住みます」가 아니라「~に 住んで います」로 꼭「て형」을 써야 해요!

⑥ **姉は ロンドンです** 누나(언니)는 런던에 있습니다

직역하면 '누나는 런던입니다' 이지만, 문맥상 파악하면 누나는 런던에 살고 있다는 뜻이겠지요. 하지만 일본어에서는 간결하게「です」만 이용해서 표현할 수 있습니다. 간결한 것을 좋아하는 일본인의 습성을 언어에서도 엿볼 수 있네요.

1 질문을 듣고 자기의 상황에 비추어 자유롭게 답하세요.

L15-16

1) ____

2) ____

3) ____

4) ____

5) ____

2 대화를 듣고 제시문에 맞으면 ○, 틀리면 ×표를 하세요.

L15-17

1) (   )　　　2) (   )　　　3) (   )　　　4) (   )　　　5) (   )

3 보기와 같이 て형을 ます형으로 바꾸어 보세요.

보기　食べて	食べます
1) 休んで	
2) 食事して	
3) 来て	
4) 書いて	
5) 借りて	
6) 迎えて	
7) 待って	
8) 話して	
9) 止めて	

4  보기와 같이 문장에 맞는 제시어를 골라 올바른 형태로 넣으세요.

> 店の　前です　　　　　　　　私のじゃ　ありません
> ~~今　使って　います~~　　　　映画を　見たいです
> 市役所へ　外国人登録に　行きます

> 보기
> Q：この　辞書、借りても　いいですか。 이 사전, 빌려도 돼요?
> A：すみません、今　使って　いますから。 죄송합니다, 지금 쓰고 있어서요.

1) Q：ここに　車を　止めても　いいですか。

　　A：すみません、＿＿＿＿＿＿＿＿＿＿＿＿＿＿＿＿＿から。

2) Q：＿＿＿＿＿＿＿＿＿＿＿＿＿＿＿＿＿から　あしたの　午後　休んでも

　　いいですか。

　　A：ええ、いいですよ。

3) Q：＿＿＿＿＿＿＿＿＿＿＿＿＿＿＿＿＿から　テレビを　つけても　いいですか。

　　A：どうぞ。

4) Q：この　傘、使っても　いいですか。

　　A：すみません、＿＿＿＿＿＿＿＿＿＿＿＿＿＿＿＿＿から。

5 보기와 같이 내용을 잘 읽어보고, 해도 되는 문장에는 「ても いいです」, 해서는 안 되는 문장에는 「ては いけません」을 형태에 맞게 넣어보세요.

보기

1) 日本で　20歳から　たばこを　（ 吸います → 吸っても　いいです ）。
일본에서 20세부터 담배를 피워도 됩니다.

2) エレベーターで　（ 遊びます → 遊んでは　いけません ）。
엘리베이터에서 놀면 안됩니다.

1) 図書館で　食べ物を　（ 食べます →　　　　　　　　　　　　）。

2) Q：先生、終わりました。

　　A：じゃ、（ 帰ります →　　　　　　　　　　）。

3) 試験ですから、隣の　人と　（ 話します →　　　　　　　　　　　）。

4) 子どもは　お酒を　（ 飲みます →　　　　　　　　　　）。

6 보기와 같이 제시어를 골라 올바른 형태로 넣으세요.

| 持ちます | 作ります | 働きます | 結婚します | 住みます |

보기　ミラーさんは　IMCで　（ 働いて ）　います。밀러 씨는 IMC에서 일하고 있습니다.

1) ミラーさんは　大阪に　（　　　　　　　）　います。

2) IMCは　コンピューターソフトを　（　　　　　　　　）　います。

3) ミラーさんは　（　　　　　　　　）　いません。独身です。

4) ミラーさんは　パソコンを　（　　　　　　　）　います。

7 다음 본문을 읽고 질문에 답하세요.

わたしは　だれですか

　わたしは　とても　寒い　所に　住んで　います。わたしは　赤い　服が　好きです。赤い　服は　暖かいです。わたしは　1年に　1日だけ　働きます。それは　12月　24日です。24日の　夜　すてきな　プレゼントを　いろいろな　国の　子どもに　あげます。

　わたしは　独身ですから、子どもが　いません。でも　世界の子どもは　みんな　わたしを　知って　います。そして　12月　24日の　夜　わたしの　プレゼントを　待って　います。わたしは　この　仕事が　とても　好きです。

Q：この　人の　うちは　どんな　所に　ありますか。 이 사람의 집은 어떤 곳에 있습니까?

A：寒い　所に　あります。 추운 곳에 있습니다.

1) この　人は　結婚して　いますか。

2) この　人は　いつ　仕事を　しますか。

3) この　人の　名前を　知って　いますか。

4) あなたも　この　人に　プレゼントを　もらいましたか。

Lesson
16

단순문장 연결하기,
시간 전후로 문장연결하기

◦ 중요단어 파악하기

~て（~で） 하고/해서 : 단순 문장 연결

~てから 하고 나서 : 시간적 순서로 문장 연결

~は　~が ~는 ~가 : 물건이나 인물의 속성

~くて 하고/해서 : 형용사 연결

1 <u>朝</u>　ジョギングを　<u>して</u>、シャワーを
①　　　　　　　　　　②　　　　③
①아침에 조깅을　　②하고　③샤워를

<u>あびて</u>、<u>会社へ</u>　<u>行きます</u>。
④　　　⑤　　　⑥
④하고　⑤회사에　⑥갑니다.

2 <u>コンサートが</u>　<u>終わってから</u>、<u>レストランで</u>
①　　　　　　②　　　　　③
①콘서트가　　②끝나고 나서　③레스토랑에서

<u>食事を</u>　<u>しました</u>。
④　　　⑤
④식사를　⑤했습니다.

3 <u>大阪は</u>　<u>食べ物が</u>　<u>おいしいです</u>。
①　　　②　　　③
①오사카는　②음식이　③맛있습니다.

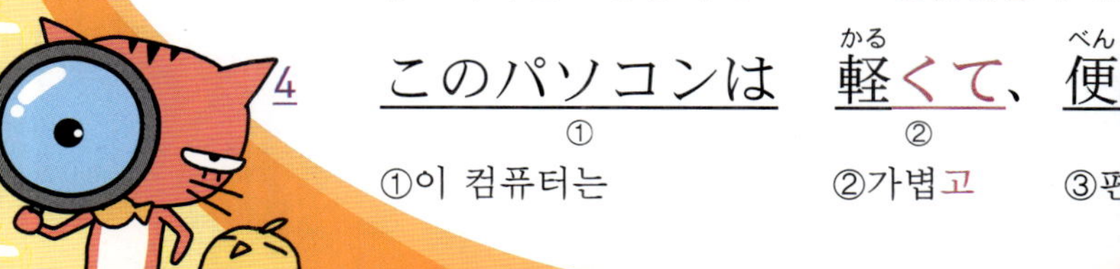

4 <u>このパソコンは</u>　<u>軽くて</u>、<u>便利です</u>。
①　　　②　　　③
①이 컴퓨터는　②가볍고　③편리합니다.

1 동사접속 : (～하)고/(～해)서

～て형

「두 문장 중 앞 문장에 동사가 있을 경우에는 동사의 ます를 떼고 て형으로 바꾸면 두 문장을 연결시킬 수 있습니다. て형이 뭐지? て형이 아직까지 낯설다면 14과 워밍업하기로 다시 돌아가 て형을 마르고 닳도록 연습합시다.

わたしは　ごはんを　食べます。新聞を　読みます。
나는 밥을 먹습니다. 신문을 읽습니다.
⇒ わたしは　ごはんを　食べて、新聞を　読みます。
　　나는 밥을 먹고 신문을 읽습니다.

바로 앞 문장의 동사만 て형으로 바꾸면 뒤에 무궁무진한 문장들을 접속시킬 수 있답니다.

L16-2

음성을 들으면서 따라하세요.

あした　神戸へ	行って、	映画を	見て、	買い物します。
きのう　本を	読んで、	手紙を	書いて、	寝ました。
日曜日　10時ごろ	起きて、		散歩して、	食事します。

내일 고베에 가서 영화를 보고 쇼핑합니다./어제 책을 읽고 편지를 쓰고 잤습니다./일요일 10시쯤에 일어나서 산책하고 식사합니다.

♡行っては 行きます(Ⅰ), 見ては 見ます(Ⅱ), 読んでは 読みます(Ⅰ), 書いては 書きます(Ⅰ), 起きては 起きます(Ⅱ), 散歩しては 散歩します(Ⅲ)의 て형입니다.

神戸 고베(지명)
映画 영화
買い物します 장봅니다, 쇼핑합니다
本 책
手紙 편지
寝ます 잡니다
ごろ 즈음
食事します 식사합니다

동사접속 : (~하)고/(~해)서 나서(~한 후)

～て형+から

「두 문장 중 앞 문장에 동사가 있을 경우에는 동사의 ます를 떼고 て형으로 바꾼 후 から를 붙여주면 앞 문장을 하고 난 후에 뒤 문장을 한다는 시간적 전후 연결문장을 만들 수 있습니다.

L16-3

電話を	かけて	から、	友達の　うちへ　行きます。
仕事が	終わって		泳ぎます。
うちへ	帰って		晩ごはんを　食べました。

でん わ
電話 전화

かけます 겁니다

友だち 친구

終わります 끝납니다

泳ぎます 헤엄칩니다

帰ります 돌아갑니다

晩ごはん 저녁밥

전화를 걸고 나서(건 후) 친구 집에 갑니다./일이 끝나고 나서(끝난 후) 수영합니다./집에 가서(간 후) 저녁밥을 먹었습니다.

♡ かけて는 かけます(Ⅱ), 終わって는 終わります(Ⅰ), 帰って는 帰ります(Ⅰ)의 て형입니다.

3

～는 ～가 (~하다)

～は　～が

이 문형은 「は」를 붙여 물건이나 인물의 속성에 대해서 말하는 방법이다. 앞은 문장의 주체를, 뒤에는 형용사로 기술되는 상태, 사항의 주어이다.

大阪は　食べ物が　おいしいです。 오사카는 음식이 맛있습니다.

ドイツの　フランケンは　ワインが　有名です。 독일의 프랑켄은 와인이 유명합니다.

マリアさんは　髪が　長いです。 마리아 씨는 머리가 깁니다.

이 표현은 한국어와 비슷해서 그다지 어렵지는 않죠?

L16-4

カリナさんは	背	が	高い	です。
	目		大きい	
	髪		短い	

背 키

高い (키가) 크다, (값이) 비싸다

短い 짧다

카리나 씨는 [키가 큽니다/눈이 큽니다/머리가 짧습니다].

4 い형용사 접속 : (~하)고/(~해)서

～くて

な형용사・명사 접속 : (~하)고/(~해)서

～で

① い형용사

두 문장 중 앞 문장에 い형용사가 있을 경우에는 「～い」부분을 「～くて」로 바꾸면 접속형이 됩니다. い뒤에 붙어 있는 です는 어떻게 하나요? です는 붙이지 않습니다. 즉, ～くてです가 아니라 그냥 ～くて로 하면 됩니다.

ミラーさんは　背が　高いです。目が　大きいです。
(밀러 씨는 키가 큽니다. 눈이 큽니다)
⇒ ミラーさんは　背が　高くて、目が　大きいです。
(밀러 씨는 키가 크고, 눈이 큽니다)

잠깐! 접속하기 전의 문장에는 분명히 정중한 です가 있었는데 문장연결 후 です가 빠졌다면 정중한 의미가 사라진 것일까요? 그렇지 않아요. 두 문장을 연결한 맨 마지막 부분에 大きいです라고 있죠? 大きいです에 붙은 です의 정중한 의미가 문장 전체에 영향을 미치므로 연결한 후의 문장도 정중한 의미가 됩니다.

또 한 가지! いいです의 접속형은 いくて가 아니라 よくて입니다.

② な형용사・명사

앞 문장에 な형용사와 명사가 있는 경우에는 です를 빼고 「で」를 넣으면 두 문장이 연결됩니다.

ハンサムです＋親切です ⇒ ハンサムで、親切です。

L16-5

ミラーさんは	若	くて	元気です。
	頭が　よ		おもしろいです。
	ハンサム	で	親切です。
	28さい		独身です

밀러 씨는 [젊고 건강합니다/머리가 좋고 재미있습니다/잘 생겼고 친절합니다/28살이고 독신입니다].

若い 젊다
元気 건강함
いい 좋다
おもしろい 재미있다
ハンサム 잘 생김, 핸섬함
親切 친절함
～さい ～세
独身 미혼, 싱글, 독신

※「て」형을 이용한 표현 3가지

「~ています」가 「~하고 있습니다」라는 뜻이라는 것을 배웠습니다. 그런데 이 「て」에는 뒤에 다양한 보조동사들이 붙어서 더욱더 표현을 풍부하고 섬세하게 만들어 준답니다. 암기할 것이 하나도 없고 지금까지 배운 단어들로 그대로 응용할 수 있습니다.

> ### ① ~て いきます
> ~해 갑니다(가겠습니다) 라는 뜻으로 いきます의 의미가 그대로 살아있기 때문에 이해하기 쉽습니다. 일본어와 한국어의 이런 비슷한 점에 여러분들은 희열을 느끼고 있을 거에요. 그럼 어떤 때 이런 문장이 쓰이는지 구체적인 예문을 살펴볼게요.
> **예** あなたと　一緒に　生きて　いきます。

아직 배우지 않은 동사 「生きます」가 나와서 생소할지는 모르지만 저 문장은 아주 로맨틱한 의미를 지닌 멋진 말이랍니다. 「生きます」의 한자에서 알 수 있듯이 '살 생'이란 의미에서 生きます는 산다는 뜻입니다. 「~て いきます」의 뜻도 배웠으니까 이제 윗문장을 완벽히 해석할 수 있겠죠? '당신과 함께 살아 갑니다' 라는 뜻입니다.

> ### ② ~て きます
> ~해 옵니다(오겠습니다) 라는 뜻으로 「~て いきます」와 마찬가지로 きます의 의미가 거의 그대로 남아 있기 때문에 쉽게 이해할 수 있을 거에요. 그럼 어떤 때에 쓰이는지 예문을 통해서 알아봅시다.
> **예** 電話して　きます。전화하고 오겠습니다.
> コピーして　きます。복사하고 올게요.

위의 예와 같이 きます가 실제 행동을 나타내는 경우라서 '옵니다'로 해석하면 되는 경우가 있는가 하면, 다음 예와 같이 きます를 '옵니다'로 번역해서 조금 어색한 경우도 있습니다.

예 喉が　乾いて　きました。

그대로 직역하면 '목이 말라 왔습니다' 인데 여기에서는 실제 행동으로 '옵니다' 란 뜻이 아니라 시간적인 변화를 나타냅니다. 즉 어느 일정 시점에서 출발된 동작이나 상태가 현재까지 진행되어 왔다는 의미를 나타냅니다. 그러므로 이럴 때에는 '옵니다'로 직역하지 말고 '변화'의 의미를 담아서 '~해 졌습니다'로 번역하는 것이 자연스럽습니다. 즉, 윗문장은 '목이 말라졌어요, 목이 말라요'로 해석하면 됩니다.

지금 이 설명은 이해하기 힘들지도 모르지만 나중에 중급단계에서 다시 배우게 될 거니까 걱정하지 마세요.

> ### ③ ~て みます
> ~해 봅니다(보겠습니다) 란 뜻으로, 시도의 의미를 나타냅니다. 위의 두 가지 예와 마찬가지로 みます를 그대로 살려서 해석하면 아무런 문제가 없습니다.
> **예** 木村さんが　まだ　来て　いませんから、電話して　みます。
> 기무라 씨가 아직 안 오니 전화해 보겠습니다.

1 보기와 같이 て형을 사용하여 두 동사문을 연결하세요. L16-6

> 보기
> 日曜日　名古屋へ　行きます・友達に　会います
> → 日曜日　名古屋へ　行って、友達に　会います。 일요일에 나고야에 가서 친구를 만납니다.

스스로 해본 후에 음성을 들으면서 따라하세요.

1) 市役所へ　行きます・外国人登録を　します →

2) 昼　1時間　休みます・午後　5時まで　働きます →

3) 京都駅から　JRに　乗ります・大阪で　地下鉄に　乗り換えます →

4) サンドイッチを　買いました・大阪城公園で　食べました →

市役所 시청 ｜ 外国人登録 외국인등록 ｜ 昼 점심, 낮 ｜ 休みます 쉽니다 ｜ 午後 오후 ｜ 駅 역 ｜ JR 일본철도 ｜ 乗ります 탑니다 ｜ 地下鉄 지하철 ｜ 乗り換えます 갈아탑니다, 환승합니다 ｜ サンドイッチ 샌드위치 ｜ 買います 삽니다 ｜ 大阪城公園 오사카 성 공원 ｜ 食べます 먹습니다

Answer
1) 市役所へ　行って、外国人登録を　します。
2) 昼　1時間　休んで、午後　5時まで　働きます。
3) 京都駅から JRに　乗って、大阪で　地下鉄に　乗り換えます。
4) サンドイッチを　買って、大阪城公園で　食べました。

2 그림을 보고 보기와 같이 て로 연결한 후 마지막 장면은 それから(그리고 나서)로 접속해 봅시다. L16-7

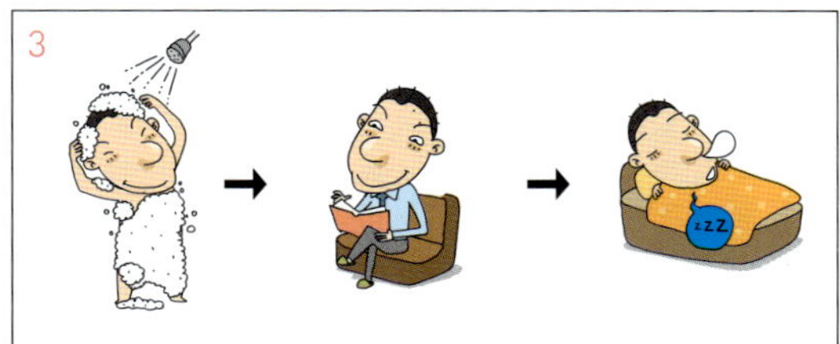

<table>
<tr><td>보기</td><td>6時に　起きて、散歩して、それから　朝ごはんを　食べました。
6시에 일어나서 산책하고, 그리고 나서 아침밥을 먹었습니다.</td></tr>
</table>

1)　　　　　　　　　　　2)　　　　　　　　　　　3)

新聞 신문 ｜ コーヒー 커피 ｜ 会社 회사 ｜ 食事 식사 ｜ 勉強 공부 ｜ シャワー 샤워

① '책을 읽다'와 '책을 보다'
　　한국인들은 독서의 의미로 책을 본다는 표현을 많이 쓰지만 일본에서는 책 겉표지만 구경할 것이 아니라면 대부분 문자를 읽고 파악한다는 뜻으로는 「本を読みます」라고 합니다.
② '식사하다'와 '밥을 먹다'
　　식사하다와 밥을 먹다는 의미가 일맥상통한 표현이지요. 따라서 일본어로도 「食事をします」와 「ごはんを食べます」는 같은 의미를 나타낸다고 할 수 있어요. 단, '밥을 합니다' 라고 하거나 '식사를 먹습니다' 라는 표현은 이상하다는 점!
　　食事を食べます(×)　ごはんをします(×)

Answer
1) 新聞を 読んで、コーヒーを 飲んで、それから 会社へ 行きました。
2) レストランで 食事を して、うちへ 帰って、それから 日本語の 勉強を しました。
3) シャワーを 浴びて、本を 読んで、それから 寝ました。

それから
　　'그리고 나서' 내지는 '그리고' 라는 뜻의 접속사입니다. 단순히 앞뒤 문장을 이어주는 기능도 있지만 앞 사건이 일어난 후 뒤 사건이 일어난다는 시간 순차적인 의미도 포함하고 있습니다.

3 보기와 같이 「てから(~하고 나서/~한 후)」를 넣어서 앞뒤 문장을 시간 순서대로 연결해 봅시다. L16-8

<table>
<tr><td>보기</td><td>電話を　かけます・友達の　うちへ　行きます
→ 電話を　かけてから、友達の　うちへ　行きます。 전화를 걸고 나서, 친구 집에 갑니다.</td></tr>
</table>

1) 銀行で　お金を　おろします・買い物に　行きます →
2) 仕事が　終わります・飲みに　行きませんか →
3) お金を　入れます・ボタンを　押して　ください →
4) 日本へ　来ました・日本語の　勉強を　始めました →

銀行 은행 ｜ お金 돈 ｜ おろします (돈)인출합니다 ｜ 終わります 끝납니다 ｜ 飲みに 行きます 술 마시러 갑니다 ｜
入れます 넣습니다 ｜ ボタン 버튼 ｜ 押します 누릅니다, 밉니다 ｜ 来ます 옵니다 ｜ 始めます 시작합니다

Answer
1) 銀行で お金を おろしてから、買い物に 行きます。
2) 仕事が 終わってから、飲みに 行きませんか。
3) お金を 入れてから、ボタンを 押して ください。
4) 日本へ 来てから、日本語の 勉強を 始めました。

셀로판지를 이용하여 말하기 연습을 해봅시다.

4 보기와 같이 질문을 만든 후, て를 사용하여 답해 보세요. L16-9

> 보기
> だいがく で がいこく い はたら
> 大学を 出ます（外国へ 行きます・働きます）→
> Q：大学を 出てから、何を しますか。 대학을 나오고 나서 무엇을 합니까?
> A：外国へ 行って、働きます。 외국에 가서 일합니다.

스스로 해본 후에
음성을 들으면서
따라하세요.

1) てら み なら こうえん い ひる た
   お寺を 見ます（奈良公園へ 行きます・昼ごはんを 食べます）→
2) かいしゃ りょこう ほん か
   会社を やめます（アジアを 旅行します・本を 書きます）→
3) くに かえ だいがく はい くに けいざい べんきょう
   国へ 帰ります（大学に 入ります・国の 経済を 勉強します）→
4) けんきゅう お かえ だいがく はたら
   研究が 終わります（アメリカへ 帰ります・大学で 働きます）→

お寺 절 ｜ 奈良 나라(지명) ｜ やめます 그만둡니다 ｜ アジア 아시아 ｜ 旅行 여행 ｜ 書きます 씁니다 ｜ 国 나라, 고향 ｜ 入ります 들어 갑니다 ｜ 経済 경제 ｜ 研究 연구 ｜ アメリカ 미국

Answer
1) Q：お寺を 見てから、何を しますか。　　A：奈良公園へ 行って、昼ごはんを 食べます。
2) Q：会社を やめてから、何を しますか。　　A：アジアを 旅行して、本を 書きます。
3) Q：国へ 帰ってから、何を しますか。　　A：大学に 入って、国の 経済を 勉強します。
4) Q：研究が 終わってから、何を しますか。　　A：アメリカへ 帰って、大学で 働きます。

💡 '대학을 나옵니다(졸업합니다)'라고 할 때에는 「大学を 出ます」, '대학에 들어가다(입학합니다)'라고 할 때에는 「大学に 入ります」입니다.

5 보기와 같이 い·な형용사 및 명사가 들어 있는 문장을 くて나 で를 사용하여 연결해 봅시다. L16-10

> 보기
> おお おも
> 1) このカメラ・大きい・重い
>   → この カメラは 大きくて、重いです。 이 카메라는 크고 무겁습니다.
> しんせつ
> 2) ミラーさん・ハンサム・親切
>   → ミラーさんは ハンサムで、親切です。 밀러 씨는 잘 생겼고 친절합니다.

스스로 해본 후에
음성을 들으면서
따라하세요.

1) へや せま くら
   わたしの 部屋・狭い・暗い →
2) おきなわ うみ あお
   沖縄の 海・青い・きれい →
3) とうきょう
   東京・にぎやか・おもしろい →
4) さい どくしん
   ミラーさん・28歳・独身 →

カメラ 카메라 ｜ 大きい 크다 ｜ 重い 무겁다 ｜ 部屋 방 ｜ 狭い 좁다 ｜ 暗い 어둡다 ｜ 沖縄 오키나와(지명) ｜ 海 바다 ｜ 青い 푸르다 ｜ きれい 깨끗함, 예쁨 ｜ にぎやか 번화함, 시끌벅적함 ｜ おもしろい 재미있다

Answer
1) わたしの 部屋は 狭くて、暗いです。　　2) 沖縄の 海は 青くて、きれいです。
3) 東京は にぎやかで、おもしろいです。　　4) ミラーさんは 28歳で、独身です。

6 질문에 대하여 제시어를 한 문장으로 연결한 후 명사를 수식하는 형식으로 답해 보세요. L16-11

> 보기
> マリアさんは　どの　人ですか。（あの・髪が　長い・きれい）마리아씨는 어느 사람입니까?
> → あの　髪が　長くて、きれいな　人です。저 머리가 길고 예쁜 사람입니다.

스스로 해본 후에
음성을 들으면서
따라하세요.

1) サントスさんは　どの　人ですか。（あの・髪が　黒い・目が　大きい）→

2) ミラーさんは　どんな　人ですか。（背が　高い・すてき）→

3) 奈良は　どんな　町ですか。（静か・緑が　多い）→

4) 北海道は　どんな　所ですか。（きれい・食べ物が　おいしい）→

髪 머리카락 ┃ 黒い 검다 ┃ 背 키 ┃ 高い 높다, (키)크다 ┃ すてき 멋짐 ┃ 町 동네, 마을 ┃ 静か 조용함 ┃ 緑 녹색, 자연, 푸름

い형용사의 명사수식형은 「～い N」이지만 な형용사의 명사 수식형은 「～な N」이라는 점 잊지 않았죠?

① どの人(어느 사람)와 どんな人(어떤 사람)
　どの人이에요라고 하면 파티장 같은 데에서 정확한 사람을 찾을 때 어느 사람이에요? 라고 묻는 질문이고, どんな人이에요
　라고 하면 그 사람의 전반적인 평이나 특징을 묻는 질문입니다. 구별이 가나요?
② 緑が　多い : 직역하면 녹색이 많다 인데 주변에 숲이나 나무들이 울창하고 자연환경으로 둘러싸여져 있다는 뜻입니다.

Answer
1)あの　髪が　黒くて、目が　大きい　人です。　　2)背が　高くて、すてきな　人です。
3)静かで、緑が　多い　町です。　　4)きれいで、食べ物が　おいしい　所です。

---

7 보기와 같이 두 단어를 연결해 보세요. 시제에 주의하세요. L16-12

> 보기
> きのうの　パーティーは　どうでしたか。（にぎやか・楽しい）어제 파티는 어땠어요?
> → にぎやかで　楽しかったです。시끌벅적하고 즐거웠습니다.

스스로 해본 후에
음성을 들으면서
따라하세요.

1) 大阪は　どうですか。（車が　多い・緑が　少ない）→

2) 寮は　どうですか。（部屋が　きれい・明るい）→

3) 旅行は　どうでしたか。（天気が　いい・楽しい）→

4) ホテルは　どうでしたか。（静か・サービスが　いい）→

車 차 ┃ 少ない 적다 ┃ 寮 기숙사 ┃ 明るい 밝다 ┃ 天気 날씨 ┃ 楽しい 즐겁다 ┃ ホテル 호텔 ┃ サービス 서비스

과거형 연습입니다. 마지막 문장이 い형용사이면 「かったです」, 명사이거나 な형용사라면 「でした」로 바꾸어 주면 되겠네요.
　「いいです」의 과거는 いかったです가 아닌 「よかったです」라는 점 잊지 마세요!

Answer
1)車が　多くて、緑が　少ないです。　　2)部屋が　きれいで、明るいです。
3)天気が　よくて、楽しかったです。　　4)静かで、サービスが　よかったです。

회화랑 친해지기

●교토에 가서 구체적으로 무엇을 했는지 「～て、それから(～하고 그리고)」를 넣어서 말하기

회화 1

A きのうは どこか 行きましたか。 어제는 어딘가 갔습니까?

B ええ、京都へ 行きました。 네, 교토에 갔습니다.

A そうですか。京都へ 行って、何を 그래요? 교토에 가서 무엇을
しましたか。 했습니까?

B 友達に 会って、① 食事して、それから 친구를 만나서 식사하고, 그리고
いっしょに ② お寺を 見ました。 같이 절을 봤어요.

1) ① 美術館へ 行きます　② 喫茶店で 話します
2) ① お茶を 飲みます　② 公園を 散歩します
3) ① 古い 神社を 見ます　② 買い物に 行きます

1) ①미술관에 갑니다　②찻집에서 이야기합니다　2) ①차를 마십니다　②공원을 산책합니다
3) ①오래된 신사를 봅니다　②쇼핑하러 갑니다

●일본어 공부를 언제부터 했는지 「～てから(～하고 나서)」를 넣어서 말하기

회화 2

A 日本語が 上手ですね。 일본어 잘하시네요.

どのくらい 勉強しましたか。 얼마정도 공부했나요?

B 1年ぐらいです。 1년 정도입니다.(1년정도 공부했어요)

日本へ 来てから、始めました。 일본에 오고나서 시작했어요.

A そうですか。すごいですね。 그래요? 대단하네요.

B いいえ、まだまだです。 아니요, 아직이에요.(아직 멀었습니다)

1) 大学を 出ます　2) この 会社に 入ります　3) 結婚します

1) 대학을 나옵니다　2) 이 회사에 들어옵니다　3) 결혼합니다

위 대화에서 놓쳐서는 안 될 패턴으로 서로 칭찬하는 법과 칭찬 받았을 때에 대응하는 법입니다.
잘하는 점에 대해서 칭찬을 할 때에는 「上手ですね」라고 하면 됩니다. 만약 손윗사람이라면 「お上手ですね」
라고 하면 간단하죠? 이런 칭찬을 받으면 기분도 좋고 쑥스럽기도 한데 일본인들은 대부분 겸손의 뉘앙스로 「ま
だまだです(아직 멀었어요)」라고 합니다.

L16-15

회화 3

● 자기의 출신지역에 대해서 구체적으로 묘사하기

A　① インドネシアの　バンドンから　来ました。　　인도네시아 반동에서 왔어요.

B　① バンドン？　どんな　所ですか。　　반동이요? 어떤 곳인가요?

A　そうですね。② 緑が　多くて、　　글쎄요. 녹음이 많고,

きれいな　所です。　　아름다운 곳이에요.

1)　① メキシコの　ベラクルス　　② 海が　近いです

2)　① ドイツの　フランケン　　② ワインが　有名です

3)　① ベトナムの　フエ　　② お寺が　たくさん　あります

1) ①멕시코 베라크루스 ②바다가 가깝습니다　　2) ①독일 프랑켄 ②와인이 유명합니다

3) ①베트남 후에 ②절이 많이 있습니다

자기 출신지를 이야기할 때에는 「～から 来ました」라고 하면 됩니다. 아니면 간단하게 예를 들어 「ソウル 出身です(서울 출신입니다)」라고 해도 됩니다. 외국인들이 자기 출신지에 대해 질문을 하면 머뭇머뭇하는 경우가 많습니다. 이는 일본어가 부족해서라기 보다는 출신지나 자기 고장에 대한 정보가 없기 때문이지요. 자기 고장에는 뭐가 유명한지 관심을 가져 본 후, 간단하게 설명할 수 있는 표현을 미리 머릿속에 넣어 둡시다.

셀로판지를 이용하여 회화 연습을 해봅시다.

使い方を　教えて　ください (사용법을 가르쳐 주세요)

L16-16

마리아 씨가 돈을 인출하려고 하는데 ATM기(현금자동인출기) 사용법을 잘 몰라서 헤매고 있습니다. 은행원이 아주 친절하게 차례대로 인출법을 가르쳐주고 있네요.

マリア	すみませんが、ちょっと　使い方を　教えて　ください。
銀行員	お引き出しですか。
マリア	そうです。
銀行員	じゃ、まず　ここを　押してください。
マリア	はい。
銀行員	キャッシュカードは　ありますか。
マリア	はい、これです。
銀行員	それを　ここに　入れて、暗証番号を　押して　ください。
マリア	はい。
銀行員	次に　金額を　押して　ください。
マリア	5万円ですが、5……。
銀行員	この　「万」「円」を　押します。 それから　この　確認ボタンを　押して　ください。
マリア	はい。どうも　ありがとう　ございました。

使(つか)い方(かた) 사용법

教(おし)えます 가르쳐줍니다

引(ひ)き出(だ)し 인출

押(お)します 누릅니다, 밉니다

キャッシュカード 현금카드

入(い)れます 넣습니다

暗証番号(あんしょうばんごう) 비밀번호

次(つぎ)に 다음으로

金額(きんがく) 금액

確認(かくにん) 확인

마리아 : 죄송한데, 사용법 좀 가르쳐 주세요.
은행원 : 인출하시는 겁니까?
마리아 : 그렇습니다.
은행원 : 그럼, 우선 여기를 누르세요.
마리아 : 네.
은행원 : 현금카드는 있어요?
마리아 : 네, 이겁니다.
은행원 : 그것을 여기에 넣고, 비밀번호를 누르세요
마리아 : 네.
은행원 : 다음으로 금액을 누르세요.
마리아 ; 5만엔인데요…. 5….
은행원 : 이 「만」「엔」(버튼)을 누릅니다.
　　　　그리고나서 이 확인버튼을 누르세요.
마리아 : 네. 정말 감사합니다.

① **使い方** 사용법

「동사의 ます형+方」는 '～하는 법'이란 뜻이 됩니다. ～方가 붙으면 명사가 되기 때문에 앞에 명사가 오면 の로 연결시켜 줘야 합니다.

예를 들어 한자 읽는 법이라고 한다면「漢字の 読み方」라고 해야 합니다.

> 예 먹는 법 : 食べ方　　　살아가는 방식 : 生き方
> 　　사고방식 : 考え方　　하는 법 : やり方

② **お引き出しですか。**　인출하시는 겁니까?

「引き出し」는 두 동사가 합성되어 명사화된 것입니다. 즉,「引きます＋出します」가 합성된 것이지요.
「引きます」는 한자의 '끌 인(引)' 에서도 알 수 있듯이 '끌다, 끌어들이다, 당기다' 란 뜻이 있습니다.
빌딩 출입문에 보면 '미세요' 와 '당기세요' 가 있고, 영어로는 'push' 와 'pull' 이 있죠? 일본에서는
「押し(밈)」와「引き(당김)」가 있습니다.
그리고「出します」는 타동사이기 때문에 '～을 꺼내다' 라는 뜻으로도 사용되지요. 같은 한자를 쓰는
「出ます」는 '(～이) 나오다, (～이) 나다' 의 자동사이므로 구별해야 합니다.
자, 그럼「引き出し」의 뜻은? 직역하면 '끌어서 꺼냄' 이 되겠네요. 구체명사로는 '서랍' 이란 뜻도
있지만, 본문에서는 돈을 끌어서 빼는 거니까 '인출' 이 됩니다. '인출' 은「引き出し」중 한자만을
끄집어 내어 읽어도 바로 해석이 가능합니다.
그런데「引き出し」에「お」가 붙었으니 미화존경어가 되었네요? 남이 하는 행동에 대해서「お」를 붙여
주는 것이지요. 이리하여「お引き出しですか」를 직역하면 '인출이십니까?' 에서 '인출하시는 겁니
까? 라는 뜻이 되는 거죠.「お～ですか」는 간략하고도 아주 유용하게 쓰이는 편리한 문형입니다.

> 예 타시는 겁니다 → お乗りです　　　　　퇴근하시는 길이세요? → お帰りですか

③ **まず** 우선

우선, 첫 번째로 라는 뜻입니다. 어떤 상황이나 절차에 대해서 설명할 때 주로 쓰이는 패턴이 있는
데 まず(우선) → 次に(그 다음으로) → 最後に(마지막으로)가 있습니다. 이 패턴을 잘 외워두면 프
레젠테이션 같은 것을 할 때 매끄럽게 문맥을 이어나갈 수 있겠죠?

④ **入れます** 넣습니다

'넣습니다' 라는 뜻입니다. 그런데 같은 한자를 쓰면서「入ります」도 있습니다. 언제「いれます」
이고「はいります」인지는 한자 뒤에 오는 히라가나로 알 수 있어요. 또한 의미로도 구별이 되는데
「いれます」는 타동사로서 '넣습니다',「はいります」는 자동사로 '들어갑니다/들어옵니다' 이죠.

> 예 コップに　水を　**入れます。** 컵에 물을 넣습니다.
> 　　コップに　水が　**入ります。** 컵에 물이 들어갑니다.

⑤ **暗証番号** 비밀번호

비밀번호를 일본에서는 '암증번호' 라고 합니다. 일본에도 비밀이란 단어가 있지요.「秘密」라고
합니다. 그럼 秘密番号해도 왠지 말이 될 것 같지만 일본인들은 그 말을 쓰지 않아요. 대신에 영
어로 パスワード(패스워드)라고는 할 수 있어요.

1 질문을 듣고 자기의 상황에 비추어 자유롭게 답하세요.

L16-17

1) ____

2) ____

3) ____

4) ____

5) ____

2 대화를 잘 듣고 상황에 맞게 표현한 그림을 고르세요.

L16-18

1

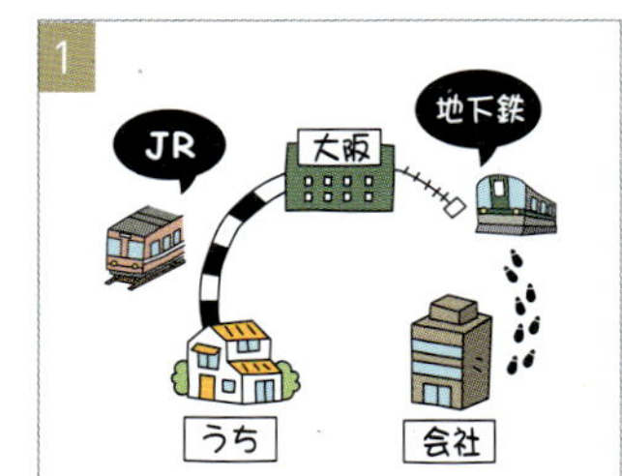

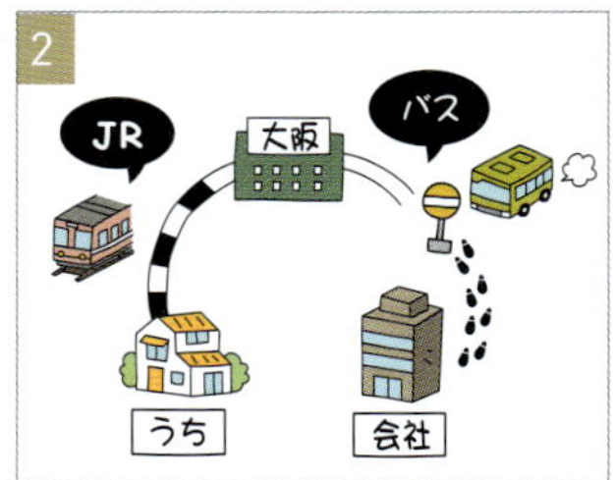

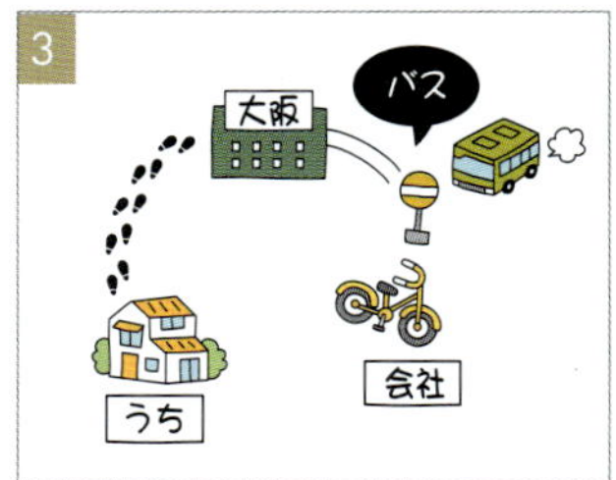

2

3 대화를 듣고 제시문에 맞으면 ○, 틀리면 ×표를 하세요.

L16-19

1) (   )   2) (   )   3) (   )

④ 보기와 같이 괄호 안에 알맞은 조사를 넣으세요.

> 보기　ミラーさんは　背(が)　高いです。밀러 씨는 키가 큽니다.

1) 国へ　帰ってから、大学(　　)　入って、経済の　研究を　します。

2) 大阪駅から　JR(　　)　乗って、京都駅で　降ります。

3) 京都で　古い　お寺(　　)　見ました。

4) 日本は　山(　　)　多いです。

5) 北海道は　きれいで、食べ物(　　)　おいしいです。

6) 会社(　　)　やめてから、何を　しますか。

7) ジョギングを　して、シャワー(　　)　浴びて、学校へ　行きます。

8) 大学(　　)　出てから、父の　会社(　　)　働きます。

⑤ 제시어 중 하나를 골라 알맞은 형태로 넣으세요.

> 閉めます　　出します　　乗ります　　浴びます　　行きます　　乗り換えます

> 보기　窓を　(閉めて)、電気を　消して、寝ました。창문을 닫고, 불을 끄고 잤습니다.

1) デパートへ　(　　　　　)、買い物して、それから　映画を　見ます。

2) 銀行で　お金を　(　　　　　)から、買い物に　行きます。

3) 日本橋から　地下鉄に　(　　　　　)、大阪駅で　JRに　(　　　　　)、甲子園で

　降ります。

4) シャワーを　(　　　　　)から、プールに　入って　ください。

6 제시어 중 하나를 골라 알맞은 접속형태로 넣으세요.

> いいです　　~~多<ruby>おお</ruby>いです~~　　軽<ruby>かる</ruby>いです　　にぎやかです　　学生<ruby>がくせい</ruby>です

> 보기　奈良<ruby>なら</ruby>は　緑<ruby>みどり</ruby>が　（多<ruby>おお</ruby>くて）、きれいな　町<ruby>まち</ruby>です。 나라는 녹음이 많고 아름다운 도시입니다.

1) カリナさんは　富士大学<ruby>ふじだいがく</ruby>の　（　　　　　　　）、美術<ruby>びじゅつ</ruby>を　勉強<ruby>べんきょう</ruby>して　います。

2) 佐藤<ruby>さとう</ruby>さんは　頭<ruby>あたま</ruby>が　（　　　　　　）、すてきな　人<ruby>ひと</ruby>です。

3) 新<ruby>あたら</ruby>しい　パソコンは　（　　　　　　）、便利<ruby>べんり</ruby>です。

4) 東京<ruby>とうきょう</ruby>は　（　　　　　　）、おもしろい　町です。

7 다음 본문을 읽고 질문이 내용에 맞으면 ○, 틀리면 ×표를 하세요.

> 大阪<ruby>おおさか</ruby>、神戸<ruby>こうべ</ruby>、京都<ruby>きょうと</ruby>、奈良<ruby>なら</ruby>
>
> 　大阪<ruby>おおさか</ruby>は　大<ruby>おお</ruby>きい　町<ruby>まち</ruby>です。ビルや　車<ruby>くるま</ruby>や　人<ruby>ひと</ruby>が　多<ruby>おお</ruby>くて、にぎやかです。神戸<ruby>こうべ</ruby>と　京都<ruby>きょうと</ruby>と　奈良<ruby>なら</ruby>は　大阪から　近<ruby>ちか</ruby>いです。京都と　奈良は　古<ruby>ふる</ruby>い　お寺<ruby>てら</ruby>や　神社<ruby>じんじゃ</ruby>が　たくさん　ありますから、外国人<ruby>がいこくじん</ruby>も　たくさん　遊<ruby>あそ</ruby>びに　来<ruby>き</ruby>ます。
> 　神戸<ruby>こうべ</ruby>は　古<ruby>ふる</ruby>い　物<ruby>もの</ruby>が　あまり　ありませんが、町の　うしろに　山<ruby>やま</ruby>が、前<ruby>まえ</ruby>に　海<ruby>うみ</ruby>が　あって、すてきな　町です。若<ruby>わか</ruby>い　人<ruby>ひと</ruby>は　神戸が　好<ruby>す</ruby>きです。
> 　大阪に　空港<ruby>くうこう</ruby>が　2つ<ruby>ふた</ruby>　あります。新<ruby>あたら</ruby>しい　空港は　海の　上<ruby>うえ</ruby>に　あって、広<ruby>ひろ</ruby>くて、きれいです。

1) （　　）大阪<ruby>おおさか</ruby>は　古<ruby>ふる</ruby>い　お寺<ruby>てら</ruby>が　たくさん　あって、静<ruby>しず</ruby>かな　町<ruby>まち</ruby>です。

2) （　　）京都<ruby>きょうと</ruby>と　奈良<ruby>なら</ruby>で　外国人<ruby>がいこくじん</ruby>を　たくさん　見<ruby>み</ruby>ます。

3) （　　）神戸<ruby>こうべ</ruby>の　近<ruby>ちか</ruby>くに　海<ruby>うみ</ruby>と　山<ruby>やま</ruby>が　あります。

4) （　　）大阪の　新<ruby>あたら</ruby>しい　空港<ruby>くうこう</ruby>は　きれいですが、狭<ruby>せま</ruby>いです。

연습장

Lesson 17

부정표현, 의무표현, 금지표현,

중요단어 파악하기

ないで　ください 하지 마세요.(금지표현)

なくても　いいです 하지 않아도 됩니다

なければ　なりません 해야 합니다(의무표현)

눈도장 콱 찍기 L17-1

1 ここで 写真(しゃしん)を 撮(と)らないで ください。

① ② ③

①여기서 ②사진을 ③찍지 마세요.

2 パスポートを 見(み)せなければ なりません。

① ②

①여권을 ②보여 줘야 합니다.

3 レポートは 出(だ)さなくても いいです。

① ② ③

①레포트는 ②내지 않아도 ③됩니다.

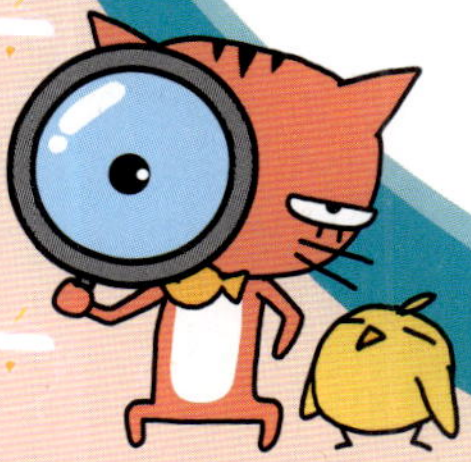

1 일본어의 도전 「ない」형

오늘의 테마는 동사의 부정형인 「ない」형입니다.

어랏? 동사의 부정은 「ません」이 아닌가요?

「ません」도 물론 부정의 의미를 지니고 있고 이제껏 잘 활용할 수 있었지요? 하지만 「ません」
과 「ない」의 차이는 정중이냐 아니냐입니다. '하지 않습니다'와 '하지 않는다'의 차이지요.

이제 반말로도 일본어 부정표현을 할 수 있게 되었어요~.

이 부정표현은 다른 문형에도 많이 활용되니까 잘 알아두어야 합니다.

예를 들어 봅시다.

~(하)지 않는다	ない
~(하)지 않아도 됩니다	なくても　いいです
~(하)지 마세요	ないで　ください
~(하)지 않으면 안 됩니다	なければ　なりません

위에서 든 예 외에도 「ない」를 활용한 다양한 문형들이 있답니다. 같은 부정의 의미를 지녔지만
위의 문형 내에서는 「ません」을 사용할 수 없기 때문에 정중의 의미가 없는 「ない」가 다양한 형
태로 활용됩니다.

우리는 앞서 일본어 동사를 배우면서 ます형(정중)을 배웠고 て형(접속)을 배웠어요.

잠시 복습해 봅시다.

① ます형이란 Ⅰ그룹 동사의 발음이 모두 [i]가 되는 것이죠?

　예 行きます, 話します
　　　[ki]　　　[si]

② て형이 된 Ⅰ그룹 동사의 발음은 っ, ん, い 등으로 다양하게 바뀌는 규칙이 있었다는 것 기
　억하나요?

　예 読んで(읽고), 行って(가고), 書いて(쓰고)

자, 그럼 이제 본격적으로 「ない」형을 공부해 봅시다.

자 그럼 오늘 배울 ない앞에는 어떤 모습의 동사들이 올까요?

Ⅰ그룹 동사의 어미는 모두 [a]로 바뀌고, Ⅱ그룹 동사는 앞 발음이 바뀌지 않으며, Ⅲ그룹 동사인 来ます는 来ない, します는 しない가 됩니다.
단, ます앞에 い로 끝나는 동사
📖 会います・買います는 ～あない가 아니라 「～わない」가 되어서 「会わない, 買わない」가 됩니다.

각 품사별 「ない」형 만들기

L17-2

동사종류	「ます」形		「ない」形	
Ⅰ그룹 어미를 [a]로 바꾸고 「ない」를 붙인다. ＊단 ます 앞이 い로 끝나는 동사는 [wa]로 바뀐다.	書きます	쓰니다	書かない	쓰지 않는다
	行きます	갑니다	行かない	가지 않는다
	急ぎます	서두릅니다	急がない	서두지 않는다
	飲みます	마십니다	飲まない	마시지 않는다
	呼びます	부릅니다	呼ばない	부르지 않는다
	帰ります	돌아갑니다	帰らない	돌아가지 않는다
	待ちます	기다립니다	待たない	기다리지 않는다
	貸します	빌려줍니다	貸さない	빌려주지 않는다
	買います	삽니다	買わない	사지 않는다
Ⅱ그룹 어미를 떼고 「ない」를 붙인다.	食べます	먹습니다	食べない	먹지 않는다
	寝ます	잡니다	寝ない	자지 않는다
	起きます	일어납니다	起きない	일어나지 않는다
	見ます	봅니다	見ない	보지 않는다
	借ります	빌립니다	借りない	빌리지 않는다
	います	있습니다	いない	없다
Ⅲ그룹 불규칙	来ます	옵니다	来ない	오지 않는다
	します	합니다	しない	하지 않는다
	心配します	걱정합니다	心配しない	걱정하지 않는다

문형 꼭꼭 익히기

1 ~하지 마세요.

～ないで　ください。

한국어의 '마세요'에는 부정의 뜻이 들어 있습니다. 따라서 이럴 경우 일본어로 표현할 때에 「ない」가 필요합니다. '～하지 마세요'는 일본어로 「～ないで ください」하면 됩니다. 「～ないで ください」앞에는 어떤 형태의 동사가 올까요? 그렇죠. 앞에서 배운 「ない」형이 옵니다.

L 17-3

たばこを	吸わ	ないで　ください。
パスポートを	なくさ	
傘を	忘れ	

[담배를 피우지/여권을 잃어버리지/우산을 잊어버리지] 마세요.
♡ 吸わない는 吸います(Ⅰ), なくさない는 なくします(Ⅰ), 忘れない는 忘れます(Ⅱ)의 ない형입니다.

たばこ 담배
吸う 피우다
パスポート 여권
なくします 잃어버립니다
傘 우산
忘れます 잊어버립니다

2 ~해야 합니다.

～なければ　なりません。

「なければ」는 「ない」의 가정형입니다. 따라서 한국어로 번역하자면 「않으면」이 됩니다. 「なりません」은 「なります(됩니다)」의 부정이기 때문에 '안 됩니다'로 이해할 수 있지요. 그렇다면 「なければ なりません」을 합쳐 봅시다. '않으면 안 됩니다'라는 뜻이 되는데, 이 표현은 일본인들이 의무표현을 할 때 사용하는 문형입니다. 한국어 '밥을 먹지 않으면 안 된다'라고 하는 것이나 '밥을 먹어야 한다'는 것이나 모두 의무의 의미를 나타내고 있는데, 일본사람들은 '의무표현'을 할 때에 '하지 않으면 안 됩니다(なければ なりません)'를 써서 나타내는 셈이지요. 「なければ なりません」앞에도 역시 「ない」형이 옵니다. 「ない」가 변형되어 「なければ」가 되었으니까요.

かえ
返します 돌려줍니다, (돈)
　갚습니다, 반납합니다
ざんぎょう
残業します 잔업합니다

コピー 복사물
み
見せます 보여 줍니다

ほん 本を	かえ 返さ	なければ　なりません。
くすり 薬を	の 飲ま	
	ざんぎょう 残業し	
コピーは　まつもと 松本さんに	み 見せ	

[책을 반납해야/약을 먹어야/잔업해야/복사물은 마츠모토 씨에게 보여줘야] 합니다.
♡返さないは 返します(Ⅰ), 飲まないは 飲みます(Ⅰ), 残業しないは 残業します(Ⅲ), 見せないは 見せます(Ⅱ)의 ない형입니다.

3　～하지 않아도 됩니다.

～なくても　いいです。

「なくても」를 우선 분석해 봅시다.

なく(하지 않)＋て(아)＋も(도)

본래 「ない」였지만 뒤에 「て」를 만나서 「なくて」가 되었지요. '하지 않아, 하지 않아서' 정도의 의미가 되는데 뒤에 「も」까지 붙으면 '하지 않아도'라는 뜻이 됩니다.
「いいです」는 본래 '좋다'는 뜻이므로, 「なくてもいいです」는 '～하지 않아도 좋다', 즉 '～하지 않아도 된다'는 의미가 되겠습니다.
「なくても いいです」 앞에도 물론 「ない」형이 옵니다.
참고로 이 문형은 앞에서 배운 「ても いいです(해도 됩니다)」와 상반된 의미입니다.

な まえ
名前 이름
か
書きます 씁니다
くつ
靴 구두
ぬ
脱ぎます 벗습니다

あした 내일
き
来ます 옵니다

な まえ 名前を	か 書か	なくても　いいです。
くつ 靴を	ぬ 脱が	
あした	こ 来	

[이름을 쓰지/구두를 벗지/내일 오지] 않아도 됩니다.
♡書かないは 書きます(Ⅰ), 脱がないは 脱ぎます(Ⅰ), 来ないは 来ます(Ⅲ)의 ない형입니다.

4 목적어를 주제로 나타내는 표현

ここに　車を → 車は　ここに

처음하기 코스 Lesson6에서 직접 목적어는 조사 「を」가 붙는다는 것을 배웠죠? 여기서는 그 목적어를 조사 「は」를 붙여서 주제로 나타내는 것을 배웁니다. 목적어가 주제로 되면서 강조하는 느낌이 들어요. 예를 볼까요?

예 · ここに　荷物を　置かないで　ください。 여기에 짐을 놓지 마세요.

　　→荷物は　ここに　置かないで　ください。 짐은 여기에 놓지 마세요.

　· 会社の　食堂で　昼ごはんを　食べます。 회사 식당에서 점심을 먹습니다.

　　→昼ごはんは　会社の　食堂で　食べます。 점심은 회사 식당에서 먹습니다.

L17-6

レポート	は	あした　書きます。
資料		ファックスで　送って　ください。
コピー		松本さんに　見せなければ　なりません。

레포트는 내일 쓰겠습니다./자료는 팩스로 보내 주세요./복사본은 마츠모토 씨에게 보여줘야 합니다.

資料 자료
送ります 보냅니다

コピー 복사, 복사본
見せます 보입니다

셀로판지를 이용하여 말하기 연습을 해봅시다.

1 보기와 같이 그림을 잘 보고 「~ないで ください(~하지 마세요)」를 사용하여 금지문으로 만들어 보세요. L17-7

보기	1	2	3	4

보기 ここに → ここに 自転車（じてんしゃ）を 置（お）かないで ください。 여기에 자전거를 두지 마세요.

스스로 해본 후에 음성을 들으면서 따라하세요.

1) ここに →

2) ここに →

3) ここで →

4) ここで →

車（くるま） 차 ｜ 止（と）めます 세웁니다, 주차합니다 ｜ 入（はい）ります 들어갑니다 ｜ 写真（しゃしん） 사진 ｜ 撮（と）ります 찍습니다 ｜ 野球（やきゅう） 야구

Answer 1) ここに 車を 止（と）めないで ください。　　2) ここに 入（はい）らないで ください。
3) ここで 写真（しゃしん）を 撮（と）らないで ください。　　4) ここで 野球（やきゅう）を しないで ください。

2 보기와 같이 「~から~しないでください(~하니까 ~하지 마세요)」를 사용하여 금지문을 만들어 보세요. L17-8

보기 禁煙（きんえん）です・たばこを 吸（す）いません
→ 禁煙ですから、たばこを 吸（す）わないで ください。 금연이니까 담배를 피우지 마세요.

스스로 해본 후에 음성을 들으면서 따라하세요.

1) 危（あぶ）ないです・押（お）しません →

2) 大丈夫（だいじょうぶ）です・心配（しんぱい）しません →

3) 大切（たいせつ）な 資料（しりょう）です・なくしません →

4) 図書館（としょかん）の 本（ほん）です・何（なに）も 書（か）きません →

危（あぶ）ない 위험하다 ｜ 押（お）します 밉니다 ｜ 大丈夫（だいじょうぶ） 괜찮음 ｜ 心配（しんぱい） 걱정 ｜ 大切（たいせつ） 소중함 ｜ 資料（しりょう） 자료 ｜ なくします 분실합니다, 잃어버립니다 ｜ 図書館（としょかん） 도서관 ｜ 何（なに）も 아무것도 ｜ 書（か）きます 씁니다

Answer 1) 危（あぶ）ないですから、押（お）さないで ください。　　2) 大丈夫（だいじょうぶ）ですから、心配（しんぱい）しないで ください。
3) 大切（たいせつ）な 資料（しりょう）ですから、なくさないで ください。　　4) 図書館（としょかん）の 本（ほん）ですから、何（なに）も 書（か）かないで ください。

셀로판지를 이용하여 말하기 연습을 해봅시다.

③ 보기와 같이 「~なければ なりません(~해야 합니다)」를 사용하여 의문문을 만들어 보세요. L17-9

> 보기
> 早く うちへ 帰ります
> → 早く うちへ 帰らなければ なりません。 빨리 집에 가야 합니다.

스스로 해본 후에 음성을 들으면서 따라하세요.

1) 毎日 漢字を 6つ 覚えます →

2) パスポートを 見せます →

3) 市役所へ 外国人登録に 行きます →

4) 土曜日までに 本を 返します →

毎日 매일 ┃ 漢字 한자 ┃ 6つ 여섯 개 ┃ 覚えます 외웁니다, 암기합니다 ┃ パスポート 여권 ┃ 見せます 보여줍니다 ┃ 市役所 시청 ┃ 返します 반납합니다, 되돌려줍니다

Answer
1) 毎日漢字を 6つ 覚えなければ なりません。
2) パスポートを 見せなければ なりません。
3) 市役所へ 外国人登録に 行かなければ なりません。
4) 土曜日までに 本を 返さなければ なりません。

〈までと までに〉
한국어로 한다면 「まで」와 「までに」 모두 '~까지'로 밖에 번역이 안 되기 때문에 두 개를 구분하기란 쉽지 않습니다. 그런데 한 가지 팁을 말씀드리자면, 「までに」는 '~까지'를 좀 더 강조하여 '~까지는, ~안으로'라고 외워두면 구별하기 수월할 때가 있어요.

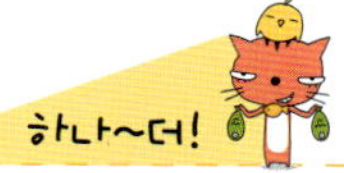

★ まで와 までに의 차이점
다음 예를 보자.
예 ① 土曜日まで 勉強します。
② 土曜日までに 本を 返さなければ なりません。

①번 문장은 토요일 이전부터 공부가 시작되어 토요일까지 공부가 계속 이루어질 수 있다.
②번 문장은 '토요일까지는, 토요일 안으로' 반납을 해야 하는 것으로 그 날짜가 수요일이든 목요일이든 상관없다.
따라서 주로 「までに」는 의무표현(~なければ なりません)이나 명령표현(~て ください) 등과 잘 어울린다.

4 보기와 같이 「なければ なりませんか(～해야 합니까?)」로 질문을 만들고, 주어진 제시어를 넣어 답해 보세요. L17-10

> 보기
> 何時までに　寮へ　帰りますか（12時）→
>
> Q：何時までに　寮へ　帰らなければ　なりませんか。 몇 시까지 기숙사로 돌아가야 합니까?
>
> A：12時までに　帰らなければ　なりません。 12시까지는 돌아가야 합니다.

1) 何曜日までに　その　本を　返しますか（水曜日）→
2) 何枚　レポートを　書きますか（15）→
3) 毎日　いくつ　問題を　解きますか（10）→
4) 1日に　何回　薬を　飲みますか（3）→

何枚 몇 장 ｜ いくつ 몇 개 ｜ 問題を 解きます 문제를 풉니다 ｜ 何回 몇 번

Answer
1) Q：何曜日までに その 本を 返さなければ なりませんか。　A：水曜日までに 返さなければ なりません。
2) Q：何枚レポートを 書かなければ なりませんか。　A：１５枚 書かなければ なりません。
3) Q：毎日 いくつ 問題を 解かなければ なりませんか。　A：10解かなければ なりません。
4) Q：一日に 何回薬を 飲まなければ なりませんか。　A：３回 飲まなければ なりません。

---

5 보기와 같이 「～なくても いいです(～안해도 됩니다)」 문형으로 모두 바꿔 보세요. L17-11

> 보기
> タクシーを　呼びません
> →タクシーを　呼ばなくても　いいです。 택시를 부르지 않아도 됩니다.

1) きょうは　食事を　作りません →
2) あしたは　病院へ　来ません →
3) 傘を　持って　行きません →
4) ここで　靴を　脱ぎません →

作ります 만듭니다 ｜ 病院 병원 ｜ 傘 우산 ｜ 持ちます 듭니다 ｜ 靴 구두 ｜ 脱ぎます 벗습니다

Answer
1) きょうは 食事を 作らなくても いいです。　2) あしたは 病院へ 来なくても いいです。
3) 傘を 持って 行かなくても いいです。　4) ここで 靴を 脱がなくても いいです。

셀로판지를 이용하여 말하기 연습을 해봅시다.

6 두 제시어의 관계를 잘 파악하여 「なければ なりません」, 또는 「なくても いいです」를 넣어서 한 문장으로 연결하세요.　L17-12

> 보기
> 1) 用事が　あります・出かけます
>   → 用事が　ありますから、出かけなければ　なりません。 볼일이 있어서 외출해야 합니다.
> 2) 悪い　病気じゃ　ありません・心配しません
>   → 悪い　病気じゃ　ありませんから、心配しなくても　いいです。
>   나쁜 병이 아니니까 걱정하지 않아도 됩니다.

스스로 해본 후에 음성을 들으면서 따라하세요.

1) 熱が　あります・病院へ　行きます →
2) 会社の　人は　英語が　わかりません・日本語で　話します →
3) あしたは　休みです・早く　起きません →
4) あまり　暑くないです・エアコンを　つけません →

熱 열 ｜ わかります 압니다 ｜ 話します 이야기합니다 ｜ 休み 휴무, 휴일 ｜ 早く 빨리 ｜ 起きます 일어납니다 ｜ 暑い 덥다 ｜
エアコン 에어컨 ｜ つけます 켭니다

Answer
1) 熱が ありますから、病院へ 行かなければ なりません。　2) 会社の 人は 英語が わかりませんから、日本語で 話さなければ なりません。
3) あしたは 休みですから、早く 起きなくても いいです。　4) あまり 暑くないですから、エアコンを つけなくても いいです。

★ 靴を　脱ぎます

집안으로 들어갈 때에 신발을 벗는 문화가 우리에게는 너무 당연합니다. 하지만 서양에서는 신발을 벗지 않고 방안에 들어가곤 합니다. 심지어는 침대 위까지! 그런 다양한 문화를 생각한다면 일본이나 한국에서는 「靴を 脱いで ください(신발을 벗으세요)」라는 표현만 쓰일 것 같지만, 서양식으로는 「靴を 脱がなくても いいです(신발을 안 벗어도 돼요)」라는 표현도 쓰이게 되는 셈이네요. 일본과 한국이 집안에서 신발을 벗는 문화는 동일하지만 약간의 차이점도 있습니다. 일본에서는 자기가 벗어놓은 신발을 나갈 때 신기 편한 방향으로 돌려놓고 집안으로 들어가는 것이 생활화되어 있습니다. 이럴 때 「靴を 揃えます(신발을 정리합니다)」라는 표현을 씁니다. 요즘은 한국에서도 이런 장면을 가끔 목격하는 경우도 있지만, 아직까지 생활화되어 있다고는 할 수 없는 실정이죠.

靴を　揃えます

7 보기와 같이 주어진 질문에 「はい」 또는 「いいえ」로 답하세요. L17-13

> 보기
> 1) 来週　出張します（はい）
> → Q：来週　出張しなければ　なりませんか。다음 주에 출장가야 합니까?
> A：はい、出張しなければ　なりません。네, 출장가야 합니다.
> 2) レポートを　出します（いいえ）
> → Q：レポートを　出さなければ　なりませんか。레포트를 내야 합니까?
> A：いいえ、出さなくても　いいです。아니요, 내지 않아도 됩니다.

1) パスポートを　持って　行きます（はい）→
2) 今　お金を　払います（いいえ）→
3) 今晩　残業します（はい）→
4) あしたも　来ます（いいえ）→

払います 지불합니다 ｜ 今晩 오늘밤 ｜ 残業 잔업

Answer
1) Q：パスポートを 持って 行かなければ なりませんか。　A：はい、持って 行かなければ なりません。
2) Q：今 お金を 払わなければ なりませんか。　A：いいえ、払わなくても いいです。
3) Q：今晩残業 しなければ なりませんか。　A：はい、残業 しなければ なりません。
4) Q：あしたも 来なければ なりませんか。　A：いいえ、来なくても いいです。

8 보기와 같이 「を」를 문장 맨 앞으로 갖고 나와 「は」로 만들어서 목적어를 강조해 보세요. L17-14

> 보기
> ここに　荷物を　置かないで　ください。여기에 짐을 두지 마세요.
> → 荷物は　ここに　置かないで　ください。짐은 여기에 두지 마세요.

1) ボールペンを　使わないで　ください →
2) ここに　答えを　書いて　ください →
3) 外で　たばこを　吸って　ください →
4) 嫌いな　物を　食べなくても　いいです →

ボールペン 볼펜 ｜ 使います 사용합니다 ｜ 答え 답 ｜ 外 밖 ｜ 吸います 피웁니다 ｜ 嫌い 싫음 ｜ 物 것

Answer
1) ボールペンは 使わないで ください。　2) 答えは ここに 書いて ください。
3) たばこは 外で 吸って ください。　4) 嫌いな 物は 食べなくても いいです。

회화랑 친해지기

회화 1

● 감기에 걸렸을 때 선생님 지시 듣기

A 先生、 お風呂に 入っても いいですか。　선생님, 목욕해도 됩니까?

B いいえ、2、3日 入らないで ください。　아니요, 2, 3일 목욕하지 마세요.

A はい、わかりました。　네, 알겠습니다.

1) シャワーを 浴びます　2) お酒を 飲みます　3) スポーツを します

1) 샤워를 합니다　2) 술을 마십니다　3) 운동을 합니다

💡 2, 3日 읽기

1권에서 날짜 읽는 법에 대해서 배웠지요? 2일은 二日, 3일은 三日였어요. 그런에 2,3일 이렇게 연달아 나올 때에는 に・さんにち라고 읽는답니다~!

회화 2

● 친구의 제안에 대해 이유를 말하고 거절하기

A ① 昼ごはんを 食べに 行きませんか。　점심 먹으러 안 갈래요?

B すみません。　죄송해요.

これから ② 病院へ 行かなければ 　지금(부터) 병원에 가야 해요.

なりません。

1) ① ビールを 飲みます　② 出かけます
2) ① 野球を します　② レポートを 書きます
3) ① サッカーを 見ます　② 空港へ 友達を 迎えに 行きます

1) ①맥주를 마십니다　②외출합니다　　2) ①야구를 합니다　②레포트를 씁니다
3) ①축구를 봅니다　②공항에 친구를 마중갑니다

L17-17

회화 3

● 병원 간호사가 일러주는 지시사항 파악하기

A ① 来週の　月曜日に　来て　ください。　다음 주 월요일에 오세요.

　② 今週は　来なくても　いいです。　　이번 주는 안 와도 됩니다.

B はい、わかりました。　　　　　　　네, 알겠습니다.

1)　① 上着を　脱ぎます　　　　　　② 下着
2)　① 薬は　朝だけ　飲みます　　　② 夜
3)　① この　カードを　持って　来ます　② 保険証

1) ①상의를 벗습니다 ②속옷　2) ①약은 아침만 먹습니다 ②저녁　3) ①이 카드를 갖고 옵니다 ②보험증

〈上着와　下着〉
한자로 보면 上着가 상의니까 下着는 당연히 하의가 되어야 할 것 같지만 일본어에서는 하의를 한꺼번에 일컫기
보다는 ズボン(바지)이나 スカート(스커트)라고 하고 속옷을 下着라고 합니다.

이 상황은 어떤 행동은 하라고 지시하고 어떤 행동은 안해도 된다고 하는 경우입니다. 주의해야 할 점은 안해
도 되는 행동에 대해서 강조할 때에 「は」를 사용한다는 것입니다.

どう　しましたか。(어디가 불편합니까?)

L17-18

마츠모토 씨가 병원에 가서 의사선생님께 진찰받는 장면입니다. 병원에서 사용되는 주요 표현에 대해 배워볼까요?

01

医者(いしゃ)　どう　しましたか。

松本(まつもと)　きのうから　のどが　痛(いた)くて、熱(ねつ)も　少(すこ)し　あります。

医者　そうですか。ちょっと　口(くち)を　開(あ)けて　ください。

02

医者　あ〜　かぜですね。ゆっくり　休(やす)んで　ください。

松本　あのう、あしたから　東京(とうきょう)へ　出張(しゅっちょう)しなければ　なりません。

医者　じゃ、薬(くすり)を　飲(の)んで、きょうは　早(はや)く　寝(ね)て　ください。

松本　はい。

医者　あ、それから　今晩(こんばん)は　おふろに　入(はい)らないで　ください。

松本　はい、わかりました。

医者　じゃ、お大事(だいじ)に。

松本　どうも　ありがとう　ございました。

のど 목(구멍)

痛(いた)い 아프다

熱(ねつ) 열

少(すこ)し 조금

口(くち) 입

開(あ)けます 엽니다

かぜ 감기

ゆっくり 천천히, 푹

出張(しゅっちょう) 출장

薬(くすり) 약

早(はや)く 일찍, 빨리

寝(ね)ます 잡니다

今晩(こんばん) 오늘밤

お大事(だいじ)に 몸조리 잘하세요

01

의사　：어디가 불편해서 오셨습니까?

마츠모토 ：어제부터 목이 아프고 열도 조금 있어요.

의사　：그래요? 입을 좀 벌려 주세요.

02

의사　：아〜 감기시네요. 푹 쉬세요.

마츠모토 ：저, 내일부터 도쿄에 출장을 가야하거든요.

의사　：그럼, 약을 먹고 오늘은 일찍 주무세요.

마츠모토 ：네.

의사　：아, 그리고 오늘밤은 목욕하지 마세요.

마츠모토 ：네, 알겠습니다.

의사　：그럼, 몸조리 잘하세요.

마츠모토 ：정말 감사합니다.

① **どう　しましたか。** 어디가 불편합니까?

직역하자면 '어떻게 했습니까?' 인데 이 표현은 일본어 회화에서 정말 많이 쓰이는 표현이니까 잘 알아두어야 합니다. 즉, '어떻게 했습니까? 무슨일이에요? 왜그러세요? 왠일이세요?' 등등의 다양한 의미로 사용됩니다. 옆 대화는 병원에서 의사선생님이 환자에게 하는 질문이니까 '병원에는 왜 오셨습니까?' 정도의 의미가 될 텐데 통상 한국어로 적절히 번역하자면, '어디가 불편해서 오셨습니까? 어디가 불편합니까? 증상을 좀 말씀해 주시죠' 정도로 받아들이면 됩니다.

이 표현은 병원에서만이 아니라 전화통화나 상대방의 기분을 엿볼 때에도, 아주 빈번히 사용할 수 있어서 잘 알아두면 아주 편리합니다. 한국어로 '왜 그래~무슨 일이야~?' 라는 표현을 하고 싶을 때가 많죠? 그때「どうしましたか」를 쓰면 되는데「どうしましたか」는 정중한 느낌이 있으니까 좀 편한 말투로 하고 싶으면「どうしたの?」라고 하면 됩니다.

② **ゆっくり** 푹, 천천히

ゆっくり는 본래 '천천히' 라는 뜻입니다. 그런데 뒤에「休（やす）みます」라는 동사가 오면 천천히 쉰다는 표현은 잘 맞지 않기 때문에 한국어로는 '푹' 쉰다 정도로 이해하면 됩니다. 한국 사람들은 빨리빨리 하는 것을 좋아하는데, 좀 여유를 가지고 '천천히 느긋하게 하세요' 라고 할 때에는 앞에「ご」만 붙이면 아주 훌륭한 일본어 한마디가 됩니다. 바로「ごゆっくり」.

'식사 좀 하고 올게요~' 라고 했을 때「ごゆっくり(천천히 하고 오세요)」라고 해서 상대방이 편하게 식사를 하고 올 수 있도록 해봅시다.

③ **おふろに　入（はい）ります** 목욕합니다

일본인들은 목욕을 정말 좋아합니다. 목욕이라고 해서 우리나라처럼 욕탕에 들어간 후 때를 밀거나 하지는 않고 그냥 욕조(おふろ)에 몸을 담그기만 합니다. 그런 모습에서 힌트를 얻어「おふろに 入（はい）ります(욕조에 들어갑니다)」라는 말이 굳어져서 '목욕합니다' 로 된 것이지요.

옛날 일본에서는 우리나라처럼 바닥을 뜨겁게 하는 온돌시스템이나 히터가 없었기 때문에 집안이 상당히 추웠고 그런 추위를 따뜻한 물에 몸을 담금으로써 몸을 덥히곤 했다고 합니다.「おふろ」에 한번 받아놓은 물은 장유유서 법칙에 따라 할아버지, 아버지, 아들 순서로 차례로 몸을 담급니다. 귀한 손님을 초대하면 집 식구가 욕조에 들어가기 전에 먼저 들어가라고 권하기도 하죠. 그런 제안을 만약 받게 된다면 내가 상당히 귀한 대접을 받고 있구나…하고 생각하면 되겠죠? 하지만 내가 담근 물에 그 집 식구들이 다시 몸을 담근다는 생각을 하게 되면 목욕하기가 좀 불편해진다는 사람들도 있어요.

④ **お大事（だいじ）に** 몸조리 잘하세요

「大事（だいじ）」는 본래 '중요함, 소중함' 이란 な형용사입니다. 그런데 뒤에「に」가 붙어서 부사화되어 '중요하게, 소중하게' 라는 뜻이 되었습니다. 그럼 무엇을 중요하게, 소중하게 하라는 뜻일까요? 사실 이「お大事（だいじ）に」앞에는「体（からだ）を(몸・신체를)」가 생략되어 있답니다. 그러니까 '몸을 소중하게 하세요. 몸 조심하세요, 몸조리 잘 하세요' 라는 의미가 된 것이지요.

의사선생님이 환자의 건강을 걱정하는 것은 당연지사이므로 진료가 끝나면 꼭 이 말을 해 주실겁니다. 비록 의사가 아니더라도 상대방이나 친구가 아프다고 연락이 왔을 때에는「お大事（だいじ）に」라고 걱정과 위로의 말을 건네 봅시다.

1) 질문을 듣고 자기의 상황에 비추어 자유롭게 답하세요.

L17-19

1) ____

2) ____

3) ____

4) ____

5) ____

2) 대화를 듣고 제시문에 맞으면 ○, 틀리면 ×표를 하세요.

L17-20

1) (　　　　)　　　　　　2) (　　　　)　　　　　　3) (　　　　)

3) 보기와 같이 「ます」형을 「ない」형으로 바꾸어 보세요.

보기 読みます	読まない	8) 忘れます	
1) 行きます		9) 覚えます	
2) 脱ぎます		10) (6時に)起きます	
3) 返します		11) 借ります	
4) 持ちます		12) 見ます	
5) 呼びます		13) します	
6) 入ります		14) 心配します	
7) 払います		15) (日本へ)来ます	

④ 보기와 같이 제시어를 골라 「〜ないで」형으로 바꾸어 보세요.

> 開けます　　行きます　　心配します　　吸います　　なくします　入ります

보기　ここは　禁煙ですから、たばこを　（ 吸わないで ）　ください。
여기는 금연이니, 담배를 피우지 마세요.

1)　危ないですから、そちらへ　（　　　　　　　）　ください。

2)　この　資料は　大切ですから、（　　　　　　　）　ください。

3)　寒いですから、窓を　（　　　　　　）　ください。

4)　熱が　ありますから、おふろに　（　　　　　　）　ください。

5)　寮の　生活は　楽しいですから、（　　　　　　　）　ください。

⑤ 보기와 같이 문장의 의미를 잘 파악하여 「〜なければ なりません」과 「〜なくても いいです」문형으로 바꾸어 보세요.

보기　1) 会社を　休みますから、電話を（ かけます → かけなければ　なりません ）。
회사를 쉬니까, 전화를 걸어야 합니다.

　　　2) 土曜日は　休みですから、会社へ（ 行きます → 行かなくても　いいです ）。
토요일은 휴무이니까, 회사에 가지 않아도 됩니다.

1)　肉や　魚は　冷蔵庫に　（ 入れます →　　　　　　　　　）。

2)　あしたは　病院へ　（ 来ます →　　　　　　　　　　　）。
　　あさって　来て　ください。

3)　日本の　うちでは　靴を　（ 脱ぎます →　　　　　　　　　　）。

4)　本を　（ 返します →　　　　　　　　　　）から、これから　図書館へ　行きます。

5)　レポートは　きょう　（ 出します →　　　　　　　　）。
　　来週の　月曜日までに　出して　ください。

 **6** 다음 본문을 읽고 질문이 내용에 맞으면 ○, 틀리면 ×표를 하세요.

12月9日（月曜日）　午前9：00〜12：00

①8時40分までに　教室に　入って　ください。
②机の　番号を　見て、あなたの　番号の　ところに　座って　ください。
③鉛筆と　消しゴムだけ　机の　上に　置いて　ください。
④「問題」は　全部で　9枚　あります。いちばん　上の　紙に　あなたの　番号と
　名前を　書いて　ください。
⑤答えは　鉛筆で　書いて　ください。ボールペンは　使わないで　ください。

1) （　　）8時40分までに　教室へ　来なければ　なりません。

2) （　　）机の　番号を　確認して、座ります。

3) （　　）机の　上に　かばんを　置いても　いいです。

4) （　　）「問題」の紙に　あなたの　番号は　書かなくても　いいです。

5) （　　）答えは　鉛筆で　書かなければ　なりません。

연습장

Lesson 18

동사원형을 이용한 가능표현과 취미표현

○ 중요단어 파악하기

동사 사전형 +

- ことが　できます ~할 수 있습니다(가능표현)
- こと ~하는 것
- まえに ~하기 전에

1 　ミラーさんは　漢字_{かんじ}を　読_よむ　ことが
　①밀러 씨는　　②한자를　③읽을　④수

　できます。
　⑤있습니다.

2 　わたしの　趣味_{しゅみ}は　映画_{えいが}を　見_みる　ことです。
　①제　　②취미는　③영화를　④보는　⑤겁니다.

3 　寝_ねる　まえに、日記_{にっき}を　書_かきます。
　①자기　②전에　③일기를　④씁니다.

1 일본어 동사의 원형

오늘의 테마는 동사의 원형, 사전형입니다.
어랏? 우리가 이제껏 동사를 많이 공부하면서도 원형을 몰랐었나요?
네, 맞습니다. 여러분들은 지금까지 정중형이나 접속형, 부정형은 잘 할 수 있었지만 원형은 아직 모르고 해낸 것들이랍니다. 따라서 여러분들은 아직 동사를 사전으로 찾을 수 없었던 것이지요. 자, 이제부터 모르는 단어는 혼자의 힘으로 사전을 찾아서 공부할 수 있도록 원형은 어떻게 알아내는지 살펴봐요~

2 「ます」형에서 원형 만들기

Ⅰ그룹 동사의 발음은 모두 [u]로 바꾸고, Ⅱ그룹 동사는 る를 붙입니다. Ⅲ그룹 동사인 来ます는 来る, します는 する가 됩니다.

동사 그룹별 원형 만들기

L18-2

동사종류	「ます」형		원형(사전형)	
Ⅰ그룹	書きます	씁니다	書く	쓰다
	行きます	갑니다	行く	가다
	急ぎます	서두릅니다	急ぐ	서두르다
	飲みます	마십니다	飲む	마시다
	呼びます	부릅니다	呼ぶ	부르다
	帰ります	돌아갑니다	帰る	돌아가다
	買います	삽니다	買う	사다
	待ちます	기다립니다	待つ	기다리다
	貸します	빌려줍니다	貸す	빌려주다
Ⅱ그룹	食べます	먹습니다	食べる	먹다
	寝ます	잡니다	寝る	자다
	起きます	일어납니다	起きる	일어나다
	見ます	봅니다	見る	보다
	借ります	빌립니다	借りる	빌리다
	います	있습니다	いる	있다
Ⅲ그룹	来ます	옵니다	来る	오다
	します	합니다	する	하다

3 원형의 쓰임새

단어를 사전에 등록할 때나 사전을 찾을 때 동사의 원형이 필요한 것은 당연하겠지요.
그 외에도 동사의 원형, 즉 사전형은 다양한 쓰임새가 있습니다.
그 중에서도 가장 특징적인 것을 두 가지 꼽으라면,

① 정중한 말에 대한 반말 역할

行きます(갑니다)에서 行く(가다)라고 하면 '갈게, 간다～' 정도의 반말표현이 됩니다.

② 명사 수식

뒤에 명사를 수식할 때에는 정중한 형태나 접속형태가 아닌 원형으로 명사를 수식해 주어야 합니다. 예를 들어「가는 사람」이라고 한다면 行きます 人가 아니라「行く 人」라고 해야 한다는 것이죠.

4 원형 알아내기

문장 속에서 원형을 알아내는 연습을 해봅시다.

彼と　いっしょに　ヨーロッパへ　行って、電車に　乗って　いろんな　所を　歩いた。
疲れたら　自転車を　借りて　走って　みた。お店には　コーヒーを　飲んで　いる　人で
いっぱいだった。

밑줄친 동사의 원형을 적어보세요. 그리고 사전을 찾아서 의미를 확인해 보세요.

①「乗って」같은 경우는 원형의 후보로「のる」「のう」「のつ」를 생각해 볼 수 있는데, 위 문장의 문맥과 한자의 의미를 생각한다면「のる」라는 원형이 적합하다는 것을 알 수 있을 겁니다.

②「借りて」의 원형 후보로「かりる」하나 밖에 생각할 수 없으므로「かりる」를 사전에서 찾으면 된다.

③「歩いた」의 원형 후보로「あるいる」와「あるく」두 가지를 생각할 수 있고 한자의 의미에 맞는 단어를 고른다면「あるく」가 원형이란 것을 알 수 있을 거예요.

1 명사 가능 표현 : ~가 가능합니다

명사+が　できます

동사 가능 표현 : ~할 수 있습니다

사전형+ことが　できます

동사의 사전형은 가능표현을 나타낼 때에도 필요합니다. 왜냐하면, 일본어의 「こと」는 한국어 '것'에 해당되는 형식명사인데, 형식명사라도 명사는 명사니까 그 앞에는 동사의 사전형이 오게 되는 것이지요. 그럼 こと의 의미는 알았고 「できます」의 의미만 알면 되겠네요? 「できます」는 「する(하다)」의 가능동사로 그 자체가 '가능하다'는 의미를 지니고 있습니다. 이것이 다른 다양한 동사들의 가능형을 만들기 위해서 「사전형+ことが できます」 문형에서 희생되고 있는 셈이지요. 따라서 앞에 명사가 오면 「~が できます」로 가능표현을 만들면 되고, 동사가 오면 「사전형+ことが できます」 문형으로 만들면 됩니다. 좀 복잡하다면 그냥 눈 딱감고 외우기!

〈명사가능표현〉

L18-3

ミラーさんは	日本語	が　できます。
	車の　運転	
ここで	コピー	
	ホテルの　予約	

밀러 씨는 [일본어/차 운전]을 할 줄 압니다. // 여기에서 [복사/호텔예약]이 가능합니다.

〈동사가능표현〉

ミラーさんは	漢字を	読む	ことが　できます。
	ピアノを	ひく	
ここで	切符を	買う	
	お金を	換える	

밀러 씨는 [한자를 읽을/피아노를 칠] 수 있습니다. // 여기에서 [표를 살/돈을 바꿀] 수 있습니다.
♡読むと 読みます(Ⅰ), 引くと 引きます(Ⅰ), 買うと 買います(Ⅰ), 換えると 換えます(Ⅱ)의 사전형입니다.

運転 운전
予約 예약
切符 표
換えます 바꿉니다, 교환합니다

사전형+こと

1번에서 こと의 의미를 이미 배웠죠? 형식명사라서 자기 고유의 뜻은 없고 한국어의 '것'에 해당되는 말입니다. 취미를 이야기 할 때에 '수영(水泳)', '야구(野球)', '게임(ゲーム)' 같이 간단하게 명사로 말할 수 있는 것들이 있는 반면에, 주위에 이런 사람들 꼭 있습니다 ~! '저는 자는 거 좋아해요. 먹는 게 제 취미예요.' 이런 분들을 위해서 존재하는 문형이라고 할 수 있지요.

L18-4

음성을 들으면서 따라하세요.

しゅみ
趣味 취미

わたしの 趣味は	スポーツ		です。
	りょこう 旅行		
	しゃしん 写真を　とる	こと	
	ほん　　よ 本を　読む		

제 취미는 [운동/여행]입니다. //제 취미는 [사진을 찍는 것/책을 읽는 것]입니다.
♡撮る는 撮ります(Ⅰ)의 사전형입니다.

사전형+まえに

두 문장을 시간적 순서로 연결시키는 문형으로 「～てから」를 앞서 배웠습니다.
「AてからB」의 시간적 순서라면 「BまえにA」로 바꾸어 표현할 수 있겠지요?
그렇기 때문에 「사전형+まえに」 문형도 필요합니다.
예를 들어,
　　　밥을 먹고(A) 나서(てから) 양치를 합니다(B)
　　　＝ 양치를 하기(B) 전에(まえに) 밥을 먹습니다(A)
인 셈이니까요.

그럼 「まえに」 앞에도 왜 사전형이 와야 하는가? 하는 질문에 답하겠어요. まえ는 엄밀히 따지면 시간을 나타내는 명사랍니다. 따라서 앞에 사전형이 와야 하는 것이지요. まえ가 명사로 취급되기 때문에 그 앞에 명사가 올 때에도 「명사+の+まえに」로 연결이 되어야겠네요. 주의해야 할 점은 앞에 수량사가 오는 경우에는 の를 붙이지 않는다는 점!

L18-5

て
手 손
あら
洗います 씻습니다

クリスマス 크리스마스

プレゼント 선물

	まえに	
寝る		本を 読みます。
日本へ 来る		日本語を 勉強しました。
食事の		手を 洗います。
クリスマスの		プレゼントを 買います。
5年の		日本へ 来ました。

자기 전에 책을 읽습니다./일본에 오기 전에 일본어를 공부했습니다./식사 전에 손을 씻습니다./
크리스마스 전에 선물을 삽니다./5년 전에 일본에 왔습니다.
♡寝る는 寝ます(Ⅱ)의, 来る는 来ます(Ⅲ)의 사전형입니다.

입에 착 붙게 말하기

1) 보기와 같이 「～が できます」를 이용하여 「명사의 가능표현」을 만들어 보세요. L18-6

> 보기 テニス → ミラーさんは テニスが できます。 밀러 씨는 테니스를 칠 줄 압니다.

1) 運転（うんてん）

2) 料理（りょうり）

3) サッカー

4) ダンス

運転（うんてん） 운전 ｜ 料理（りょうり） 요리 ｜ ダンス 춤

Answer
1) ミラーさんは 運転が できます。　　2) ミラーさんは 料理が できます。
3) ミラーさんは サッカーが できます。　　4) ミラーさんは ダンスが できます。

2) 보기와 같이 「동사의 가능표현」으로 질문을 만들고 はい와 いいえ로 구별하여 답하세요. L18-7

> 보기
> 1) Q : ひらがなを 書（か）く ことが できますか。 히라가나를 쓸 수 있습니까?
>   A : はい、できます。 네, 쓸 줄 압니다.
> 2) Q : 漢字（かんじ）を 読（よ）む ことが できますか。 한자를 읽을 수 있나요?
>   A : いいえ、できません。 아니요, 못 읽습니다.

1)　　　　　　　　2)　　　　　　　　3)　　　　　　　　4)

ピアノ 피아노 ｜ ひきます 칩니다 ｜ 日本語（にほんご） 일본어 ｜ 話（はな）します 이야기합니다 ｜ 泳（およ）ぎます 헤엄칩니다 ｜ ビール 맥주 ｜ 飲（の）みます 마십니다

Answer
1) Q : ピアノを ひく ことが できますか。 A : はい、できます。　　2) Q : 日本語（にほんご）で 話（はな）す ことが できますか。 A : いいえ、できません。
3) Q : 泳（およ）ぐ ことが できますか。 A : はい、できます。　　4) Q : ビールを 飲（の）む ことが できますか。 A : いいえ、できません。

3 보기와 같이 명사가능표현과 동사가능표현을 적절히 사용하여 질문과 답을 만들어 보세요. L18-8

보기

1) 新幹線で　食事 （はい）

→ Q : 新幹線で　食事が　できますか。 신칸센에서 식사가 가능합니까?

　　A : はい、できます。 네, 가능합니다.

2) カードで　払います （いいえ）

→ Q : カードで　払う　ことが　できますか。 카드로 지불할 수 있습니까?

　　A : いいえ、できません。 아니요, 지불할 수 없습니다.

스스로 해본 후에 음성을 들으면서 따라하세요.

1) 寮の　部屋で　料理 （いいえ）

2) 電話で　飛行機の　予約 （はい）

3) 図書館で　辞書を　借ります （いいえ）

4) ホテルから　バスで　空港へ　行きます （はい）

寮 기숙사 ｜ 料理 요리 ｜ 飛行機 비행기 ｜ 予約 예약 ｜ 辞書 사전 ｜ 借ります 빌립니다 ｜ バス 버스 ｜ 空港 공항

Answer

1) Q : 寮の　部屋で　料理が　できますか。　　　　A : いいえ、できません。

2) Q : 電話で　飛行機の　予約が　できますか。　　A : はい、できます。

3) Q : 図書館で　辞書を　借りる　ことが　できますか。　A : いいえ、できません。

4) Q : ホテルから　バスで　空港へ　行く　ことが　できますか。　A : はい、できます。

💡 借りますは　Ⅰグループが　아닌　Ⅱグループ동사(借りる)입니다.

하나~더!

★ **新幹線**

파리에는 떼제베, 한국에는 KTX가 있다면 일본에는 신칸센이 있다~!

일본 신칸센, 고속철도는 이미 1960년대에 도입이 되어 구석구석으로 빠르고도 안전하게 운행하고 있기 때문에 일본인들의 발이 되고 있습니다. 240~275㎞로 운행하며 일본 전역을 일일생활권에 들게 한 물류혁명의 주역으로서 일본의 산업발전에 지대한 공헌을 하였다고 할 수 있습니다. 실로 아직 한국에서는 고속철도로 출퇴근이 이루어지고 있지만 그다지 일반화되어 있지 않은데 비하여 일본에서는 신칸센으로 출퇴근이 보편화 되어 있습니다. 일 평균 수송인원이 77만 3,951명으로 고속철도를 운행하는 나라 가운데 가장 많고, 세계 고속철도 수송량의 약 50% 이상을 차지한다고 하니까 신칸센이 없는 일본은 상상조차 할 수 없다고도 할 수 있을 것입니다. 만약 여러분들이 일본으로 여행이든 출장을 가게 된다면 JR패스라는 것을 이용해 보세요. 일본에서 여러 지역을 여행할 때에 JR패스가 있으면 교통비와 수고를 줄일 수 있습니다. 외국인 여행자에게만 판매되므로 JR패스를 끊어서 꼭 한번 신칸센도 타보시길 바래요.

보기
どんな　外国語を　話しますか（英語）→
Q：どんな　外国語を　話す　ことが　できますか。 어떤 외국어를 말할 수 있어요?
A：英語を　話す　ことが　できます。 영어를 말할 수 있습니다.

스스로 해본 후에 음성을 들으면서 따라하세요.

1) 何メートルぐらい　泳ぎますか（100メートルぐらい）→
2) どんな　料理を　作りますか（てんぷら）→
3) どのくらい　本を　借りますか（2週間）→
4) 何時まで　車を　止めますか（夜 10時）→

メートル 미터 ｜ 泳ぎます 헤엄칩니다 ｜ 作ります 만듭니다 ｜ てんぷら 튀김 ｜ 借ります 빌립니다 ｜ 止めます 세웁니다 ｜ 夜 밤

Answer
1) Q：何メートル ぐらい 泳ぐ ことが できますか。　　A：100メートル ぐらい 泳ぐ ことが できます。
2) Q：どんな 料理を 作る ことが できますか。　　A：てんぷらを 作る ことが できます。
3) Q：どの くらい 本を 借りる ことが できますか。　　A：2週間 借りる ことが できます。
4) Q：何時まで 車を 止める ことが できますか。　　A：夜 10時まで 止める ことが できます。

보기     

보기
Q：趣味は　何ですか。 취미는 뭐예요?
A：絵を　かく　ことです。 그림을 그리는 겁니다.

스스로 해본 후에 음성을 들으면서 따라하세요.

1)　　　　　　　　　　2)　　　　　　　　　　3)　　　　　　　　　　4)

映画 영화 ｜ 見ます 봅니다 ｜ 写真 사진 ｜ 撮ります 찍습니다 ｜ 歌 노래 ｜ 歌います 부릅니다 ｜ ドライブ 드라이브

Answer　1) 映画を 見る ことです。　2) 写真を 撮る ことです。　3) 歌を 歌う ことです。　4) ドライブを する ことです。

셀로판지를 이용하여 말하기 연습을 해봅시다.

6 보기와 같이 화살표 전후 방향을 생각하여 「〜하기 전에 〜한다」는 표현을 해 보세요. L18-11

보기 寝る まえに、お祈りを します。 자기 전에 기도를 합니다.

1)　　　　　　　　　2)　　　　　　　　　3)　　　　　　　　　4)

お祈り 기도 │ 新聞 신문 │ 朝ご飯 (아침)밥 │ シャワー 샤워 │ 浴びます 맞습니다 │ 水泳 수영 │ 電話 전화 │ 帰ります (집에)
갑니다 │ 旅行 여행 │ 換えます 바꿉니다, 환전합니다

Answer
1) ご飯を 食べる まえに、新聞を 読みます。　2) 水泳する まえに、シャワーを 浴びます。
3) うちへ 帰る まえに、電話を します。　4) 旅行する まえに、お金を 換えます。

💡 보기의 문장은 「お祈りをしてから寝ます」로 바꿀 수 있습니다. 다른 문장도 「〜てから」형태로 바꿔보세요.

7 「いつ」를 넣어서 언제 행동이 이루어지는지 질문하고, 「まえに」를 넣어서 답해 보세요. L18-12

> 보기　この　薬を　飲みます（寝ます）→
>
> Q：いつ　この　薬を　飲みますか。언제 이 약을 먹습니까?
>
> A：寝る　まえに、飲みます。자기전에 먹습니다.

1) ジョギングを　します（会社へ　行きます）→
2) その　カメラを　買いました（日本へ　来ます）→
3) 資料を　コピーします（会議）→
4) 国へ　帰ります（クリスマス）→
5) 日本へ　来ました（5年）→
6) 荷物を　送りました（3日）→

ジョギング 조깅 ｜ カメラ 카메라 ｜ 資料 자료 ｜ コピー 복사 ｜ 国 고향, 나라 ｜ 荷物 짐 ｜ 送ります 보냅니다

Answer
1) Q：いつ ジョギングを しますか。　　A：会社へ 行く まえに、します。
2) Q：いつ その カメラを 買いましたか。　A：日本へ 来る まえに、買いました。
3) Q：いつ 資料を コピーしますか。　　A：会議の まえに、します。
4) Q：いつ 国へ 帰りますか。　　A：クリスマスの まえに、帰ります。
5) Q：いつ 日本へ 来ましたか。　　A：5年 まえに、来ました。
6) Q：いつ 荷物を 送りましたか。　　A：3日 まえに、送りました。

L18-13

● 가능 여부에 대해 질문하기

회화 1

A ① この　電話で　国際電話を　かける　ことが　できますか。

이 전화로 국제전화를 걸 수 있나요?

B いいえ。すみませんが、② あちらの　電話で　かけて　ください。

아니요, 죄송합니다만 저쪽에 있는 전화로 거세요.

A そうですか。

그래요.

1) ① この　カードで　払います　　② 現金で　払います
2) ① 部屋で　ビデオを　見ます　　② ロビーの　テレビで　見ます
3) ① ここで　新幹線の　切符を　買います　　② 駅で　買います

1) ①이 카드로 지불합니다　②현금으로 지불합니다
2) ①방에서 비디오를 봅니다　②로비 텔레비전으로 봅니다
3) ①여기에서 신칸센 표를 삽니다　②역에서 삽니다

💡 電話を かけます와 電話を します
그대로 직역하면 '전화를 겁니다/전화를 합니다' 입니다. 어느 것이 올바른 표현일까요? 갸우뚱….
고민하실 필요없이 둘다 맞는 표현입니다. 한국어로 둘다 말이 되는데, 일본어도 마찬가지랍니다.

L18-14

● 취미 이야기하기

회화 2

A 趣味は　何ですか。

취미는 뭐예요?

B ① 映画を　見る　ことです。

영화를 보는 거에요.

A どんな　① 映画を　見ます　か。

어떤 영화를 봅니까?

B ② フランス映画　です。

프랑스 영화입니다.

A そうですか。

그래요.

1) ① 歌を　歌います　　② ビートルズの　歌
2) ① 絵を　かきます　　② 山の　絵
3) ① 写真を　撮ります　　② 花の　写真

1) ①노래를 부릅니다 ②비틀즈 노래　2) ①그림을 그립니다 ②산 그림　3) ①사진을 찍습니다 ②꽃 사진

L18-15

회화 **3**

● 회사에서 부하에게 행동의 순서 알려주기

A この ① 資料 、② 会議室へ 持って 行き ましょうか。

이 자료, 회의실로 갖고 갈까요?

B あ、ちょっと 待って ください。

아, 잠깐 기다리세요.

② 持って 行く まえに、

갖고 가기 전에,

③ 部長に 見せて ください。

부장님에게 보여 주세요.

A はい。

네.

1) ① レポート　　② きょう 出します　　③ コピーします
2) ① 資料　　② 東京に 送ります　　③ 課長に 見せます
3) ① カタログ　　② もう 捨てます　　③ ここを コピーします

1) ①레포트　②오늘 제출합니다　③복사합니다
2) ①자료　②도쿄에 보냅니다　③과장님에게 보여줍니다
3) ①카탈로그　②이제 버립니다　③여기를 복사합니다

셀로판지를 이용하여 회화 연습을 해봅시다.

趣味は　何ですか。(취미는 뭐예요?)
しゅ み　　　なん

L18-16

야마다 씨와 산토스 씨가 서로의 취미에 대해서 이야기하고 있네요.

山田　　　サントスさんの　趣味は　何ですか。
やまだ　　　　　　　　　　しゅ み　　なん

サントス　　写真です。
　　　　　　しゃしん

山田　　　どんな　写真を　撮りますか。
　　　　　　　　　　　　　と

サントス　　動物の　写真です。特に　馬が　好きです。
　　　　　　どうぶつ　　　　　とく　うま　　す

山田　　　へえ、それは　おもしろいですね。

　　　　　　日本へ　来てから、馬の　写真を　撮りましたか。
　　　　　　に ほん　き

サントス　　いいえ。

　　　　　　日本では　なかなか　馬を　見る　ことが　できません。
　　　　　　　　　　　　　　　　　　み

山田　　　北海道に　馬の　牧場が
　　　　　　ほっかいどう　　　ぼくじょう

　　　　　　たくさん　ありますよ。

サントス　　ほんとうですか。

　　　　　　じゃ、夏休みに　ぜひ　行きたいです。
　　　　　　　　なつやす　　　　　い

動物(どうぶつ) 동물

おもしろい 재미있다

なかなか 좀처럼(뒤에 부정 수반)

北海道(ほっかいどう) 홋카이도(지명)

牧場(ぼくじょう) 목장

夏休(なつやす)み 여름방학, 여름휴가

ぜひ 꼭

야마다 : 산토스 씨 취미는 뭐예요?
산토스 : 사진입니다.
야마다 : 어떤 사진을 찍나요?
산토스 : 동물 사진이에요. 특히 말을 좋아해요.
야마다 : 우와~ 그거 재미있군요.
　　　　 일본에 오고 나서 말 사진을 찍었나요?
산토스 : 아니요.
　　　　 일본에서는 좀처럼 말을 볼 수가 없어요.
야마다 : 홋카이도에 말 목장이 많이 있어요.
산토스 : 정말이에요?
　　　　 그럼, 여름휴가 때 꼭 가고 싶군요.

① **へえ**

놀라거나 감탄, 의심 같은 것을 할 때에 내는 소리입니다. 단순한 소리인데 하나
의 독립사처럼 되어서 일본어를 듣다보면 이 말이 귀에 많이 들려올 것입니다.
한국어로 '우와~' '어?' '에이~ ' 등등 다양한 말로 이해할 수 있습니다.
일본어를 완벽하게 네이티브처럼 하고 싶으면 이런 독립사에 욕심을 부려 자연스럽게 자기도 모르
게 나올 수 있도록 연습해 봅시다.
へえ는 억양이 중요하거든요. へ에 힘을 주어 말하고, 뒤에 있는 え는 두드러지게 발음하지 않습니
다. 따라서 일본인들이 말하는 것을 굳이 문자로 표기해 보자면 '헤~~~~에'가 됩니다. '헤' '에'
이렇게 또박또박 두 음절을 나누어서 발음하지 않습니다. 그리고 놀라거나 의심의 정도가 커질수록
'헤' 에 주어지는 강도와 길이가 커집니다. 백문이 불여일청입니다. 본문의 대화 부분 중 이 부분을
잘 들어보세요.

② **なかなか**

なかなか는 '①좀처럼 ②매우' 의 두 가지 의미를 지닌 부사입니다. 두 의미를 구별하는 방법은 간
단합니다. '좀처럼' 으로 해석되는 경우에는 뒤에 부정을 수반합니다.

> 예 ①バス、**なかなか** 来ませんね。버스가 좀처럼 오지 않네요.(부정)
> ②**なかなか** おもしろいですね。꽤(상당히) 재미있군요.(긍정)

③ **ぜひ**

'꼭, 반드시' 라는 뜻의 부사입니다. 부사는 그 의미나 용법을 뒤에 나오는 용언과 연결시켜서 알아
두는 것이 중요합니다. なかなか나 あまり가 뒤에 부정을 수반했을 때 의미가 달라지는 것처럼.
「ぜひ」는 뒤에 주로 '(꼭~)하고 싶어요. (꼭~)해 주세요' 등의 바람이나 의뢰의 말이 나옵니다. 일
본어로 표현하자면「ぜひ ~たいです」「ぜひ ~て ください」문형으로 자주 쓰입니다.

> 예 ①ぜひ 海外旅行に 行きたいです。해외여행에 꼭 가고 싶어요.
> ②ぜひ うちへ 遊びに 来て ください。저희 집에 꼭 놀러오세요~.

그런데 주의해야 할 점이 있습니다.
문제는 한국어의 '꼭' 이라는 단어에 여러 가지 의미가 있다는 뜻입니다.
①바람이나 의뢰 – 꼭 ~하고 싶다
②반드시 – 꼭(반드시→必 ず) 지참할 것
③추측, 결의 – 꼭(필시→きっと) ~할 것이다
④비유 – 꼭(마치→まるで) ~같다

이렇게 한국어 '꼭' 자체에 여러 개의 의미가 있다 보니 이것을 일본어로 표현할 때에는 각기 다른
단어로 구별해서 표현해야 합니다. ②, ③, ④번의 경우 일본어로는 뒤에 나오는 용언과 결합되어
「必ず, きっと, まるで」등등의 다른 부사들이 '꼭' 의 의미를 표현하기 때문에 이번 과에 나온
「ぜひ」는 바람이나 의뢰의 기분을 담아서 표현하는 '꼭' 의 의미라는 것을 잊지 마세요.

1 질문을 듣고 자기의 상황에 비추어 자유롭게 답하세요.

L18-17

1) ____

2) ____

3) ____

4) ____

5) ____

2 대화를 듣고 제시문에 맞으면 ○, 틀리면 ×표를 하세요.

L18-18

1) (　　　)　　　　2) (　　　)　　　　3) (　　　)　　　　4) (　　　)　　　　5) (　　　)

3 보기와 같이 「ます」형을 「사전형」으로 바꾸어 보세요.

보기 およ 泳ぎます	およ 泳ぐ	あつ 8) 集めます	
ひ 1) 弾きます		す 9) 捨てます	
はな 2) 話します		み 10) 見ます	
も 3) 持ちます		あ 11) 浴びます	
あそ 4) 遊びます		12) します	
の 5) 飲みます		うんてん 13) 運転します	
はい 6) 入ります		に ほん き 14) （日本へ）来ます	
うた 7) 歌います		も き 15) 持って　来ます	

④ 괄호 안에 알맞은 조사를 넣거나 조사가 필요없을 때에는 ×표를 하세요.

> 보기 100メートル（ × ）　泳ぐ　こと（ が ）　できます。 100m 수영할 수 있습니다.

1)　車（　　）　運転（　　）　できます。

2)　漢字（　　）　50ぐらい　書く　こと（　　）　できます。

3)　会議（　　）　まえに、資料を　コピーしなければ　なりません。

4)　2年（　　）　まえに、大学を　出ました。

⑤ 제시어를 골라 사전형으로 바꾸세요.

かきます	換えます	乗ります	弾きます	予約します

> 보기 わたしは　ピアノを　（ 弾く ）　ことが　できます。 나는 피아노를 칠 수 있습니다.

1)　わたしは　自転車に　（　　　　　）　ことが　できません。

2)　電話で　飛行機の　チケットを　（　　　　　）　ことが　できます。

3)　趣味は　絵を　（　　　　　）　ことです。

4)　どこで　お金を　（　　　　　）　ことが　できますか。

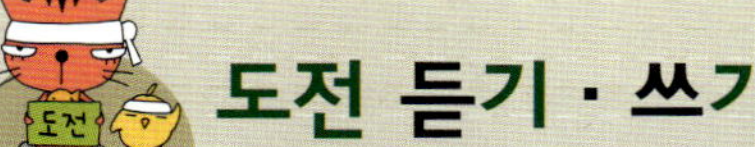

6 문장의 앞뒤 순서를 잘 파악하여 「まえに」문형과 「てから」문형을 구별하여 넣으세요.

> 보기
>
> 1) 友達の　うちへ　（ 行きます → 行く　まえに ）、電話を　かけます。
> 친구 집에 가기 전에, 전화를 겁니다.
>
> 2) 仕事が　（ 終わります → 終わってから ）、飲みに　行きます。
> 일이 끝나고 나서, 마시러 갑니다.

1) 朝　うちで　コーヒーを　（ 飲みます →　　　　　　　）、会社へ　行きます。

2) 料理を　（ 始めます →　　　　　　　）、手を　洗います。

3) 夜　（ 寝ます →　　　　　　　）、日記を　書きます。

4) 銀行で　お金を　（ 出します →　　　　　　　）、買い物に　行きました。

연습장

7 다음 본문을 읽고 내용에 맞으면 ○, 틀리면 ×표를 하세요.

子ども図書館

本の　借り方
- 受付で　カードを　作って　ください。
- 受付へ　本を　持って　来て、カードを　見せて　ください。
- 本は　2週間　借りる　ことが　できます。
- 辞書と　新聞と　新しい　雑誌は　借りる　ことが　できません。

コピーが　できます(1枚　10円)
- 図書館の　本を　コピーする　ことが　できます。
- コピーは　受付で　しますから、本を　受付へ　持って　来て　ください。

1)（　　）本を　借りる　まえに、受付で　カードを　作らなければ　なりません。

2)（　　）1週間まえに、本を　借りましたから、きょう　返さなければ　なりません。

3)（　　）古い　雑誌を　借りる　ことが　できます。

4)（　　）図書館の　本を　コピーしては　いけません。

Lesson 19

동사「た」형을 이용한 경험표현과 「たり」형을 이용한 연결표현

중요단어 파악하기

~た ことが あります　~한 적이 있습니다 (경험표현)

~たり、~たり します　~하거나, ~하거나 합니다

~く（に） なります　~해집니다 (형용사의 부사화)

1 相撲を 見た ことが あります。
① ② ③ ④
①스모를　②본　③적이　④있습니다.

2 休みの日は テニスを したり、散歩に
① ② ③ ④
①휴일에는　②테니스를　③치거나　④산책을

行ったり します。
⑤ ⑥
⑤가거나　⑥합니다.

3 これから だんだん 暑く なります。
① ② ③ ④
①이제　②점점　③더워　④집니다.

1 일본어 동사의 과거형

오늘의 테마는 동사의 과거형입니다.

동사의 과거형은 ました가 아닙니까? 맞습니다. ました(했습니다)도 과거형인데 ました에는 과거이면서 정중의 의미도 있어요. 그런데 그냥 보통체말로 과거형에 해당되는 '했다'를 표현할 때에 필요한 조동사가 바로 「た」입니다. 「た」앞에는 14과 워밍업에서도 말했듯이 「て」형과 같은 형태가 오니까 간단하죠? 이렇게 「て」형 앞에 오는 형태와 같은 형태를 취하는 조동사들이 た와 たり, たら가 있는데 오늘은 た와 たり를 배우게 되겠네요.

2 「ます」형에서 「た」형 만들기

た앞에 오는 동사 형태는 て앞에 오는 형태와 같습니다!

L19-2

동사종류	접속공식	ます형		た형	
Ⅰ그룹	ます앞이 [い・ち・り]인 동사는 「った」가 된다	買います	삽니다	買った	샀다
		待ちます	기다립니다	待った	기다렸다
		帰ります	돌아갑니다	帰った	돌아갔다
	ます앞이 [に・み・び]인 동사는 「んだ」가 된다.	死にます	죽습니다	死んだ	죽었다
		飲みます	마십니다	飲んだ	마셨다
		呼びます	부릅니다	呼んだ	불렀다
	ます앞이 [き・ぎ]인 동사는 「いた・いだ」가 된다.	書きます	씁니다	書いた	썼다
		急ぎます	서두릅니다	急いだ	서둘렀다
		예외 行きます	갑니다	行った	갔다
	ます앞이 [し]인 동사는 [た]를 만나도 변하지 않고 「した」가 된다.	話します	이야기합니다	話した	이야기했다
		貸します	빌려줍니다	貸した	빌려주었다
		探します	찾습니다	探した	찾았다
Ⅱ그룹	ます를 빼고 「た」를 붙인다.	食べます	먹습니다	食べた	먹었다
		寝ます	잡니다	寝た	잤다
		見ます	봅니다	見た	봤다
		います	있습니다	いた	있었다
Ⅲ그룹	불규칙	します	합니다	した	했다
		洗濯します	세탁합니다	洗濯した	세탁했다
		来ます	옵니다	来た	왔다

문형 꼭꼭 익히기

~た　ことが　あります。

일본어에서 경험표현을 할 때에는 동사의 과거형이 필요합니다. 한국어로도 '~할 적이 있습니다'라거나 '~하고 있는 적이 있습니다'라고는 하지 않고 '~한 적이 있습니다'라고 해서 '한'이라는 과거형을 쓰니까 일본어와 동일합니다.

나머지 こと의 의미를 보면 こと는 앞서 일본어 대표적인 형식명사로서 '것'이라고 했는데, 이런 문형들 속에서 다양한 의미가 생겨나기도 합니다. 이런 경험 문형에서는 '것'이라고 하기 보다는 '적'이라고 해석하는 것이 어울리겠죠. 그럼 '~한 적이 없어요'라고 할 때에는 어떻게 표현할까요? 「~た ことが ありません」 또는 「~た ことが ないです」라고 하면 되겠네요.

L19-3

おきなわ
沖縄 오키나와(지명)
ふじさん
富士山 후지산(고유명사)
のぼ
登ります 오릅니다
すし 초밥

わたしは	沖縄へ （おきなわ）	行った （い）	ことが　あります。
	富士山に （ふじさん）	登った （のぼ）	
	すしを	食べた （た）	

나는 [오키나와에 간/후지산에 오른/스시를 먹은] 적이 있습니다.
♡行った는 行きます(Ⅰ), 登った는 登ります(Ⅰ), 食べた는 食べます(Ⅱ)의 て형입니다.

★ 일본속의 남국 沖縄（おきなわ）

일본 열도의 남단에 위치한 오키나와(沖縄)는 일본 본토와는 상당한 거리감이 느껴지는 땅이다. 에메랄드빛 산호바다와 야자수, 망글로브 등이 빚어내는 남국의 분위기도 그렇지만 일본사에 편입되지 않고 오랫동안 독자적으로 이어온 류큐(琉球)왕국의 역사와 전통이 아직도 살아서 숨쉬고 있기 때문이다. 본토와 동서 1,000km, 남북 400km의 넓은 해역에 점점이 흩어진 160여 개의 부속 도서로 이루어져 있다. 2차 대전이 끝나가던 1945년 4월 미군의 상륙으로 펼쳐진 오키나와 전투는 일본 유일의 지상전으로 극도의 참상을 드러냈다. 이 전투는 민간인과 병사

등 20 만여명의 희생자를 낳았다.
오키나와는 세계 제1의 장수국. 일본에서도 첫 손가락에 꼽히는 장수 지역이자 오랫동안 '시마우타(島歌)'라고 불려 온 전통 음악을 이은 '오키나와 팝'이 일본 대중음악을 선도하는 등 문화적 자부심은 선명하게 살아 있다.

2 ~하거나 ~하거나 합니다.

～たり　～たり　します。

여러 개 중 몇 개만을 대표적으로 열거할 때, 사람이나 물건 중 몇 개를 들어서 말할 때에는 「～や～など(～나～등)」같은 표현이 쓰이고, 몇 가지 동작을 말할 때에는 「～たり～たり」를 이용한답니다.

例 テーブルの上に鉛筆やボールペンや消しゴムなどがあります。

　테이블 위에 연필이나 볼펜, 지우개 등이 있습니다.

たり 앞에 동사의 형태는 た형이 오니까 따로 외울 필요도 없이 이 문형을 활용할 수 있겠네요. 이 중 たり를 세 번, 네 번 쓸 수도 있고 한번만 쓸 수도 있답니다. 열거한다고 해서 딱잘라 몇 개의 행동을 말하라는 규칙은 없으니까요.

L19-4

音聲을 들으면서 따라하세요.

毎晩	テレビを　見たり、	本を　読んだり	します。
	手紙を　書いたり、	音楽を　聞いたり	
	日本語を　勉強したり、	パソコンで　遊んだり	

毎晩 매일밤
手紙 편지
音楽 음악
聞きます 듣습니다
パソコン 컴퓨터
遊びます 놉니다

매일 밤 [텔레비전을 보거나 책을 읽거나／ 편지를 쓰거나 음악을 듣거나／일본어를 공부하거나 컴퓨터로 놀거나] 합니다.

♡見たり는 見ます(Ⅱ), 書いたり는 書きます(Ⅰ), 読んだり는 読みます(Ⅰ), 勉強したり는 勉強します(Ⅲ), 聞いたり는 聞きます(Ⅰ), 遊んだり는 遊びます(Ⅰ)의 たり형입니다.

～게(히) 졌습니다(되었습니다).

～く（に）　なりました。

일상의 변화를 나타낼 때 쓰이는 문형입니다.
그럼, 우선 다음 문장을 한번 볼까요?

예쁩니다　　→　예뻐졌습니다
춥습니다　　→　추워졌습니다
좋습니다　　→　좋아졌습니다
20살입니다　→　20살이 되었습니다.

오른편에 있는 문장들은 모두 그 전과 비교하여 상태가 변화했다는 의미입니다. 이럴 때 「～く（に）なりました」문형을 쓴다는 것이지요. 본래 「なります」라는 동사는 '됩니다'라는 뜻인데 과거형이니까 '되었습니다'란 뜻이 되고, '되었습니다'는 문장에 맞게 '졌습니다'로 사용되기도 합니다.

이 문형에서의 포인트는 앞부분에 오는 형태입니다. 결론부터 말하자면 형용사나 명사가 부사화된 형태가 와야 합니다. 예를 들어, '예쁩니다'는 「きれいです」라서 な형용사인데, '예뻐졌습니다'를 표현할 때에는 きれい를 그대로 쓸 수 없고 뒤에 「졌습니다(なりました)」를 꾸며줄 수 있는 형태, 즉 부사로 바꾸어줘야 하는 것이지요. な형용사는 끝에 に를 붙여서 부사화시켜줍니다. い형용사는 い발음을 모두 く로 바꾸면 부사화가 됩니다.
예를 들면,

예　早い 빠르다　→　早く 빨리(い형용사)
　　静か 조용함　→　静かに 조용히(な형용사)

이렇게 い형용사와 な형용사를 부사화 시켜서 뒤에 「なりました」를 붙이면 변화의 의미를 나타낼 수 있는 문장이 됩니다. 명사인 경우에는 뒤에 「に」를 붙여서 '～이 되었습니다'의 문장을 표현할 수 있습니다.

예　先生です 선생님입니다 → 先生に　なりました。선생님이 되었습니다.

정리!!
な형용사와 명사　→　に　なりました
い형용사　　　　　→　く　なりました

L19-5

テレサちゃんは	背が 高	く	なりました。
	きれい	に	
	10歳		

背 키
高い 크다
歳 ～살(나이 세는 단위)

테레사는 [키가 커/예뻐]졌습니다. // 테레사는 10살이 되었습니다.

입에 착 붙게 말하기

셀로판지를 이용하여 말하기 연습을 해봅시다.

① 보기와 같이 그림을 보고 「〜た ことが あります」를 이용하여 경험표현을 만들어 보세요.  L19-6

보기 広島へ 行った ことが あります。 히로시마에 간 적이 있습니다.

1)　　　　　　2)　　　　　　3)　　　　　　4)

山 산 │ 登ります 오릅니다 │ 相撲 스모, 일본씨름 │ お酒 술 │ パチンコ 파친코

Answer
1) 山に 登った ことが あります。　　2) 相撲を 見た ことが あります。
3) お酒を 飲んだ ことが あります。　　4) パチンコを した ことが あります。

하나~더!

★ 相撲와 パチンコ

① 相撲 : 일본전통씨름. 씨름과 비슷하지만 경기방식은 다소 차이가 있는데, 씨름은 상대편과 샅바를 잡은 다음 일어나 시합이 시작되면 무조건 넘어뜨려야 이기는 것이지만 스모는 상대편 선수와 일정거리를 두고 시합이 시작되면 넘어뜨리거나, 모래판 밖으로 밀어내면 이긴다. 씨름이 주로 발을 이용한다면 스모는 손을 이용하는 것 또한 특색이다. 스모선수의 최고 높은 지위를 横綱라고 하는데 실력으로만 하는 천하 장사와는 달리 품격, 역량이 뛰어난 사람에게만 주어진다.

② パチンコ : 스프링 장치로 못과 구멍으로 된 상자 안에 쇠구슬을 튕겨서 구멍에 넣는 게임. 구슬이 많이 나오면 그것을 상품과 바꾸는 방식. 통상 슬롯머신으로 번역되지만 갬블장에서 보이는 슬롯머신과는 조금 차이가 있으며 사행성이 짙으나 일본에서는 어딜 가나 이 파친코 가게를 쉽게 접할 수 있고 남녀노소 경험하고 즐기는 사람들이 많다.

② 보기와 같이 경험문형으로 질문하고 はい와 いいえ로 알맞게 답하세요. 🎧 L19-7

> **보기** カラオケに　行きます（いいえ）→
> **Q**：カラオケに　行った　ことが　ありますか。 노래방에 가본 적 있어요?
> **A**：いいえ、ありません。 아니요, 없어요.

스스로 해본 후에
음성을 들으면서
따라하세요.

1) お茶を　習います（はい）→
2) 馬に　乗ります（いいえ）→
3) 日本人の　うちに　泊まります（はい）→
4) インドネシア料理を　食べます（いいえ、一度も）→

お茶 차 ｜ 習います 배웁니다 ｜ 馬 말 ｜ 乗ります 탑니다 ｜ 泊まります 묵습니다 ｜ インドネシア 인도네시아 ｜ 一度も 한번도

Answer

1) Q：お茶を　習った　ことが　ありますか。　　A：はい、あります。
2) Q：馬に　乗った　ことが　ありますか。　　A：いいえ、ありません。
3) Q：日本人の　うちに　泊まった　ことが　ありますか。　　A：はい、あります。
4) Q：インドネシア料理を　食べた　ことが　ありますか。　　A：いいえ、一度も　ありません。

★ 「お茶を　習います」

직역하면 '차를 배웁니다'라는 뜻인데 다른 말로 '다도(茶道(さどう・ちゃどう))'
라고 합니다. 차를 마시는데 배워서 마셔야 하는가? 하는 생각이 들지만, 제대로
예의를 갖춰서 차를 타서 마시는 것은 쉽지 않습니다.
이 다도는 일본 문화를 언급함에 있어서 빼놓을 수 없는 키워드이자 일본의 사회
전반에 뿌리깊게 정착되어 있는 문화입니다. 일정한 작법을 알아서 주인과 손님이
공감하는 장을 마련하는 전통문화로 자리잡고 있습니다.

입에 착 붙게 말하기

③ 보기와 같이 주어진 시간에 어떤 동작을 하는지 「たり」를 이용하여 나열해 보세요. L19-8

> **보기** 日曜日(にちようび) → 日曜日は 掃除(そうじ)したり、洗濯(せんたく)したり します。 일요일은 청소하거나 빨래하거나 합니다.

1) 夜(よる) →

2) 休(やす)みの 日(ひ) →

3) きのう →

4) おととい →

お風呂(ふろ)に 入(はい)ります 목욕합니다 ｜ デパート 백화점 ｜ 買(か)い物(もの) 쇼핑 ｜ ゲーム 게임 ｜ レポート 레포트 ｜ 書(か)きます 씁니다 ｜ 歯医者(はいしゃ) 치과, 치과의사 ｜ 床屋(とこや) 이발소 ｜ おととい 그저께

Answer

1) 夜(よる)は お風呂(ふろ)に 入(はい)ったり、テレビを 見(み)たり します。

2) 休(やす)みの 日(ひ)は デパートで 買(か)い物(もの)を したり、ゲームを したり します。

3) きのうは 本(ほん)を 読(よ)んだり レポートを 書(か)いたり しました。

4) おとといは 歯医者(はいしゃ)に 行(い)ったり、床屋(とこや)へ 行(い)ったり しました。

💡 歯医者(はいしゃ)に 行(い)きます
직역하면 '치과의사에게 갑니다' 라는 뜻인데, 일본에서는 치과에 간다는 표현으로 「歯科(しか)に 行(い)きます」라고 하기 보다는 좀더 편하게 「歯医者(はいしゃ)に 行(い)きます」라고 합니다.

💡 「おととい」나 「きのう」같이 과거를 나타내는 시제가 오면 뒤 용언의 시제도 과거로 맞추어 주어야 합니다.

4 보기와 같이 「〜たり〜たり」문형을 이용하여 동작을 열거해 보세요. 🎧 L19-9

> **보기** 土曜日は 何を しますか。（散歩します・ビデオを 見ます）
> → 散歩したり、ビデオを 見たり します。 산책하거나 비디오를 보거나 합니다.

1) 休みの 日は 何を しますか。
   （ゴルフの 練習を します・うちで 本を 読みます）→
2) パーティーで 何を しますか。
   （ダンスを します・歌を 歌います）→
3) 冬休みは 何を したいですか。
   （スキーに 行きます・友達と パーティーを します）→
4) 出張の まえに、何を しなければ なりませんか。
   （資料を 作ります・レポートを 送ります）→

ゴルフ 골프 ｜ 練習 연습 ｜ パーティー 파티 ｜ ダンス 춤 ｜ 歌 노래 ｜ 歌います 부릅니다 ｜ スキー 스키 ｜ 出張 출장 ｜
資料 자료 ｜ 作ります 만듭니다 ｜ 送ります 보냅니다

💡 질문의 용언에 맞게 답도 맞춰 줘야합니다.
　「したいですか」로 물으면 「〜たり〜たり したいです」, 「しなければ なりませんか」로 물으면 「〜たり〜たり しなければ なりません」으로 맞춰야 합니다.

Answer
　1) ゴルフの 練習を したり、うちで 本を 読んだり します。
　2) ダンスを したり、歌を 歌ったり します。
　3) スキーに 行ったり、友達と パーティーを したり したいです。
　4) 資料を 作ったり、レポートを 送ったり しなければ なりません。

셀로판지를 이용하여 말하기 연습을 해봅시다.

5 보기와 같이 「なりました」를 이용하여 변화된 상황을 표현해 보세요. L19-10

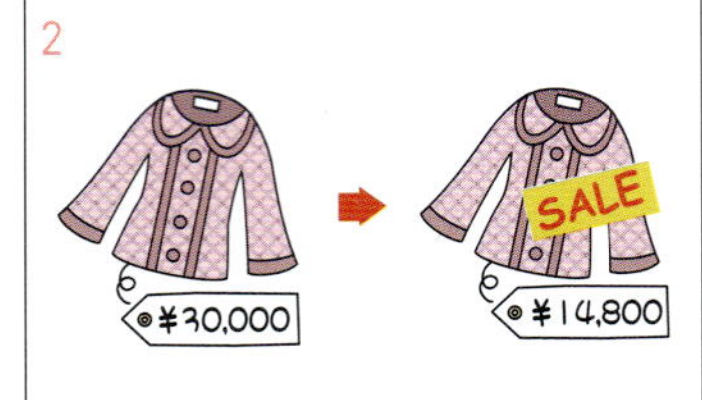

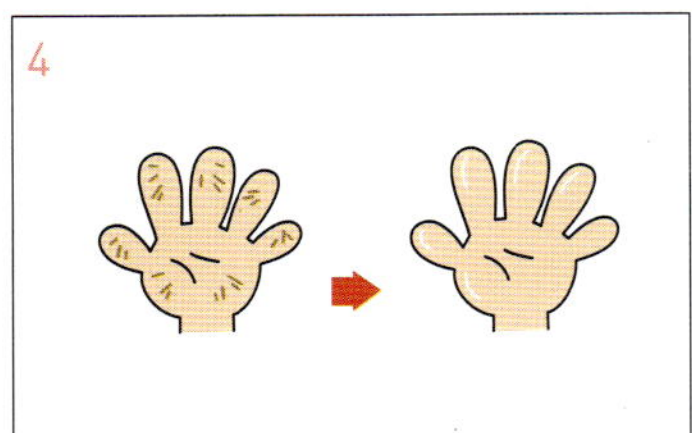

보기
1) 寒（さむ）く　なりました。 추워졌습니다.

2) 病気（びょうき）に　なりました。 병이 났습니다.

1)

2)

3)

4)

5)

6)

스스로 해본 후에
음성을 들으면서
따라하세요.

暗（くら）い 어둡다 │ 安（やす）い 싸다 │ 眠（ねむ）い 졸립다 │ きれい 깨끗함 │ 好（す）き 좋아함 │ 部長（ぶちょう） 부장(님)

Answer
1) 暗く なりました。　2) 安く なりました。　3) 眠く なりました。
4) きれいに なりました。　5) 好きに なりました。　6) 部長 に なりました。

보기와 같이 「〜から〜なりました」로 두 문장을 한 문장으로 만들어 보세요. L19-11

> 보기
>
> まいにち　れんしゅう　　　　　にほんご　　　じょうず
> 毎日　練習しました・日本語が　上手です
>
> → 毎日　練習しましたから、日本語が　上手に　なりました。
> 매일 연습했기 때문에, 일본어가 능숙해졌습니다.

스스로 해본 후에
음성을 틀으면서
따라하세요.

1) 甘い　物を　たくさん　食べました・歯が　悪いです →

2) スポーツを　しませんでした・体が　弱いです →

3) 会社を　やめました・暇です →

4) うちで　ゆっくり　休みました・元気です →

練習 연습 | 甘い 달다 | 物 것 | たくさん 많이 | 歯 치아 | 悪い 나쁘다 | 体 몸 | 弱い 약하다 | やめます 그만둡니다 |
暇 한가함 | ゆっくり 천천히, 느긋이 | 元気 건강함

Answer

1) 甘い 物を たくさん 食べましたから、歯が 悪く なりました。

2) スポーツを しませんでしたから、体が 弱く なりました。

3) 会社を やめましたから、暇に なりました。

4) うちで ゆっくり 休みましたから、元気に なりました。

★ '좋아지다'의 두 가지 의미

한국어의 '좋아지다'에는 두 가지 의미가 있습니다.

① 좋지 않은 상태에서 좋은 상태가 되다.

② 싫어하던 상대나 물건에게 호감을 가지게 되다.

따라서 ①번과 ②번을 일본어로 이야기할 때에는 구별해야 합니다.

①은 いい의 뜻으로 「よく なります」라고 해야 하고, ②는 好き의 뜻이므로 「好きに なります」라고 해야 합니다.

한국어만 잘 구별한다면 간단하죠?

L19-12

● 경험에 대해서 이야기하기

A ① 新幹線に　乗った　ことが　ありますか。　신칸센 타본 적 있어요?

B ええ、あります。　네, 있어요.

A どうでしたか。　어땠어요?

B とても　② 速かったです。　정말 빨랐어요.

1) ① 生け花を　します　② 楽しいです
2) ① 牛どんを　食べます　② おいしいです
3) ① パチンコを　します　② おもしろいです

1) ①꽃꽂이를 합니다 ②즐겁습니다　　　2) ①소고기 덮밥을 먹습니다 ②맛있습니다
3) ①파친코를 합니다 ②재미있습니다

牛どん　소고기 덮밥

L19-13

● 여름방학에 무엇을 할지 계획 이야기하기

A もうすぐ　夏休みですね。　이제 곧 여름방학이죠.

B ええ。　네.

A 夏休みは　何を　したいですか。　여름방학 때 뭐하고 싶어요?

B そうですね。　① 馬に　乗ったり、　글쎄요. 말을 타거나,
② 釣りを　したり　したいです。　낚시를 하거나 하고 싶어요.

A いいですね。　그거 좋네요.

1) ① 山に　登ります　② 海で　泳ぎます
2) ① 本を　読みます　② スポーツを　します
3) ① 絵を　かきます　② 音楽を　聞きます

1) ①산에 오릅니다　②바다에서 수영합니다　　2) ①책을 읽습니다 ②운동을 합니다
3) ①그림을 그립니다 ②음악을 듣습니다

L19-14

회화 3

● 날씨변화에 대해 서로 감상을 이야기하기

A ① 暑く　なりましたね。　　　　　　　　더워졌네요.

B そうですね。もう　② 夏　ですね。　　　그렇네요. 벌써 여름이네요.

A ことしは　ぜひ　③ 泳ぎに　行き　たいですね。　올해는 꼭 수영하러 가고 싶네요.

B ええ。　　　　　　　　　　　　　　　네.

1) ① 涼しい　　② 秋　　③ 紅葉を　見に　行きます
2) ① 寒い　　　② 冬　　③ スキーに　行きます
3) ① 暖かい　　② 春　　③ 花見に　行きます

1) ①서늘하다 ②가을 ③단풍을 보러 갑니다　　2) ①춥다 ②겨울 ③스키타러 갑니다

3) ①따뜻하다 ②봄　③꽃구경하러 갑니다

가을이 되면 단풍놀이를 가는데 일본어로 단풍이 「紅葉」입니다. 단풍놀이는 「紅葉狩り」라고 하지요. 「狩り」는
본래 사냥이라는 뜻인데 일본에서는 단풍사냥이라고 해서 가을마다 단풍놀이를 즐긴답니다.
꽃구경은 「花見」. 봄이 되면 꽃구경하는 것은 일본이나 한국이나 다를 바가 없지만 일본에서 꽃구경은 桜 (벚꽃)
를 이야기한답니다.

셀로판지를 이용하여 회화 연습을 해봅시다.

ダイエットは あしたから します。(다이어트는 내일부터 할게요.)

L19-15

마츠모토 씨 부부가 파티장에서 만난 마리아 씨. 마리아 씨는 아주 날씬한 것 같은데 그다지 파티음식을 즐기지 않는군요. 의아해진 마츠모토 요시코 씨가 마리아 씨에게 왜 음식을 먹지 않는지 물어봅니다. 그 대답을 들어 볼까요?

01 皆（みな）　乾杯（かんぱい）。

02 松本良子（まつもとよしこ）　マリアさん、あまり　食（た）べませんね。

マリア　ええ、実（じつ）は　きのうから　ダイエットを　して　います。

松本良子　そうですか。わたしも　何回（なんかい）も　ダイエットを　した　ことが　あります。

マリア　どんな　ダイエットですか。

松本良子　毎日（まいにち）　りんごだけ　食（た）べたり、水（みず）を　たくさん　飲（の）んだり　しました。

松本部長（ぶちょう）　しかし、無理（むり）な　ダイエットは　体（からだ）に　よくないですよ。

マリア　そうですね。

松本良子　マリアさん、この　ケーキ、おいしいですよ。

マリア　そうですか。……。

ダイエットは　また　あしたから　します。

乾杯(かんぱい) 건배
実(じつ)は 사실은
ダイエット 다이어트
何回(なんかい) 몇번
りんご 사과
だけ 뿐
水(みず) 물
無理(むり) 무리
また 또

01
일동　　　　　：건배.
02
마츠모토 요시코 : 마리아 씨, 별로 먹지 않네요.
마리아　　　　：네, 실은 어제부터 다이어트를 하고 있어요.
마츠모토 요시코 : 그래요? 저도 몇 번이나 다이어트를 한 적이 있어요.
마리아　　　　：어떤 다이어트에요?
마츠모토 요시코 : 매일 사과만 먹거나, 물을 많이 마시거나 했어요.
마츠모토 부장　 : 하지만, 무리한 다이어트는 몸에 좋지 않아요.
마리아　　　　：그렇죠~.
마츠모토 요시코 : 마리아 씨, 이 케이크 맛있어요.
마리아　　　　：그래요? …. 다이어트는 또 내일부터 할게요.

① **乾杯** ^{かんぱい} 건배

'건배'라는 뜻입니다. 일본에서 술자리에 가면 옆 테이블이고 앞 테이블이고 다들 乾杯~乾杯~하면서 분위기를 돋구곤 합니다. 우리도 '건배~' 대신에 다양한 말들을 쓸 수 있죠? 일본에서도 cheers 정도의 영어표현은 통합니다. 술자리에서 또 많이 쓰이는 표현으로 원샷이 있죠? 원샷은 영어라서 통할 것 같지만 의외로 원샷은 콩글리시이기 때문에 일본에서도 통하지 않아요. 그럼 원샷은 일본어로 뭘까요? 「一気」라고 합니다. 글자 그대로라면 하나의 기운이란 뜻인데, 「気」는 '숨결, 정신, 기운, 기세' 등의 다양한 뜻이 있고, 그 중에서 하나의 숨, 즉 '단숨에'로 이해한다면 「一気」가 원샷의 의미가 되는 것은 그다지 어렵지 않게 이해될거에요.

② **何回も** ^{なんかい} 몇 번이나

직역하면 '몇 번도'인데 뒤의 も는 많다는 느낌을 주어 '몇 번이나'로 해석하는 것이 자연스럽습니다. 앞에 수량사가 오거나 숫자개념이 오면 뒤에 오는 も는 많다는 느낌을 담아 '~이나'로 해석하는 경향이 있었죠?

한국어로 '번'에 해당되는 한자로 「番」이 있는데 일본어에서 番은 '번호' '순번'의 준말로만 사용되고 '횟수'의 의미는 없습니다. 따라서 1번, 2번이라고 할 때에는 番을 쓰지만, 한 번·두 번…이라고 할 때에는 「回」를 써야 합니다.

덧붙여 횟수를 나타내는 단위에는 回 이외에도 「度」가 있습니다. 一度, 二度, 三度 이렇게 숫자에 度만 붙이면 쓸 수 있습니다. 度는 각도나 온도, 습도 등을 나타낼 때에도 한국어의 '도'와 동일하게 쓰이므로 이해하기 쉽습니다. 몇 번이라고 할 때에는 何回, 何度 모두 사용할 수 있습니다.

③ **しかし** 그러나, 하지만

한국어의 '그러나'에 해당되는 접속사입니다. 앞뒤의 내용이 상반될 때 사용하는 접속사인데 역접 접속사라고 하죠. 이런 종류의 접속사로는 「でも(하지만)」와 「~が(이지만)」정도가 있어요.

④ **無理** ^{むり} 무리

한국어의 무리와 발음과 뜻이 너무나 같습니다. な형용사이기 때문에 뒤에 명사가 오면 「無理な」가 되지요.

도전 듣기 · 쓰기

1 질문을 듣고 자기의 상황에 비추어 자유롭게 답하세요.

L19-16

1) ____

2) ____

3) ____

4) ____

2 대화를 듣고 제시문에 맞으면 ○, 틀리면 ×표를 하세요.

L19-17

1) (　　　　)　　　2) (　　　　)　　　3) (　　　　)　　　4) (　　　　)　　　5) (　　　　)

3 보기와 같이 「ます형」을 「과거형」으로 바꾸어 보세요.

보기　書きます	書いた	8) 乗ります	
1) 行きます		9) 消します	
2) 働きます		10) 食べます	
3) 泳ぎます		11) 寝ます	
4) 飲みます		12) 見ます	
5) 遊びます		13) 降ります	
6) 持ちます		14) 散歩します	
7) 買います		15) 来ます	

④ 괄호 안에 알맞은 조사를 넣으세요.

> 보기 ミラーさんは　日本語（が）　上手に　なりました。 밀러 씨는 일본어가 능숙해졌습니다.

1) 沖縄へ　行った　こと（　　）　ありますか。

2) ことし　18歳（　　）　なります。

3) ホテルは　高いですから、友達の　うち（　　）　泊まります。

4) たばこは　体（　　）　よくないです。

⑤ 제시어를 골라 과거형으로 바꾸세요.

掃除します	~~来ます~~	聞きます	買い物に　行きます
かきます	見ます	行きます	

> 보기 Q：日本は　はじめてですか。 일본은 처음입니까?
> A：いいえ、3年まえに、一度　（ 来た ）　ことが　あります。
> 아니요, 3년 전에 한 번 온 적이 있습니다.

1) Q：ミラーさん、行き方が　わかりますか。

　　A：ええ、一度　（　　　　　　）　ことが　ありますから、大丈夫です。

2) Q：太郎君は　うちの　仕事を　手伝いますか。

　　A：ええ、（　　　　　　）り、（　　　　　　）り　しますよ。

3) Q：趣味は　何ですか。

　　A：絵を　（　　　　　　）り、音楽を（　　　　　　）り　する　ことです。

4) Q：歌舞伎は　おもしろいですか。

　　A：わたしは　歌舞伎を　（　　　　　　）　ことが　ありませんから…。

6 뒤의 「なります・なりました」에 맞는 문형으로 제시어를 바꾸어 보세요.

きれい	暗<ruby>暗<rt>くら</rt></ruby>い	~~暑<ruby>暑<rt>あつ</rt></ruby>い~~	雨<ruby>雨<rt>あめ</rt></ruby>	眠<ruby>眠<rt>ねむ</rt></ruby>い

 보기 （ 寒<ruby>寒<rt>さむ</rt></ruby>く ） なりましたね。エアコンを つけましょうか。 추워졌네요. 에어컨을 켤까요?

1) 掃除<ruby>掃除<rt>そうじ</rt></ruby>しましたから、部屋<ruby>部屋<rt>へや</rt></ruby>が （　　　　　） なりました。

2) 日本<ruby>日本<rt>にほん</rt></ruby>は 冬<ruby>冬<rt>ふゆ</rt></ruby> 5時<ruby>時<rt>じ</rt></ruby>ごろ （　　　　　） なります。

3) おなかが いっぱいです。（　　　　　） なりました。

4) 朝<ruby>朝<rt>あさ</rt></ruby>は いい 天気<ruby>天気<rt>てんき</rt></ruby>でしたが、午後<ruby>午後<rt>ごご</rt></ruby>から （　　　　　） なりました。

7 다음 본문을 읽고 내용에 맞으면 〇, 틀리면 ✕표를 하세요.

富士山

　　富士山<ruby>富士山<rt>ふじさん</rt></ruby>を 見<ruby>見<rt>み</rt></ruby>た ことが ありますか。富士山は 3,776メートルで、日本<ruby>日本<rt>にほん</rt></ruby>で
いちばん 高<ruby>高<rt>たか</rt></ruby>い 山<ruby>山<rt>やま</rt></ruby>です。静岡県<ruby>静岡県<rt>しずおかけん</rt></ruby>と 山梨県<ruby>山梨県<rt>やまなしけん</rt></ruby>の 間<ruby>間<rt>あいだ</rt></ruby>に あります。冬<ruby>冬<rt>ふゆ</rt></ruby>は 雪<ruby>雪<rt>ゆき</rt></ruby>が
降<ruby>降<rt>ふ</rt></ruby>って、白<ruby>白<rt>しろ</rt></ruby>く なります。夏<ruby>夏<rt>なつ</rt></ruby>も 山<ruby>山<rt>やま</rt></ruby>の 上<ruby>上<rt>うえ</rt></ruby>に 雪<ruby>雪<rt>ゆき</rt></ruby>が あります。7月<ruby>月<rt>がつ</rt></ruby>と 8月<ruby>月<rt>がつ</rt></ruby>だけ
富士山に 登<ruby>登<rt>のぼ</rt></ruby>る ことが できます。山<ruby>山<rt>やま</rt></ruby>の 上<ruby>上<rt>うえ</rt></ruby>に 郵便局<ruby>郵便局<rt>ゆうびんきょく</rt></ruby>が あって、手紙<ruby>手紙<rt>てがみ</rt></ruby>を
出<ruby>出<rt>だ</rt></ruby>したり、電話<ruby>電話<rt>でんわ</rt></ruby>を かけたり する ことが できます。
　　夏<ruby>夏<rt>なつ</rt></ruby>と 秋<ruby>秋<rt>あき</rt></ruby>、いい 天気<ruby>天気<rt>てんき</rt></ruby>の 朝<ruby>朝<rt>あさ</rt></ruby> 富士山は 赤<ruby>赤<rt>あか</rt></ruby>く なります。とても きれいです
から、日本人<ruby>日本人<rt>にほんじん</rt></ruby>は 写真<ruby>写真<rt>しゃしん</rt></ruby>を 撮<ruby>撮<rt>と</rt></ruby>ったり、絵<ruby>絵<rt>え</rt></ruby>を かいたり します。葛飾北斎<ruby>葛飾北斎<rt>かつしかほくさい</rt></ruby>の 赤<ruby>赤<rt>あか</rt></ruby>い
富士山の 絵<ruby>絵<rt>え</rt></ruby>は 有名<ruby>有名<rt>ゆうめい</rt></ruby>です。

1) （　　） 富士山<ruby>富士山<rt>ふじさん</rt></ruby>は 世界<ruby>世界<rt>せかい</rt></ruby>で いちばん 高<ruby>高<rt>たか</rt></ruby>い 山<ruby>山<rt>やま</rt></ruby>です。

2) （　　） 夏<ruby>夏<rt>なつ</rt></ruby>は 富士山で 雪<ruby>雪<rt>ゆき</rt></ruby>を 見<ruby>見<rt>み</rt></ruby>る ことが できません。

3) （　　） 富士山に 電話<ruby>電話<rt>でんわ</rt></ruby>も 郵便局<ruby>郵便局<rt>ゆうびんきょく</rt></ruby>も あります。

1　괄호 안에 알맞은 조사를 넣으세요.

> 보기　ファックス（ で ）　レポートを　送（おく）ります。

1)　雨（あめ）（　　）　降（ふ）って　います。

2)　今（いま）　グプタさんは　部長（ぶちょう）（　　）　話（はな）して　います。

3)　イーさんは　パソコン（　　）　持（も）って　います。

4)　この　ファックス（　　）　使（つか）い方（かた）（　　）　教（おし）えて　ください。

5)　わたしは　神戸（こうべ）（　　）　住（す）んで　います。

6)　ここ（　　）　車（くるま）を　止（と）めても　いいですか。

7)　7番（ばん）の　バス（　　）　乗（の）って、大学前（だいがくまえ）で　降（お）ります。

8)　サントスさんは　背（せ）（　　）　高（たか）くて、髪（かみ）（　　）　黒（くろ）いです。

9)　カードを　ここ（　　）　入（い）れます。

10)　あの　信号（しんごう）（　　）　右（みぎ）（　　）　曲（ま）がって　ください。

11)　ワンさんは　運転（うんてん）（　　）　できます。

12)　カード（　　）　払（はら）う　こと（　　）　できますか。

13)　食事（しょくじ）（　　）　まえに、手（て）を　洗（あら）って　ください。

14)　スポーツは　体（からだ）（　　）　いいです。

15)　弟（おとうと）は　医者（いしゃ）（　　）　なりました。

2　(　　)안의 단어를 문맥에 맞게 고치세요.

> 보기　ちょっと　（待（ま）ちます → 待って）　ください。

1)　A：あの　喫茶店（きっさてん）に　（入（はい）ります →　　　　　　　）ませんか。
　　B：ええ、そう　（します →　　　　　　　）ましょう。

2) コンピューターの　会社で　（ 働きます →　　　　　　　 ）たいです。

3) 駅へ　友達を　（ 迎えます →　　　　　　 ）に　行きます。

4) 日本へ　（ 勉強します →　　　　　　 ）に　来ました。

5) すみませんが、ボールペンを　（ 貸します →　　　　　　　 ）　ください。

6) 今　電話を　（ かけます →　　　　　 ）　います。

7) エアコンを　（ つけます →　　　　　 ）ましょうか。

8) この　電話を　（ 使います →　　　　　 ）も　いいですか。

9) マリアさんは　（ 結婚します →　　　　　 ）　います。

10) 京都で　彼女に　（ 会います →　　　　　 ）、映画を
　（ 見ます →　　　　　 ）、それから　お茶を　飲みました。

11) 昼ごはんを　（ 食べます →　　　　　 ）から、公園を　散歩します。

12) ここで　写真を　（ 撮ります →　　　　　 ）ないで　ください。

13) 現金で　（ 払います →　　　　　 ）なければ　なりません。

14) あしたは　（ 来ます →　　　　　 ）なくても　いいです。

15) どのくらい　（ 泳ぎます →　　　　　 ）　ことが　できますか。

16) 趣味は　絵を　（ かきます →　　　　　 ）　ことです。

17) この　会社に　（ 入ります →　　　　　 ）　まえに、自動車の　会社で
　働いて　いました。

18) 新幹線に　（ 乗ります →　　　　　 ）　ことが　ありません。

19) 休みの　日は　手紙を　（ 書きます →　　　　　 ）り、音楽を
　（ 聞きます →　　　　　 ）り　します。

20) タワポンさんは　（ 頭が　いいです →　　　　　 ）、おもしろい　人です。

21) 奈良は　（ 静かです →　　　　　 ）、きれいな　町です。

22) パソコンが　（ 安いです →　　　　　 ）　なりました。

23) スキーが　（ 上手です →　　　　　 ）　なりました。

③ { }안의 제시어 중 문맥상 맞는 것을 고르세요.

보기 佐藤さんは 今 部長と { a. 話します。 / b. 話して います。 }

1) この 時刻表を { a. もらいましょうか。 / b. もらっても いいですか。 }
…はい、どうぞ。

2) 暑いですね。窓を 開けましょうか。
… { a. ええ、開けます。 / b. ええ、開けて ください。 }

3) わたしは ミラーさんの 住所を { a. 知って います。 / b. 知ります。 }

4) 飲み物は { a. 食事が 終わってから、 / b. 食事が 終わって、 } 持って 来て ください。

5) パーティーは どうでしたか。
… { a. にぎやかで、楽しかったです。 / b. にぎやかで、楽しいです。 }

6) 毎日 来なければ なりませんか。
… { a. いいえ、毎日 来なくても いいです。 / b. いいえ、毎日 来ないで ください。 }

7) ミラーさんは スペイン語を { a. 話す ことが できません。 / b. 話しては いけません。 }

8) 歌舞伎を 見た ことが ありますか。
… { a. はい、見ます。 / b. はい、あります。 }

점수 환산(문제당 1점) : 합계득점÷46×100점  점

Lesson

20

친구 나 손아랫사람에게 반말하기

○ **중요단어 파악하기**

～だ(～이다) 명사, な형용사의 단정

～じゃない(～이 아니다) 명사, な형용사의 부정

～だった(～였다) 명사, な형용사의 과거

～く　なかった(～지 않았다) い형용사의 과거부정

1 <u>サントスさんは</u>　<u>パーティーに</u>　<u>来なかった。</u>
① ② ③
①산토스 씨는　②파티에　③오지 않았다.

2 <u>日本は</u>　<u>物価が</u>　<u>高い。</u>
① ② ③
①일본은　②물가가　③비싸다.

3 <u>沖縄の</u>　<u>海は</u>　<u>きれいだった。</u>
① ② ③
①오키나와의　②바다는　③아름다웠다.

4 <u>きょうは</u>　<u>僕の</u>　<u>誕生日だ。</u>
① ② ③
①오늘은　②내　③생일이다.

이번 과는 앞에서 조금씩 공부해 왔던 것들을 종합하는 과라고 생각하면 됩니다. 각 과별로 나왔던 보통체를 다시 되새김해 보고, 정중체에서 보통체로 바꾸는 연습을 하는 과입니다.

1 보통체 일본어

우리는 です・ます를 붙이는 것에 익숙해져 있지만, 사실 です・ます는 모두 정중한 의미를 나타내기 위해서 붙이는 말들이랍니다. 그런데 친구에게나 아이들에게까지 정중체로 말을 하면 어색하겠죠? 그렇기 때문에 정중한 말 이외에 보통체(반말)가 필요한 거지요. 보통체는 우리가 공부하면서 간간이 언급한 부분도 있고 좀 생소한 부분도 있을 거에요.
동사의 보통체는 '사전형'이라고 해서 이미 공부했고, い형용사와 な형용사도 뒤에 붙은 です만 떼면 되니까 간단하지만 부정의 보통체라든가 과거형의 보통체는 어려울지도 모르니까 잘 익혀 둡시다.

품사별 보통체 만들기

L 20-2

품사	정중체		보통체	
동사	書きます	씁니다	書く	쓴다
	書きません	쓰지 않습니다	書かない	쓰지 않는다
	書きました	썼습니다	書いた	썼다
	書きませんでした	쓰지 않습니다	書かなかった	안 썼다
	あります	있습니다	ある	있다
	ありません	없습니다	ない	없다
	ありました	있었습니다	あった	있었다
	ありませんでした	없었습니다	なかった	없었다
い형용사	大きいです	큽니다	大きい	크다
	大きくないです	크지 않습니다	大きくない	크지 않다
	大きかったです	컸습니다	大きかった	컸다
	大きくなかったです	크지 않았습니다	大きくなかった	크지 않았다
な형용사	きれいです	예쁩니다	きれいだ	예쁘다
	きれいじゃ ありません	예쁘지 않습니다	きれいじゃない	예쁘지 않다
	きれいでした	예뻤습니다	きれいだった	예뻤다
	きれいじゃ ありませんでした	예쁘지 않았습니다	きれいじゃなかった	예쁘지 않았다
명사	雨です	비가 옵니다	雨だ	비가 온다
	雨じゃ ありません	비가 오지 않습니다	雨じゃない	비가 오지 않는다
	雨でした	비가 왔습니다	雨だった	비가 왔다
	雨じゃ ありませんでした	비가 오지 않았습니다	雨じゃなかった	비가 오지 않았다

규칙이 많아 보여도 사실 그전에 다 배운거랍니다. 이렇게 한꺼번에 모아놓으니 어렵게 느껴질지도 모르지만.

잘 틀리는 문형을 좀 짚고 넘어갈까요?

① 부정
　ない를 붙이면 된다. 동사는 주로 발음을 [a]로 바꾸고(1그룹 동사인 경우) ない를 붙이며, い형용사는 い를 く로 바꾼다. な형용사는 じゃ를 넣는다.

② 과거 부정
　ない를 우선 붙인다음 그것을 과거형으로 바꾸면 되니까 なかった를 붙이면 된다.

③ 단정
　동사는 사전형을 그대로 쓰고, い형용사는 い로 끝나면 그대로 사전형이 된다. な형용사와 명사의 단정형을 위해서는 「だ(이다)」를 붙인다.

④ 과거 단정
　동사는 た를 붙이고 い형용사는 い를 かった로 활용한다. な형용사와 명사는 だ의 과거형인 だった로 활용시킨다.

주의!
한국어의 ‘있다’의 부정이 ‘있지 않다’가 아닌 ‘없다’인것과 마찬가지로 일본어에서도 ある의 부정은 あらない가 아닌 「ない」라는 점 주의해주세요. 물론 없었다라고 할 때에도 あらなかった가 아닌 「なかった」가 되겠죠.

문형 꼭꼭 익히기

1 동사는 ます형에서 사전형으로

わたしは あした 東京へ 行く。 나는 내일 도쿄에 간다.

2 い형용사는 ～いです에서 です를 뺀다

わたしは 毎日 忙しい。 나는 매일 바쁘다.

3 な형용사는 ～です에서 ～だ로!

わたしは 相撲が 好きだ。 나는 스모를 좋아한다.

4 명사는 です에서 だ로

わたしは サラリーマンだ。 나는 샐러리맨(회사원)이다.

5 い형용사 계열인 たい도 역시 ～たいです에서 です를 뺀다

わたしは 富士山に 登りたい。 나는 후지산에 올라가고 싶다.

6 Ⅱ그룹 동사인 います ～て(で)います에서 ～て(で)いる로

わたしは　大阪_{おおさか}に　住_すんで　いる。 나는 오사카에 살고 있다.

7 Ⅰ그룹 동사인 なりません의 보통체는 ならない이다

わたしは　市役所_{しやくしょ}へ　行_いかなければ　ならない。 나는 시청에 가야 한다.

8 い형용사인 いいです의 보통체는 いい

わたしは　レポートを　書_かかなくても　いい。

나는 레포트를 안 써도 된다.

9 Ⅱ그룹동사인 できます의 보통체는 できる

ドイツ語_ごを　話_{はな}す　ことが　できる。 독일어를 말할 수 있다.

10 ～た ことが ありません의 보통체는 ～た ことが ない

ドイツへ　行_いった　ことが　ない。 독일에 간 적이 없다.

1 보기와 같이 동사의 보통체문을 만들어 보세요. 🎧 L20-4

> 보기　毎日　彼に　電話します。→ 毎日　彼に　電話する。 매일 남자친구에게 전화한다.

1) あした　また　来ます。 →

2) きょうは　何も　買いません。 →

3) 少し　疲れました。 →

4) きのう　日記を　書きませんでした。 →

> 스스로 해본 후에
> 음성을 들으면서
> 따라하세요.

また 또 ｜ 来る 오다 ｜ 何も 아무것도 ｜ 少し 조금 ｜ 疲れる 피곤하다 ｜ 日記 일기 ｜ 書く 쓰다
Answer　1) あした また 来る。　2) きょうは 何も 買わない。　3) 少し 疲れた。　4) きのう 日記を 書かなかった。

2 보기와 같이 い형용사의 보통체문을 만들어보세요. 🎧 L20-5

> 보기　着物は　高いです。→ 着物は　高い。 기모노는 비싸다.

1) 日本語の　勉強は　おもしろいです。 →

2) その　辞書は　よくないです。 →

3) けさは　頭が　痛かったです。 →

4) きのうの　パーティーは　楽しくなかったです。 →

> 스스로 해본 후에
> 음성을 들으면서
> 따라하세요.

おもしろい 재미있다 ｜ 辞書 사전 ｜ よくない 좋지 않다 ｜ けさ 오늘 아침 ｜ 頭 머리 ｜ 痛い 아프다 ｜ 楽しい 즐겁다
Answer　1) 日本語の 勉強は おもしろい。　2) その 辞書は よくない。　3) けさは 頭が 痛かった。　4) きのうの パーティーは 楽しくなかった。

③ 보기와 같이 정중체문을 보통체문으로 만들어보세요. 🎧 L20-6

| 보기 | 今日は 暇です。 → 今日は 暇だ。 오늘은 한가하다. |

1) カリナさんは 絵が 上手です。 →

2) 今日は 休みじゃ ありません。 →

3) きのうは 雨でした。 →

4) 先週の 土曜日は 暇じゃ ありませんでした。 →

絵 그림 │ 上手 잘함 │ 休み 휴일 │ きのう 어제 │ 雨 비 │ 先週 지난주 │ 土曜日 토요일

Answer
1) カリナさんは 絵が 上手だ。
2) 今日は 休みじゃない。
3) きのうは 雨だった。
4) 先週の 土曜日は 暇じゃなかった。

★ **일본 고유의상 기모노(着物)**

일본어에는 着る라는 동사가 있습니다. '입는다'는 뜻인데 그 동사의 ます형에 물건의 형식명사인 物가 붙어서 着物라는 합성명사가 되었지요. 본뜻에 충실하자면 '입을 것'이라는 뜻이고, 예전에는 의복이란 뜻으로 사용되었지만 일본의 개화기와 함께 '의복'에도 서양식 옷이 들어오면서 着物는 일본의 고유의상을 지칭하게 되었지요. 예전에 着物하면 일반 옷을 가리켰는데, 요즘은 일본 고유의상을 가리키게 되었지요. 서양식 일반 옷은 洋服라고 하거나 그냥 편하게 服(옷)이라고 합니다. 보기 예문도 그러하듯이 着物가 비싸다는 표현이 있는데 실로 천만원을 훌쩍 넘는 고가의 着物들도 많습니다. 그 중에서도 허리에 메는 띠를 帯라고 하는데 이 帯는 着物의 꽃이자 着物의 가격을 결정하는데 중요한 역할을 합니다.

셀로판지를 이용하여 말하기 연습을 해봅시다.

④ 보기와 같이 각 문형의 정중체문을 보통체문으로 만들어보세요. L20-7

> 보기
> そちらへ 行っては いけません。
> → そっちへ 行っては いけない。 그쪽에 가면 안 된다.

스스로 해본 후에 음성을 들으면서 따라하세요.

1) もう 一度 歌舞伎を 見たいです。 →
2) 電話番号を 調べなければ なりません。 →
3) きのうは 映画を 見たり、音楽を 聞いたり しました。 →
4) この 電話を 使っても いいです。 →

そちら 그쪽 | そっち 그쪽(そちら의 보통체) | もう一度 한번 더 | 歌舞伎 일본전통극 | 調べる 알아보다 | 見る 보다 | 音楽 음악 | 聞く 듣다 | 使う 사용하다

Answer
1) もう 一度 歌舞伎を 見たい。
2) 電話番号を 調べなければ ならない。
3) きのうは 映画を 見たり、音楽を 聞いたりした。
4) この 電話を 使ってもいい。

★ **보통체로 대화하기❶(용언 이외편)**

지금 우리는 형용사와 동사의 보통체 바꾸는 연습을 많이 하고 있죠? 보통체는 쉬운 말로 반말이란 뜻입니다. 그래서 한국어로 치면 끝에 오는 '요''입니다' 부분을 모두 편한 반말로 바꾸는 연습을 하는 것이죠. 그런데 말끝만 편하게 해서는 문장이 이상할 때가 있어요. 그렇기 때문에 문장 안에 든 접속사나 단어들까지도 반말로 바꿔 줘야 합니다. 한국어로 '너 성함이 뭐니?'라고 하면 너무 우스운 말이 되죠? 일본어도 마찬가지입니다.

그 첫번째 예로 「~ちら」를 「~っち」로 바꾸는 경우가 있어요. 「こちら・そちら・あちら・どちら」는 좀 정중한 느낌이 들기 때문에 「こっち・そっち・あっち・どっち」하면 반말느낌이 난답니다. 반말이라기보다는 줄임표현이라고 할까요.. 말이란 게 짧아지면 정중한 느낌이 많이 사라지는 게 사실이죠. 역으로 말이 길어지면 정중한 느낌이 강해집니다.

예 パパと ママと どっちが 好き？ 엄마랑 아빠랑 누가 더 좋으니?

두 번째 예로 접속조사 '~(입니다)만'의 의미인 「が」같은 경우도 편한 사이에서는 「~けど」로 바꾸어서 밸런스를 맞춰 줍니다.

예 Q : その カレーライス おいしい？ 그 카레라이스 맛있어?
A : うん、からいけど、おいしい。 응, 맵지만 맛있어.

세 번째로 응답사가 있어요. 「はい・いいえ」같은 경우는 아주 정중한 느낌이 나는 응답사이기 때문에 반말로 할 때에는 「うん・ううん」으로 바꾸어서 밸런스를 맞추어 줍니다.

예 Q : 今晩 暇？ 오늘밤 시간 있어?
A : ううん、暇じゃない。 아니, 시간 없어.

⑤ 보기와 같이 보통체로 질문하고 응답사를 넣어 답하세요. (L20-8)

> **보기** あした　うちに　いますか。（うん）→
>
> **Q** : あした　うちに　いる？ 내일 집에 있니?
>
> **A** : うん、いる。 응, 있어.

1) ビザが　要りますか。（ううん）→

2) けさ　新聞を　読みましたか。（ううん）→

3) 日曜日　どこか　行きましたか。（ううん、どこも）→

4) いつ　木村さんに　会いますか。（今月の　終わりごろ）→

ビザ 비자 ┃ 要る 필요하다 ┃ 新聞 신문 ┃ 行く 가다 ┃ どこも 아무데도 ┃ いつ 언제 ┃ 会う 만나다 ┃ 今月 이번 달 ┃ 終わり 끝 ┃ ごろ 무렵

Answer

1) Q : ビザ[が] 要る？ 　　　A : ううん、要らない。

2) Q : けさ 新聞[を] 読んだ？ 　A : ううん、読まなかった。

3) Q : 日曜日 どこか 行った？ 　A : ううん、どこも 行かなかった。

4) Q : いつ 木村さんに 会う？ 　A : 今月の 終わりごろ 会う。

💡 1), 2)번의 ビザが의 「が」나 新聞を의 「を」는 생략할 수 있지만, どこか의 「か」라든가 木村さんに의 「に」는 생략할 수 없다.

★ 보통체로 대화하기❷ (조사생략 및 인토네이션편)

① 보통체 의문문에서는 일반적으로 문말 조사 か가 생략되고 윗부분을 올려서 질문의 느낌으로 말하면 됩니다.

예 Q : コーヒーを　飲む？ ↗ 커피 마실래?

　　A : うん、飲む。↘ 　　　응, 마실래.

같은 飲む인데도 뒤의 억양에 따라서 '마실래? 마실래'로 의미가 달라지는 게 편리하기도 하고 신기하죠?

② 보통체 문장에서는 전후 관계로 의미를 알 수 있을 경우에 조사가 생략되는 경우가 많아요.

예 ご飯[を]　食べる？ 밥[을] 먹을래?

　　そこに　はさみ[が]　ある？ 거기 가위[가] 있어?

셀로판지를 이용하여 말하기 연습을 해봅시다.

6 보기와 같이 보통체로 질문하고 답해 보세요. L20-9

> 보기 ビールと ワインと どちらが いいですか。(ワイン) →
>
> Q：ビールと ワインと どっちが いい？ 맥주랑 와인 중에 어느 게 좋아?
>
> A：ワインの ほうが いい。 와인 쪽이 좋아.

스스로 해본 후에 음성을 들으면서 따라하세요.

1) 東京は 大阪より 人が 多いですか。(うん、ずっと) →
2) あの 店は サービスが いいですか。(ううん、あまり) →
3) 映画は おもしろかったですか。(ううん、全然) →
4) 旅行で どこが いちばん 楽しかったですか。(イタリア) →

人 사람 ｜ 多い 많다 ｜ ずっと 훨씬 ｜ 店 가게 ｜ サービス 서비스 ｜ あまり 그다지 ｜ 映画 영화 ｜ おもしろい 재미있다 ｜ 全然 전혀 ｜ 旅行 여행 ｜ いちばん 가장 ｜ 楽しい 즐겁다 ｜ イタリア 이탈리아

Answer
1) Q：東京は 大阪より 人が 多い？　　A：うん、ずっと 多い。
2) Q：あの 店は サービスが いい？　　A：ううん、あまりよくない。
3) Q：映画は おもしろかった？　　A：ううん、全然 おもしろくなかった。
4) Q：旅行で どこが いちばん 楽しかった？　A：イタリアが いちばん 楽しかった。

💡 ずっと
「ずっと」는 둘 중 비교해서 어느 한쪽이 현저히 차이가 날 때 사용하는 부사입니다. 그런데 이 「ずっと」에는 두 가지 의미가 있어서 '계속, 쭈욱'이란 뜻으로도 사용됩니다.

7 보기와 같이 보통체문으로 질문하고 답해 보세요. 🎧 L20-10

1) 今　何時ですか。（5時40分）　→

2) きょう　デパートは　休みですか。（ううん）　→

3) 犬と　猫と　どちらが　好きですか。（猫）　→

4) 富士山は　どうでしたか。（きれい）　→

Answer
1) Q：今 何時？　　　　A：5時40分。
2) Q：きょう デパートは 休み？　　A：ううん、休みじゃない。
3) Q：犬と 猫と どっちが 好き？　　A：猫の ほうが 好き。
4) Q：富士山は どうだった？　　A：きれいだった。

8 보기와 같이 응답에 맞게 보통체문으로 묻고 답해 보세요. 🎧 L20-11

1) 佐藤さんの　住所は　知って　いますか。（ううん）　→

2) 九州へ　行った　ことが　ありますか。（ううん）　→

3) ピアノを　弾く　ことが　できますか。（うん）　→

4) レポートを　書かなければ　なりませんか。（ううん）　→

Answer
1) Q：佐藤さんの 住所は 知っている？　　A：ううん、知らない。
2) Q：九州へ 行った こと ある？　　A：ううん、ない。
3) Q：ピアノを 弾く ことが できる？　　A：うん、できる。
4) Q：レポートを 書かなければ ならない？　　A：ううん、書かなくてもいい。

L20-12

● 친구에게 좋아하는지 물어보고 같이 하자고 제안하기

회화 1

A ① 相撲 [が] 好き？　　스모 좋아하니?

B うん。　　응.

A ② チケット [が] あるけど、　　티켓 있는데,

　 いっしょに ③ 行か ない？　　같이 안 갈래?

B いいね。　　좋아.

1) ① コーヒー　　② ブラジルの コーヒー　　③ 飲みます
2) ① チョコレート　　② スイスの チョコレート　　③ 食べます
3) ① ジャズ　　② コンサートの チケット　　③ 行きます

1) ①커피 ②브라질 커피 ③마십니다　2) ①초콜릿 ②스위스 초콜릿 ③먹습니다　3) ①재즈 ②콘서트 티켓 ③갑니다

친구에게 편하게 반말로 무엇을 좋아하는지 물어봅시다. 만약 좋아한다면 같이 하자고 제안해 봅시다. 역으로 친구에게 받은 제안을 반말로 흔쾌히 승낙하려면? 「いいね」라고 한마디만 하면 OK!

L20-13

● 친구에게 반말로 도움요청하기

회화 2

A ① 田中君の 住所[を] 知って [い]る？　　다나카 주소 아니?

B うん。　　응.

A じゃ、ちょっと ② 教えて。　　그럼, 좀 가르쳐줘.

B いいよ。　　좋아.

1) ① 細かい お金[を] 持って [い]ます　　② 貸します
2) ① 時間[が] あります　　② 手伝います
3) ① 自転車の 修理[が] できます　　② 直します

1) ①잔돈[을] 갖고 있습니다　②빌려줍니다　2) ①시간[이] 있습니다 ②도와줍니다

3) ①자전거 수리[를] 할 수 있습니다 ②고칩니다

친구에게 부탁할 때에도 반말로 합니다. 본래 부탁할 때에는 「～て ください(～해 주세요)」라고 하지만, 반말일 때에는 ください를 생략해서 '～해 줘'로 하면 되지요. 부탁을 흔쾌히 승낙하려면? 「いいよ」라고 하면 OK!

①일본에서 잔돈은 「細かいお金」 거스름돈은 「お釣り」입니다.

L20-14

회화 3

●친구끼리 서로 경험한 것에 대해 물어보고 감상 이야기하기

A ① パチンコ[を]　した　こと[が]　ある？　　파친코 한 적 있니?

B うん、この 間　した よ。　　　　　　　　　응, 얼마 전에 했어.

A どうだった？　　　　　　　　　　　　　　　어땠어?

B ② 難 しかった けど、③ おもしろかった 。　어려웠지만 재밌었어.

1) ① カラオケに　行きます　② 楽しかったです　　　　　③ 疲れました
2) ① すき焼き[を]　食べます　② 甘かったです　　　　　③ おいしかったです
3) ① 歌舞伎[を]　見ます　② ことばが　わかりませんでした　③ きれいでした

1) ①노래방에 갑니다　　②즐거웠습니다　　　　③피곤했습니다
2) ①스키야키[를] 먹습니다　②달았습니다　　　　③맛있었습니다
3) ①가부키[를] 봅니다　　②말을 이해하지 못했습니다　③아름다웠습니다

①この 間
한국어로 '얼마 전에'라고 하는 표현이 일본어로는 「この 間」입니다. 직역하면 이 사이란 뜻이지만 '얼마 전에'
로 해석된다는 점에 유의하세요.

셀로판지를 이용하여 회화 연습을 해봅시다.

夏休み(なつやす)みは　どう　するの？ (여름방학에는 어떻게 할거야?)

L20-15

고바야시와 타와퐁은 여름방학을 앞두고 서로의 계획에 대해 물어봅니다. 그리고 같이 후지산에 올라가기로 약속하는군요. 두 남자의 보통체로 된 회화문을 잘 읽어 보세요.

小林(こばやし)	夏休(なつやす)みは　国(くに)へ　帰(かえ)るの？
タワポン	ううん。帰(かえ)りたいけど、……。 小林君(こばやしくん)は　どう　するの？
小林	どう　しようかな……。 タワポン君(くん)、富士山(ふじさん)に　登(のぼ)った　こと　ある？
タワポン	ううん。
小林	じゃ、よかったら、いっしょに　行(い)かない？
タワポン	うん。いつごろ？
小林	８月(がつ)の　初(はじ)めごろは　どう？
タワポン	あ、いいね。
小林	じゃ、いろいろ　調(しら)べて、また　電話(でんわ)するよ。
タワポン	ありがとう。待(ま)ってるよ。

国(くに) 고향, 본국

帰(かえ)る 돌아가다

けど ～하지만, ～한데

どう 어떻게

～しようか 할까?

かな 종조사

よかったら 괜찮으면, 좋다면

初(はじ)め 초

いろいろ 여러 가지

調(しら)べる 알아보다

また 또

待(ま)つ 기다리다

고바야시 : 여름방학에는 고향에 가니?
타와퐁　 : 아니. 가고 싶은데….
　　　　　고바야시는 어떻게 할거야?
고바야시 : 어떻게 할까나….
　　　　　타와퐁, 후지산에 올라가 본 적 있어?
타와퐁　 : 아니.
고바야시 : 그럼 괜찮으면, 같이 안 갈래?
타와퐁　 : 응. 언제쯤?
고바야시 : 8월초쯤은 어때?
타와퐁　 : 아, 좋네.
고바야시 : 그럼, 이것저것 알아보고 또 전화할게.
타와퐁　 : 고마워. 기다리고 있을게.

① 〜の ~하니?

「の」는 '~의' 아니면 '~의 것' 정도로 명사를 연결해 주거나 명사를 대신할 때에
사용되는 조사로 알고 있었죠? 그런데 문말에 오면 종조사처럼 사용될 수 있답니다.
의문문에서 사용되면 「〜か」를 대신하여 '~하니?/~이어요?/해요?' 정도로 다정하
게 질문을 던질 때 사용됩니다.

예 あんたも　行くの? 너도 가니?　　　あれが　ソウル駅なの? 저게 서울역이에요?

단정문에서 사용되면 부드러운 느낌을 주게 되며, 여성들이나 아이들이 주로 사용합니다. 한국어로
는 '~이어요, ~해요' 정도의 의미에 해당됩니다.

예 いいえ、違うの。 아니요, 틀려요.　　　わたし、ほんと　いやなの。 나 정말 싫어요.

② 〜君 ~군

한국어로는 '군' 으로 해석되지만 한국어의 군과 완전히 일치하지 않는다는 것은 아시죠? 일본어의
君은 손아랫사람이나 편한 친구사이에 쓰이는 말로, さん보다 편한 호칭이라고 생각하면 됩니다.
따라서 さん도 여자, 남자 모두에게 붙일 수 있듯이 くん도 여자, 남자 모두에게 붙일 수 있지요. 한
국어로는 '군' 은 남자, '양' 은 여자로 나뉘어져 있지만 일본어는 그렇지 않다는 점 주의하세요. 그
리고 君은 어디까지나 편한 말이기 때문에 손윗 사람에게는 절~대로 쓸 수 없습니다.

〈1인칭 대명사〉

わたし만 공부해 왔는데 わたし보다 격이 낮은 말들도 많이 있답니다. 하지만 여자는 주로 わたし
만 쓰고 그보다 더 격이 낮은 말들은 남자들이 씁니다. 격이 낮아지는 순서대로 나타내 보면,
わたし 〉 僕 〉 俺 (僕와 俺는 여자가 쓰는 말이 아닙니다. 주의하세요.)

〈2인칭 대명사〉

あなた만 공부해 왔는데 あなた보다 격이 낮은 말을 정중도에 따라 배열하면 다음과 같습니다.
あなた 〉 君 〉 あんた 〉 お前

「あなた」가 한국어의 '당신' 에 해당되는 뉘앙스를 갖고 있고 「君」는 '그대나 자네, 너' 정도입니
다. あんた는 '너' 라는 뜻이고 「お前」도 '너' 이지만 가장 정중도가 떨어집니다. 따라서 여성분들은
잘 쓰지 않는데 요즘 들어서는 젊은 여학생들끼리 사용하기도 합니다. 하지만 여자 학습자분이시라
면 あんた정도까지만 사용했으면 좋겠어요. 남자 학습자시고, 일본인과 격의 없는 사이가 되었다
면 「お前」도 편하고 좋은 표현이 될 수 있겠죠.

③ 〜かな ~일까나

의문 종조사 か에 な가 붙어서 かな가 되었는데 정말 신기하게도 한국어의 '까나' 와 너무나 똑같
습니다. 「雨が 降るかな」라고 하면 '비가 올까나' 정도가 되겠죠. かな보다 조금 더 여성스러운 표
현이 있는데 「かしら」입니다. 「かしら」를 쓰면 여성스러운 뉘앙스가 훨씬 살아납니다.

④ よかったら 괜찮다면

いい에서 활용된 가정형입니다. 가정표현은 후에 배우게 되는데 여기에서는 한 문구처럼 알아두시
는 게 좋겠네요. 좋다의 가정형이기 때문에 '좋으면' 이란 뜻이 되고, 상대방의 편의를 살필 때에 주
로 쓰입니다. '괜찮다면, 좋다면' 정도의 뜻으로 이해해 두면 되겠네요.

1 질문을 듣고 자기의 상황에 비추어 자유롭게 답하세요.

L20-16

1) ____

2) ____

3) ____

4) ____

5) ____

2 대화를 듣고 제시문에 맞으면 ◯, 틀리면 ✕표를 하세요.

L20-17

1) (　　　)　　　2) (　　　)　　　3) (　　　)　　　4) (　　　)　　　5) (　　　)

메모하며 문제를 푸세요.

③  보기와 같이 정중체를 보통체, 보통체의 부정, 과거, 과거부정으로 바꾸어 보세요.

보기 行(い)きます	行(い)く	行(い)かない	行(い)った	行(い)かなかった
泳(およ)ぎます			泳(およ)いだ	
貸(か)します	貸(か)す			
待(ま)ちます		待(ま)たない		
遊(あそ)びます				遊(あそ)ばなかった
飲(の)みます		飲(の)まない		
あります	ある			
買(か)います				買(か)わなかった
寝(ね)ます			寝(ね)た	
借(か)ります	借(か)りる			
します			した	
来(き)ます		来(こ)ない		
寒(さむ)いです	寒(さむ)い			
いいです			よかった	
暇(ひま)です				暇(ひま)じゃなかった
天気(てんき)です			天気(てんき)だった	

4 괄호 안에 밑줄친 부분의 보통체를 써 넣으세요.

> 보기 図書館で　本を　<u>借ります</u>。（ 借りる ） 도서관에서 책을 빌립니다.

1) きのう　家族に　電話を　<u>かけましたか</u>。　（　　　　　　　　　）

2) わたしは　大阪に　<u>住んで</u>　います。　（　　　　　　　　　）

3) もう　<u>帰っても</u>　いいですか。　（　　　　　　　　　）

4) 東京へ　<u>遊びに</u>　行きます。　（　　　　　　　　　）

5) ビザを　<u>もらわなければ</u>　なりません。　（　　　　　　　　　）

6) ここで　たばこを　<u>吸っては</u>　いけません。　（　　　　　　　　　）

7) 漢字を　<u>読む</u>　ことが　できません。　（　　　　　　　　　）

8) 刺身を　<u>食べた</u>　ことが　ありません。　（　　　　　　　　　）

9) 時間と　お金が　<u>欲しいです</u>。　（　　　　　　　　　）

10) ここは　きれいな　<u>海でした</u>。　（　　　　　　　　　）

5 다음 보기와 같이 밑줄친 보통체문을 정중하게 바꾸어 보세요.

> 보기 あれは　<u>何</u>？（ 何ですか ） 저건 뭐예요?

1) Q : あの　人は　もう　<u>結婚して　いる</u>？　（　　　　　　　　　）

　　A : <u>ううん、独身だ</u>。　（　　　　　　　　　）

2) Q : きのう　パーティーに　<u>行った</u>？　（　　　　　　　　　）

　　A : <u>ううん、行かなかった</u>。　（　　　　　　　　　）

　　<u>頭が　痛かったから</u>。　（　　　　　　　　　）

3) Q : ミラーさん、いつも　<u>元気ね</u>。　（　　　　　　　　　）

　　A : <u>うん、若いから</u>。　（　　　　　　　　　）

6 다음 본문을 읽고 내용에 맞으면 ○, 틀리면 ×표를 하세요.

日記

1月1日　金曜日　曇り

　田中君、高橋君と　いっしょに　京都の　神社へ　行った。古くて、大きい　神社だった。人が　多くて、にぎやかだった。着物の　女の　人が　たくさん　いた。とても　きれいだった。田中君と　高橋君は　神社の　前の　箱に　お金を　入れて、いろいろ　お願いした。それから　みんなで　写真を　撮ったり、お土産を　買ったり　した。天気は　あまり　よくなかったが、暖かかった。うちへ　帰ってから、アメリカの　家族に　電話を　かけた。みんな　元気　だった。

1) （　　）古くて、大きい　神社へ　行きました。

2) （　　）着物の　女の　人を　たくさん　見ました。

3) （　　）神社へ　行く　まえに、家族と　電話で　話しました。

4) （　　）神社で　写真を　撮りました。

Lesson 21

추측표현과 전문표현

(제3자의 말 전하기)

○ 중요단어 파악하기

~と ~라고(인용조사)

~と 思^{おも}います ~할(한) 것 같습니다 [추측표현]

~でしょう ~지요? (동의요구)

~と 言^いいます(言^いいました)
~라고 합니다(했습니다) [전문표현]

1 あした　雨が　降ると　思います。
　　①　　　　②　　　③

①내일　　②비가　　③올 것 같습니다.

2 首相は　来月　アメリカへ　行くと
　　①　　　②　　　③　　　　④

①수상은　②다음달　③미국에　　④간다고

言いました。
　　⑤

⑤했습니다.

3 あした　パーティーに　行くでしょう。
　　①　　　　②　　　　　　③

①내일　　②파티에　　　③가죠?

1 ~인(일) 것 같습니다. (추측표현)

～と 思^{おも}います。

와는 열거를 할 때에 쓰이는 조사라고 배웠는데, 여기서는 と의 또 다른 용법을 하나 소개할게요. と에는 '~라고'의 의미로 인용조사로 쓰이는 용법이 있어요. 인용의 의미로 사용될 때에는 주로 뒤에 「言う, 思う」 등의 동사가 오니까 구별하기 쉬울 거예요.

따라서 「～と 思います」는 직역하면 '~라고 생각합니다'의 뜻이 됩니다. 자신의 생각을 이야기하는 것인데 특히 추측을 할 때 쓰이기 때문에 '~라고 생각합니다'보다는 '~인 것 같습니다'로 번역하는 것이 자연스러울 때가 많죠.

주의할 점 : 인용의 의미로 쓰이기 때문에 그 앞에는 보통체의 완결된 용언형식이 와야 합니다. 예를 들면 「行きと 思います」나 「行かと 思います」가 아닌 「行くと 思います(갈 것 같습니다)」의 형태가 와야 한다는 것이지요. 「行ったと 思います(간 것 같습니다)」나 「行かないと 思います(안 가는 것 같습니다)」 형태는 보통체이므로 と앞에 오는 것은 전혀 무방합니다.

「～と思います」에는 추측의 의미가 강하지만, 자신의 의견을 말하는 뉘앙스가 강하다면 '~라고 생각합니다'로 번역을 하는 편이 자연스러운 경우가 있습니다. 또한 「どう 思いますか」라는 문형에서는 '어떻게 생각합니까?'로 정확하게 思います의 의미를 살려줘야 할 때가 있습니다. 상대방의 의견을 물어 볼 때에는 「～について(~에 대해서) どう 思いますか」라고 합니다.

예 新^{あたら}しい 空港^{くうこう}に ついて どう 思^{おも}いますか。 새 공항에 대해서 어떻게 생각해요?

또한, 남의 의견에 대해서 동의하거나 반대의 표현을 할 때에는 「そう(그렇게)」를 사용하여 다음과 같이 말합니다.

わたしも そう 思^{おも}います。 저도 그렇게 생각합니다.(동의)
わたしは そう 思^{おも}いません。 저는 그렇게 생각하지 않아요.(반대)

L21-2

		と 思^{おも}います。
あした 雨^{あめ}が	降^ふる	
佐藤^{さとう}さんは ゴルフを	しない	
山田^{やまだ}さんは もう	帰^{かえ}った	
日本^{にほん}は 物価^{ぶっか}が	高^{たか}い	
日本^{にほん}は 交通^{こうつう}が	便利^{べんり}だ	

降^ふる 내리다
ゴルフ 골프
もう 이미, 벌써
物価^{ぶっか} 물가
高^{たか}い 높다, 비싸다
交通^{こうつう} 교통
便利^{べんり} 편리함

[내일 비가 올/사토 씨는 골프를 안 치는/야마다 씨는 이미 퇴근한/일본은 물가가 비싼/ 일본은 교통이 편리한] 것 같아요.

~라고 했습니다. (전문표현)

~と　言いました。

여기에서 나오는 と도 인용조사입니다 그러니까 직역하면 '~라고 말했습니다'란 뜻이 되는데, 주로 앞의 말을 인용할 때나 전언할 때 쓰이는 문형입니다. 인용을 할 때에 앞 문장을 직접 인용하는 경우와 간접 인용하는 경우 두 가지로 나눌 수 있겠죠. 직접 인용하는 경우에는 정중체 문장이 그대로 올 수도 있고, 간접 인용할 경우에는 보통체로 바꾸어 주어야 합니다.

예 ① 직접인용

ミラーさんは　来週　東京へ　出張しますと　言いました。

밀러 씨는 다음 주에 도쿄로 출장갑니다 라고 했어요.

② 간접인용

ミラーさんは　来週　東京へ　出張すると　言いました。

밀러 씨는 다음 주에 도쿄로 출장간다고 했어요.

と앞에 오는 문장형식은 다르지만 두말을 전하는 것에는 변함이 없겠지요.

L21-3

首相は	あした　大統領に	会う	と　言いました。
	来月　アメリカへ	行かない	
	英語で　スピーチを	した	
	経済の　問題は	難しい	
	会議は	大変だ	

수상은 [내일 대통령을 만난다/다음 달 미국에 안 간다/영어로 연설을 했다/경제문제는 어렵다/회의는 힘들다]고 했습니다.

首相 수상
大統領 대통령
~に 会う ~를 만나다
来月 다음 달
アメリカ 미국
英語 영어
スピーチ 연설
経済 경제
問題 문제
難しい 어렵다
会議 회의
大変 힘듦

3 ~이죠?(동의요구, 확인)

~でしょう。

일본어에는 미래시제가 따로 존재하지 않고 현재(する)와 과거(した)만 명확히 존재하는데, 이 미래시제를 대신하는 것으로 「でしょう」를 들 수도 있답니다. 본래 「でしょう」에는 추측의 의미가 있어서, ① '~겠지요'라는 뜻으로 사용되지만 뒤의 인터네이션을 올려주면서 상대방도 자기가 말하는 사실에 대해 알고 있다는 확신을 가지고 ②동의를 요구하거나 사실을 확인하는 용법도 있습니다. 추측의 의미로 사용되는 「でしょう」는 나중에 배우기로 하고 이번 과에서는 「でしょう」를 사용하여 동의요구와 확인을 해 보도록 합시다. 잠깐! 혹시 동의요구와 확인이라는 말을 들었을 때에 앞에서 배운 「ですね」가 떠오르진 않았나요? ね에도 이런 비슷한 용법이 있다는 것 잊지 마세요.

예 あした　パーティーに　行くでしょう。내일 파티에 가죠?
　　あした　パーティーに　行きますね。내일 파티에 가죠?

그럼 「でしょう」 앞에는 어떤 형태가 오느냐. 「でしょう」 앞에는 보통체가 와야 합니다. 재미있는 점으로는 일본어의 동사는 です계열과 사용될 수 없고, ます와 결합하는 게 보통이지만 「でしょう」와는 함께 쓰일 수 있답니다. 예를 들어 설명하자면,
行くです[(X)갑니다 → 行きます(O)]나 来るです[(X)옵니다→来ます(O)]같은 표현은 없죠?
하지만 「行くでしょう(가지요?)」나 「来るでしょう(오지요?)」같은 형태는 쓸 수 있답니다.

🎧 L21-4

음성을 들으면서 따라하세요.

来る 오다
お寺 절
コンサート 연주회, 콘서트
ある 있다
食べ物 음식
おいしい 맛있다
親切 친절(함)

あした　パーティーに	来る	でしょう。
お寺で　コンサートが	あった	
大阪は　食べ物が	おいしい	
図書館の　人は	親切	

내일 파티에 오죠?/절에서 연주회가 있죠?/오사카는 음식이 맛있죠?/도서관 사람은 친절하죠?

♡주의!
「でしょう」 앞에는 동사, 형용사의 보통체가 오는데 な형용사인 경우에는 だでしょう가 아닌 어간에 그대로 「でしょう」가 그대로 붙는다.

※「と」의 용법

23과로 가면 と에 대한 마지막 용법(가정)을 배우게 됩니다. 그럼 여기서 と의 용법을 한번 모두 정리해 볼까요?

> **1 열거**
>
> 명사를 열거하는 용법이 있습니다. '〜와/과'로 해석하면 되겠지요?
> **예** 休みは 土曜日と 日曜日です。 휴일은 토요일과 일요일입니다.
>
> **2 인용**
>
> 앞 단어 내지는 앞 문장을 인용하는 용법이 있습니다. '〜라고'라고 해석하면 됩니다.
> **예** 首相は 来月 アメリカへ 行くと 言いました。 수상은 다음 달 미국에 간다고 했습니다.
>
> **3 가정**
>
> 앞 문장을 가정하는 용법이 있습니다. '〜하면'이라고 해석하면 됩니다.
> **예** 1に1を 足すと 2に なります。 1에 1을 더하면 2가 됩니다.

3 과 같이 '(〜하)면'에 해당되는 가정을 할 때에도 と가 사용됩니다. 이때 と앞에는 동사의 원형만 올 수 있습니다. (단, 〜ます형태로는 가능/ex)足しますと). 즉 ます형(足しと X)이나 ない형(足さと X)이 아닌 원형이 와야 합니다.

그럼 예문을 좀더 알아볼까요?

예 まっすぐ 行くと 郵便局が あります。 직진하면 우체국이 있습니다.

그럼 연습문제를 풀면서 と용법을 한번 확인해 보도록 하겠습니다.

문장 중 と의 의미를 〈열거, 인용, 가정〉으로 구별해 보세요.

1. わたしは 金と 言います。
2. 東京の 物価は ソウルより 高く ないと 思います。
3. 東京と ソウルと どちらが 広いですか。
4. 雨が 降ると 寒く なります。
5. 雨が 降ると 言いました。
6. わたしは 雨と 雪と 両方とも 好きです。

Answer　　1-인용 2-인용 3-열거 4-가정 5-인용 6-열거

힌트: 言う・思う같은 동사가 뒤에 오는 경우에 앞에 오는 と는 주로 인용의 의미로 사용됩니다.

셀로판지를 이용하여 말하기 연습을 해봅시다.

① 보기와 같이 「보통체+と 思います」 문형을 이용하여 추측표현으로 만들어 보세요. L21-5

> **보기**
> 経済の　勉強は　おもしろいです
> → 経済の　勉強は　おもしろいと　思います。 경제공부는 재미있는 것 같아요.

스스로 해본 후에 음성을 들으면서 따라하세요.

1) 山田さんは　ほんとうに　よく　働きます →

2) パワー電気の　製品は　デザインが　いいです →

3) ミラーさんは　時間の　使い方が　上手です →

4) ダイエットは　むだでした →

ほんとうに 정말로 ｜ よく 잘 ｜ 働く 일하다 ｜ 製品 제품 ｜ デザイン 디자인 ｜ 時間 시간 ｜ 使い方 사용법 ｜ 上手 능숙함 ｜
ダイエット 다이어트 ｜ むだ 낭비, 쓸데없음

Answer　1) 山田さんは ほんとうに よく 働くと 思います。　　2) パワー電気の 製品は デザインが いいと 思います。
3) ミラーさんは 時間の 使い方が 上手だと 思います。　　4) ダイエットは むだだったと 思います。

② 보기와 같이 「と 思いますか」의 질문에 제시어를 이용하여 답하세요. L21-6

> **보기**
> ファックスは　便利だと　思いますか。（はい） 팩스는 편리한 것 같나요?
> → はい、便利だと　思います。 네, 편리한 것 같아요.

스스로 해본 후에 음성을 들으면서 따라하세요.

1) 大阪の　水は　おいしいと　思いますか。（いいえ、あまり） →

2) ワットさんは　いい　先生だと　思いますか。（はい、とても） →

3) 犬と　猫と　どちらが　役に　立つと　思いますか。（犬） →

4) 日本で　どこが　いちばん　きれいだと　思いますか。（奈良） →

水 물 ｜ おいしい 맛있다 ｜ あまり 그다지 ｜ とても 매우 ｜ 犬 개 ｜ 猫 고양이 ｜ 役に立つ 도움이 되다 ｜ きれい 예쁨 ｜ 奈良
나라(지명)

> 💡 '도움이 되다'와 '돕다'
> 일본어로 도움이 된다는 말은 「役に 立つ」라고 합니다. 「役に 立つ」는 관용어구이기 때문에 세트로 외워두어야 합니다. 그런데
> 이와 비슷한 단어로 「手伝う」를 이미 공부했죠? 그럼 둘을 구별해 볼까요? 「役に 立つ」는 '쓸모있다, 유용하다'는 뜻이고, 「手
> 伝う」는 상대방의 업무나 작업의 부담이 가벼워지도록 힘을 빌려준다는 뜻입니다.

Answer　1) いいえ、あまり おいしくないと 思います。　　2) はい、とても いい 先生だと 思います。
3) 犬のほうが 役に 立つと 思います。　　4) 奈良が いちばん きれいだと 思います。

> 보기
> 日本 (交通が　便利です) →
> Q : 日本に　ついて　どう　思いますか。 일본에 대해서 어떻게 생각합니까?
> A : 交通が　便利だと　思います。 교통이 편리하다고 생각합니다.

1) 日本の　若い　人 (よく　遊んで　います) →
2) 日本の　野球 (時間が　長いです) →
3) 日本の　会社 (夏休みが　短いです) →
4) あの映画 (ユーモアが　あって、楽しいです) →

若い 젊다 | 遊ぶ 놀다 | 野球 야구 | 長い 길다 | 夏休み 여름휴가, 여름방학 | 短い 짧다 | ユーモア 유머 | 楽しい 즐겁다

Answer
1) Q : 日本の　若い　人に　ついて　どう　思いますか。　　A : よく　遊んで　いると　思います。
2) Q : 日本の　野球に　ついて　どう　思いますか。　　A : 時間が　長いと　思います。
3) Q : 日本の　会社に　ついて　どう　思いますか。　　A : 夏休みが　短いと　思います。
4) Q : あの　映画に　ついて　どう　思いますか。　　A : ユーモアが　あって、楽しいと　思います。

> 보기
> 部長は　事務所に　いますか。 (いいえ) 부장님은 사무실에 있나요?
> → いいえ、いないと　思います。 아니요, 없는 것 같아요.

1) 部長は　もう　帰りましたか。 (はい) →
2) かぎは　どこですか。 (あの　箱の　中) →
3) あしたの　試合は　中国と　日本と　どちらが　勝ちますか。 (きっと　中国) →
4) 山田さんは　この　ニュースを　知って　いますか。 (いいえ、たぶん) →

部長 부장님 | もう 이미, 벌써 | かぎ 열쇠 | 箱 상자 | 中 안 | 試合 시합 | 中国 중국 | 勝つ 이기다 | きっと 필시 | ニュース 뉴스 | 知る 알다 | たぶん 아마도

💡 추측 표현에 어울리는 부사 「きっと」와 「たぶん」
「きっと」는 '필시, 꼭, 반드시' 라는 뜻으로 강한 추측일 경우에 쓰이고, 그보다 좀더 약한 추측일 경우에는 「たぶん(아마도)」를 쓰면 됩니다.

Answer
1) はい、もう　帰ったと　思います。　　2) あの　箱の　中だと　思います。
3) きっと　中国が　勝つと　思います。　　4) いいえ、たぶん　知らないと　思います。

셀로판지를 이용하여 말하기 연습을 해봅시다.

5 보기와 같이 그림 안에 있는 말풍선의 말을 「と 言いました」를 이용하여 간접인용문으로 만들어보세요. L21-9

> 보기 ミラーさんは　あした　東京へ　出張すると　言いました。
> 밀러 씨는 내일 도쿄로 출장간다고 했습니다.

스스로 해본 후에
음성을 틀으면서
따라하세요.

1)　　　　　　　2)　　　　　　　3)　　　　　　　4)

来月 다음 달 ｜ 首相 수상 ｜ 会う 만나다 ｜ 大統領 대통령 ｜ お金 돈 ｜ 足りる 족하다 ｜ 足りない 부족하다 ｜ 会議 회의 ｜ 時間 시간 ｜ 無駄 낭비 ｜ 長い 길다 ｜ 休み 휴가 ｜ ほしい 원하다 ｜ 社長 사장님

Answer
1)大統領は 来月 日本の 首相に 会うと 言いました。
2)首相は お金が 足りないと 言いました。
3)部長は この 会議は 時間の 無駄だと 言いました。
4)社長は 長い 休みが ほしいと 言いました。

6 보기와 같이 「でしょう」로 확인해 봅시다. L21-10

> 보기 あしたは 休みです → あしたは 休みでしょう。 내일은 휴일이죠?

1) 大阪は 緑が 少ないです →

2) ワットさんは 英語の 先生です →

3) 木村さんは イーさんを 知りません →

4) きのう サッカーの 試合が ありました →

緑 녹음, 푸르름, 자연환경 ｜ 少ない 적다 ｜ 知る 알다 ｜ サッカー 축구 ｜ 試合 시합 ｜ ある 있다

💡「でしょう」앞에는 보통체가 오지만 な형용사와 명사는 그대로 「でしょう」가 붙는다.

Answer
1) 大阪は 緑が 少ないでしょう。
2) ワットさんは 英語の 先生でしょう。
3) 木村さんは イーさんを 知らないでしょう。
4) きのう サッカーの 試合が あったでしょう。

7 보기와 같이 「でしょう」로 확인해 봅시다. L21-11

> 보기
> 1) 日本は 食べ物が 高いでしょう？（ええ） 일본은 음식이 비싸죠?
>   → ええ、高いです。 네, 비쌉니다.
>
> 2) その カメラは 高かったでしょう？（いいえ） 그 카메라는 비쌌지요?
>   → いいえ、そんなに 高くなかったです。 아니요, 그렇게 안 비쌌어요.

1) 東京の ラッシュは すごいでしょう？（ええ） →

2) 仕事は 大変でしょう？（いいえ） →

3) 北海道は 寒かったでしょう？（いいえ） →

4) 疲れたでしょう？（ええ） →

食べ物 음식 ｜ ラッシュ 러쉬아워, 출퇴근 시간 ｜ 仕事 일, 업무 ｜ 疲れる 피곤하다, 지치다

Answer
1) ええ、すごいです。　　　　　2) いいえ、そんなに 大変じゃないです。
3) いいえ、そんなに 寒くなかったです。　　4) ええ、疲れました。

회화랑 친해지기

● 서로의 의견에 대해 질문하고 답하면서 동의하기

회화 1

A ① 日本の 生活に ついて どう 思いますか。 — 일본생활에 대해서 어떻게 생각합니까?

B そうですね。② 便利ですが、物価が 高いと 思います。 — 글쎄요. 편리하지만 물가가 비싼 것 같아요.

A ワットさんは どう 思いますか。 — 왓트 씨는 어떻게 생각해요?

C わたしも 同じ 意見です。 — 저도 같은 의견입니다.

1) ① 新しい 空港　② きれいですが、ちょっと 交通が 不便です
2) ① 首相の スピーチ　② おもしろいですが、いつも 長いです
3) ① 最近の 子ども　② よく 勉強しますが、本を 読みません

1) ①새 공항　②깨끗한데 교통이 좀 불편합니다　2) ①수상의 연설 ②재미있는데 늘 깁니다

3) ①최근 아이들 ②공부는 잘 하는데 책을 읽지 않습니다

상대방이 어떤 의견을 가지고 있는지 물을 때에는 「〜について どう 思いますか」라는 문장을 이용해서 질문합니다. 그리고 자신도 동의한다는 뜻을 나타낼 때에는 「私も そう 思います」라고 하거나 「私も 同じ 意見です」라고 하면 됩니다.

● 선생님께 들은 이야기를 두고 서로 다른 의견 제시하기

회화 2

A きのうの 先生の お話は おもしろかったですよ。 — 어제 선생님 이야기는 재미있었어요.

B そうですか。どんな 話でしたか。 — 그래요? 어떤 이야기였나요?

A 先生は いちばん 大切な ものは 友達だと 言いました。 — 선생님은 가장 중요한 것은 친구라고 했어요.

B そうですか。私は そうは 思いませんが。 — 그래요? 저는 그렇게는 생각하지 않는데요.

1) 頭が いい 人は 料理が 上手です　2) アルバイトは 時間の むだです
3) 最近の 若い 人は 政治に ついて 話しません

1) 머리가 좋은 사람은 요리를 잘 합니다　2) 아르바이트는 시간낭비입니다

3) 최근 젊은이들은 정치에 대해서 이야기하지 않습니다

L21-14

● 자기 의견을 상대방에게 확인받기

회화 **3**

A ① 日本は　食べ物が　高いでしょう。　　일본은 음식이 비싸죠?

B ええ、ほんとうに　① 高いですね。　　네, 정말로 비싸네요.

でも、② おいしいと　思います。　　하지만, 맛있는 것 같아요.

1) ① 朝の　ラッシュは　すごいです　　② しかたが　ありません

2) ① 相撲は　おもしろいです　　② チケットが　高いです

3) ① 日本人は　電車で　よく　寝ます　　② 危ないです

1) ①아침 출퇴근시간은 대단합니다 ②어쩔 수 없습니다　　2) ①스모는 재미있습니다 ②표가 비쌉니다

3) ①일본인은 전철에서 잘 잡니다　②위험합니다

①「すごい」는 '대단하다, 굉장하다'는 뜻으로 회화에서 맞장구를 칠 때에도 아주 많이 쓰이는 표현이니까 잘 알아두세요.

②「しかたが ありません」에서 しかた는 방법이란 뜻입니다. 한자로 쓰면 「仕方」이지요. '합니다' します에 방법을 나타내는 말 方가 붙어서 '하는 법'이란 합성명사가 되었네요. 그러니까 「仕方が ありません」은 직역하면 하는 방법이 없다는 뜻인데 이것이 굳어져서 '어쩔 수 없다'는 관용표현으로 쓰이게 된 것입니다.

わたしも　そう　思います (저도 그렇게 생각해요)

L21-15

> 마츠모토 씨와 산토스 씨가 일본과 브라질 축구시합에 대해서 어느 쪽이 이길지 서로의 의견을 이야기하고 있군요.

01

松本　　　　あ、サントスさん、しばらくですね。

サントス　　あ、松本さん、お元気ですか。

松本　　　　ええ。ちょっと　ビールでも　飲みませんか。

サントス　　いいですね。

02

サントス　　今晩　10時から　日本と　ブラジルの　サッカーの　試合が
　　　　　　ありますね。

松本　　　　ああ、そうですね。ぜひ　見ないと……。
　　　　　　サントスさんは　どちらが　勝つと　思いますか。

サントス　　もちろん　ブラジルですよ。

松本　　　　でも、最近　日本も　強く　なりましたよ。

サントス　　ええ、わたしも　そう　思いますが、……。
　　　　　　あ、もう　帰らないと……。

松本　　　　そうですね。
　　　　　　じゃ、帰りましょう。

しばらく 잠시, 한동안

ブラジル 브라질

ぜひ 꼭

勝(か)つ 이기다

もちろん 물론

最近(さいきん) 최근

強(つよ)い 강하다

01

마츠모토 ： 아, 산토스 씨, 오랜만이네요.
산토스 ： 아, 마츠모토 씨 잘 지내십니까?
마츠모토 ： 네. 맥주라도 좀 안 마실래요?
산토스 ： 좋지요.

02

산토스 ： 오늘밤 10시부터 일본과 브라질의 축구시합이 있죠.
마츠모토 ： 아, 그렇죠. 꼭 봐야지….
　　　　　산토스 씨는 어느 쪽이 이길 것 같아요?
산토스 ： 물론 브라질이죠.
마츠모토 ： 하지만, 최근 일본도 강해졌어요.
산토스 ： 네, 저도 그렇게 생각하는데요….
　　　　　아 이제 집에 가야겠네요.
마츠모토 ： 그렇네요. 그럼, 집에 갑시다.

① **しばらくですね。** 오랜만이네요.

「しばらく」는 '잠시, 얼마동안' 이란 뜻입니다. 그런데 인사말처럼 쓰일 때에는 한동안이네요가 굳어져서 '한동안 못 봤지요. 오랜만입니다' 의 뜻으로「久しぶりです」와 같은 의미로 사용됩니다.

② **今晩** 오늘밤

일본어를 배우자마자 배우게 되는 인사말 중 저녁 인사말이「こんばんは」였습니다. 아하~ 이제 왜 저녁 인사가「こんばんは」였는지 알 것 같나요?「こんばんは」는 오늘밤이란 뜻이고「は」는 '은/는' 이란 조사이므로 '오늘밤은' 으로 직역이 되는데, '오늘밤은 어떠신가요?', '오늘밤은(기분이?…)' 등의 다양한 기분을 표현하는 말이 굳어져서 인사표현이 된 셈이지요. 덧붙여 오늘밤을 일컫는 단어로「今晩」이외에도「今夜」라는 말도 있어요. '밤' 을 일컫는 단어가「晩」과「夜」로 나뉘어져 있기 때문이겠지요.

③ **見ないと……。** 봐야지.

본문에서 と의 인용용법에 대해서 배웠죠? 그리고 예전부터 배워온 열거용법도 알고 있으실테고요. 그런데 と에는 한 가지 용법이 더 있답니다~! 용법도 참 많죠? 얼마나 더 많은 용법이 남아 있냐구요? 대답은 없습니다. 즉, と는 크게 3가지 용법이 있다는 말씀. と의 용법을 정리해 보자구요~

　①열거용법　예 バナナと　りんごと　みかんを　ください。(바나나와 사과와 귤을 주세요.)
　②인용용법　예 いいと　思います。(좋은 것 같아요.)
　③가정용법　예 見ないと　いけません。(안 보면 안 됩니다.)

위에서 확인했듯이 と에는 가정용법이 있는데 옆 대화에서 나온「見ないと」는 가정의 의미로 해석해야 합니다.「見ないと」는 뒤에「いけません」이 생략된 표현으로 '~해야 한다' 는 표현의 회화체이고, 실제 생활에서 아~~주 많이 쓰이니까 꼭 알아둬야 합니다. 뒤에 나오는 帰らないと도 같은 맥락입니다. 한국어로 '~해야지' 에 꼭 들어맞는 표현이라고 할 수 있겠죠.

　예 今晩　レポート　書かないと。오늘밤에 레포트 써야지.
　　 あ、そうだ。飛行機の　予約を　しないと。아 맞다, 비행기 예약 해야지.

④ **勝つと　思いますか。** 이길거라 생각합니까?

と의 인용용법인 '~라고' 입니다. '이긴다' 는 동사가「勝つ」이고 '진다' 는 동사는「負ける」입니다.

⑤ **最近**

직역하면 최근이란 뜻인데 '요즘, 근래에는' 등의 다양한 뜻으로 사용됩니다.「最近」과 비슷한 의미를 가진 단어로는「この頃」정도가 있는데「この頃」가 요즘이란 뜻으로 사전에는 기재되어 있지만 실제로 '요즘, 요새' 라는 뜻의 의미를 나타내고자 할 때에는「最近」이 더 많이 쓰인답니다.

1 L21-16 질문을 듣고 자기의 상황에 비추어 자유롭게 답하세요.

1) ____

2) ____

3) ____

4) ____

5) ____

2 L21-17 대화를 듣고 제시문에 맞으면 ○, 틀리면 ×표를 하세요.

1) (　　　)　　　2) (　　　)　　　3) (　　　)　　　4) (　　　)　　　5) (　　　)

3 보기와 같이 내용에 맞는 제시어를 골라 알맞은 형태로 (　)안에 넣으세요.

| おいしいです　　帰(かえ)ります　　<del>来(き)ます</del>　　上手(じょうず)です　　役(やく)に 立(た)ちます |

보기
Q : 彼女(かのじょ)は 来(き)ますか。 그녀는 옵니까?

A : いいえ、きょうは （来(こ)ない）と 思(おも)います。 아니요, 오늘은 안 올 것 같아요.

1) Q : 大阪(おおさか)の 水(みず)は どうですか。

   A : あまり （　　　　　）と 思(おも)います。

2) Q : 鈴木(すずき)さんは 英語(えいご)が できますか。

   A : ええ、（　　　　　）と 思(おも)います。アメリカに 3年(ねん) いましたから。

3) Q : その 辞書(じしょ)は いいですか。

   A : ええ、とても （　　　　　）と 思(おも)います。

4) Q : 田中(たなか)さんが いませんね。

   A : かばんが ありませんから、もう うちへ （　　　　　）と 思(おも)います。

4  보기와 같이 간접인용문으로 만들어보세요.

보기
A : あした　暇ですか。 내일 시간 있습니까?

B : あしたは　会社へ　行かなければ　なりません。 내일은 회사에 가야 합니다.

→Bさんは　<u>あしたは　会社へ　行かなければ　ならない</u>と　言いました。
B씨는 내일은 회사에 가야 한다고 말했습니다.

1) A : 桜の　季節ですね。どこか　お花見に　行きますか。

　　B : ええ、日曜日　家族と　大阪城公園へ　行きます。

　　→ Bさんは ＿＿＿＿＿＿＿＿＿＿＿＿＿＿＿と　言いました。

2) A : この　本、おもしろいですよ。

　　B : そうですか。じゃ、貸して　ください。

　　→ Aさんは　この　本は ＿＿＿＿＿＿＿＿＿＿と　言いました。

3) A : パーティーは　にぎやかでしたか。

　　B : ええ、とても　にぎやかでした。

　　→ Bさんは　パーティーは ＿＿＿＿＿＿＿＿＿と　言いました。

4) A : すみません。日曜日の　試合を　見に　行く　ことが　できません。

　　B : そうですか。残念です。

　　→ Aさんは　日曜日 ＿＿＿＿＿＿＿＿＿＿＿と　言いました。

 **5** 보기와 같이 제시어를 골라 ( )안에 맞는 형태로 넣으세요.

あります	暑いです	<s>すきました</s>	地図です	疲れました

보기 おなかが （ すいた ）でしょう？ 何か 食べませんか。배가 고프죠? 뭔가 먹지 않을래요?

1) 来月　京都で　有名な　お祭りが　（　　　　　　　）でしょう？

2) （　　　　　　　）でしょう？　少し　休みましょう。

3) （　　　　　　　）でしょう？　エアコンを　つけましょうか。

4) それは　日本の　（　　　　　　　）でしょう？　広島は　どこですか。

연습장

 다음 본문을 읽고 내용에 맞으면 〇, 틀리면 ✕표를 하세요.

───── カンガルー

この動物の　名前を　知って　いますか。『カンガルー』です。
オーストラリアに　住んで　います。1778年に　イギリスの　キャプテン・クック
は　船で　オーストラリアへ　行きました。そして、初めて　この　動物を
見ました。クックは　オーストラリアの　人に　この　動物の　名前を　知りたい
と　言いました。その　人は　オーストラリアの　言葉で　「カンガルー
（わたしは知らない）」と　言いました。それを　聞いて、イギリス人は
みんな　この　動物の　名前を　『カンガルー』だと　思いました。
それから、この　動物の　名前は　『カンガルー』に　なりました。

1) （　　） キャプテン・クックは　1778年まで　カンガルーを　見た　ことが
　　　　　　ありませんでした。

2) （　　） イギリス人は　オーストラリアの　人の　ことばが　わかりませんでした。

3) （　　） オーストラリアの　人は　この　動物の　名前を　知って　いました。

보통체로 명사 수식하기

중요단어 파악하기

보통체 + 명사 ~할·하는·한 명사

1 これは　ミラーさんが　作った　ケーキです。
①　　②　　③　　④
①이건　②밀러 씨가　③만든　④케이크입니다.

2 あそこに　いる　人は　ミラーさんです。
①　②　③　④
①저기에　②있는　③사람은　④밀러 씨입니다.

3 きのう　習った　ことばを　忘れました。
①　②　③　④
①어제　②배운　③단어를　④잊어버렸습니다.

4 買い物に　行く　時間が　ありません。
①　②　③　④
①장보러　②갈　③시간이　④없습니다

---

1 **동사 · い형용사 · な형용사의 명사 수식**

한국어도 마찬가지이지만 일본어에서도 용언이 문장을 꾸밀 때 정중체가 들어갈 수 없어요. '갑니다 사람' 같은 말은 없는 것처럼 일본어에서도 「行きます 人」란 표현은 쓸 수 없고, 앞 부분의 용언들을 모두 보통체로 바꾸어주면 명사를 꾸밀 수 있답니다.

동사

① 현재시제인 경우 '~하는/~할'으로 해석되어 현재와 미래의 의미를 나타냅니다. 기본형 그대로 수식합니다.

예 行く 人 가는/갈 사람

② 과거시제인 경우 '~한'으로 해석되어 과거의 의미를 나타냅니다. 동사를 「た형(과거형)」으로 바꿔줘야 합니다.

예 行った 人 간 사람

い형용사

① 현재시제인 경우 '~ㄴ'으로 해석되어 현재의 의미를 나타냅니다. 기본형 그대로 수식합니다.

예 背が 高い 人 키가 큰 사람

② 과거시제인 경우 '~ㅆ던'으로 해석되어 과거의 의미를 나타냅니다. 어미 「~い」를 「~かった」로 바꿔줘야 합니다.

예 背が 高かった 人 키가 컸던 사람

な형용사

① 현재시제인 경우 '~ㄴ'으로 해석되며, 뒤에 명사를 수식하는 경우 어미 「~だ」를 「~な」로 바꿔줘야 합니다.

예 きれいな 町 아름다운 마을

② 과거시제인 경우 '~ㅆ던'으로 해석되며, 어미 「~だ」의 과거형인 「~だった」로 바꿔줘야 합니다.

예 きれいだった 町 아름다웠던 마을

＊ 명사는 가운데에 「の」를 붙여 수식했죠?

예 わたしの かばん 내 가방

1 ~하는/~하고 있는/한 잡지

> ~る／～ている／～た ↗ 雑誌（ざっし）

동사의 현재형과 과거형이 명사를 수식하는 문형입니다.

L22-2

음성을 들으면서 따라하세요.

これは	女（おんな）の人（ひと）が	読（よ）む	雑誌（ざっし）です。
	日本（にほん）で	売（う）って いない	
	カリナさんに	借（か）りた	

女（おんな）の人（ひと） 여자
読（よ）む 읽다
売（う）る 팔다
借（か）りる 빌리다
雑誌（ざっし） 잡지

이것은 [여자가 읽는/일본에서 팔지 않는/카리나 씨에게 빌린] 잡지입니다.

위의 세 문장은 다음과 같이 말할 수 있습니다.

女（おんな）の人（ひと）が　この　雑誌（ざっし）を　読（よ）みます。 여자들이 이 잡지를 읽습니다.
日本（にほん）で　この　雑誌（ざっし）は　売（う）って　いません。 일본에서 이 잡지는 팔지 않습니다.
カリナさんに　この　雑誌（ざっし）を　借（か）りました。 카리나 씨에게 이 잡지를 빌렸습니다.

2 ~하고 있는/한 사람

> ~ている／～た ↗ 人（ひと）

「ている」형이나 「ない」형 등도 뒤의 명사를 수식할 수 있습니다.

L22-3

음성을 들으면서 따라하세요.

あの　眼鏡（めがね）を	かけて いる	人（ひと）は　山田（やまだ）さんです。
スキー旅行（りょこう）に	行（い）かない	
会議（かいぎ）で　意見（いけん）を	言（い）った	

眼鏡（めがね） 안경
かける 걸다, 쓰다
スキー 스키
旅行（りょこう） 여행
行（い）く 가다
会議（かいぎ） 회의
意見（いけん） 의견
言（い）う 말하다

[저 안경을 쓰고 있는/스키여행에 안 가는/회의에서 의견을 말한] 사람은 야마다 씨입니다.

위의 세 문장은 다음과 같이 말할 수 있습니다.

山田（やまだ）さんは　眼鏡（めがね）を　かけて　います。 야마다 씨는 안경을 쓰고 있습니다.
山田（やまだ）さんは　スキー旅行（りょこう）に　行（い）きません。 야마다 씨는 스키여행에 가지 않습니다.
山田（やまだ）さんは　会議（かいぎ）で　意見（いけん）を　言（い）いました。 야마다 씨는 회의에서 의견을 말했습니다.

3 ~하고 있는/ ~한/ㄴ 곳

~ている/~た/~い ところ

동사의 진행, 과거, 희망 등의 보통체 뒤에 명사가 오면 수식의 의미가 됩니다.

L22-4

ワットさんが	すんで いる	所は 横浜です。
佐藤さんが	生まれた	
わたしが	行きたい	

[왓트 씨가 살고 있는/사토 씨가 태어난/제가 가고 싶은] 곳은 요코하마입니다.

위의 세 문장을 다음과 같이 표현할 수도 있습니다.

ワットさんは 横浜に 住んで います。왓트 씨는 요코하마에 삽니다.
佐藤さんは 横浜で 生まれました。사토 씨는 요코하마에서 태어났습니다.
私は 横浜に 行きたいです。나는 요코하마에 가고 싶습니다.

住む 살다
生まれる 태어나다
行く 가다
所 곳
横浜 요코하마(지명)

4 할(ㄴ)/한 옷

~る/~た 服

동사의 현재형(원형)과 과거형으로 명사를 수식할 수 있습니다.

L22-5

あの 棚に	ある	服を 見せて ください。
パーティーで	着る	
パリで	買った	

[저 선반에 있는/파티에서 입을/파리에서 산] 옷을 보여주세요.

棚 선반
着る 입다
パリ 파리(지명)
買う 사다
服 옷

5 ㄴ 집

～い／～る　うち

い형용사와 동사의 현재형(원형)으로 명사를 수식할 수 있습니다.

L22-6

わたしは	駅から	近い	うちが　欲しいです。
	広い　庭が	ある	
	カラオケ・パーティーが	できる	

나는 [역에서 가까운/넓은 정원이 있는/노래방 파티가 가능한] 집이 갖고 싶습니다.

駅 역
近い 가깝다
広い 넓다
庭 정원
カラオケ 노래방
できる 가능하다
ほしい 갖고 싶다

6 ～할 시간

～る　時間

동사의 원형으로 명사를 수식할 수 있습니다.

L22-7

わたしは	手紙を	書く	時間が　ありません。
	本を	読む	
	朝ごはんを	食べる	

나는 [편지를 쓸/책을 읽을/아침을 먹을] 시간이 없습니다.

手紙 편지
朝ごはん 아침(밥)

입에 착 붙게 말하기

① 보기와 같이 그림을 보고 「〜た+명사」 수식문형으로 만들어보세요. L22-8

보기	1	2	3	4

보기
母に もらいました
→ これは 母に もらった コートです。 이것은 어머니에게 받은 코트입니다.

스스로 해본 후에
음성을 들으면서
따라하세요.

1) タワポンさんに 借りました →

2) 京都で 撮りました →

3) わたしが 作りました →

4) カリナさんが かきました →

雑誌 잡지 ｜ 借りる 빌리다 ｜ 撮る 찍다 ｜ 写真 사진 ｜ 作る 만들다 ｜ ケーキ 케이크 ｜ かく 그리다 ｜ 絵 그림

Answer
1) これは タワポンさんに 借りた 雑誌です。
2) これは 京都で 撮った 写真です。
3) これは わたしが 作った ケーキです。
4) これは カリナさんが かいた 絵です。

하나~더!

★ コピー? コーヒー?
한국어의 커피 발음은 일본어로 하게 되면 복사라는 의미가 됩니다. 한국인들은 장음구별을 하지 않기 때문에 더더욱 코히와 코피는 구별하기 힘들지도 모릅니다. 같은 영어라서 커피를 대충 발음하고 싶겠지만 일본인들에게 영어의 「f발음」은 모두 「ㅎ」계열로 발음해 주지 않으면 통하지 않는 경우가 많답니다.

나이프　ナイフ[나이후]　　　　팩스　ファックス[홧쿠스]
필름　　フィルム[휘루무]　　　카페　カフェ[카훼]

> **보기** ミラーさん →
> **Q**：ミラーさんは　どの　人ですか。 밀러 씨는 어느 사람입니까?
> **A**：電話を　かけて　いる　人です。 전화를 걸고 있는 사람입니다.

스스로 해본 후에
음성을 들으면서
따라하세요.

1) 松本部長 →　　　　　　　　　　2) 山田さん →

3) 佐藤さん →　　　　　　　　　　4) 田中さん →

新聞 신문 ｜ コピー 복사 ｜ パソコン 컴퓨터 ｜ コーヒー 커피

Answer

1) Q：松本部長は どの 人ですか。　　2) Q：山田さんは どの 人ですか。
　 A：新聞を 読んで いる 人です。　　　 A：コーヒーを 飲んで いる 人です。

3) Q：佐藤さんは どの 人ですか。　　4) Q：田中さんは どの 人ですか。
　 A：パソコンを して いる 人です。　　 A：コピーを して いる 人です。

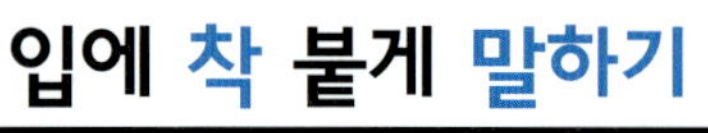

입에 착 붙게 말하기

셀로판지를 이용하여 말하기 연습을 해봅시다.

③ 보기와 같이 앞 문장을 보통체로 바꾸어 뒤 문장을 수식하는 형태로 만드세요. L22-10

> **보기** ＜ミラーさんが　よく　行きます＞　喫茶店は　コーヒーが　おいしいです
> → ミラーさんが　よく　行く　喫茶店は　コーヒーが　おいしいです。
> 밀러 씨가 잘 가는 찻집은 커피가 맛있습니다.

스스로 해본 후에 음성을 들으면서 따라하세요.

1) ＜ワンさんが　働いて　います＞　病院は　神戸に　あります →

2) ＜わたしが　いつも　買い物します＞　スーパーは　野菜が　安いです →

3) ＜弟が　住んで　います＞　アパートは　おふろが　ありません →

4) ＜きのう　わたしが　行きました＞　お寺は　きれいで、静かでした →

働く 일하다 ｜ 病院 병원 ｜ 神戸 고베(지명) ｜ スーパー 슈퍼마켓 ｜ 買い物 장보기, 쇼핑 ｜ 野菜 야채 ｜ 安い 싸다 ｜ 弟 남동생 ｜ 住む 살다 ｜ アパート 아파트 ｜ おふろ 욕조, 목욕탕 ｜ きのう 어제 ｜ お寺 절 ｜ 静か 조용함

Answer

1) ワンさんが 働いて いる 病院は 神戸に あります。

2) わたしが いつも 買い物する スーパーは 野菜が 安いです。

3) 弟が 住んで いる アパートは おふろが ありません。

4) きのう わたしが 行った お寺は きれいで、静かでした。

◆ 일본의
アパート

◆ 일본의
マンション

★ **おふろが ない アパート　욕실이 없는 아파트?**

아무리 안 좋은 아파트라도 욕실이 없다뇨? 이상하게 생각될지도 모르지만 일본의 아파트 중에는 욕실이 없고 공동목욕탕을 사용하는 경우도 있습니다. 문제는 우리가 생각하고 있는 아파트와 일본의 アパート간의 차이에서 비롯된 것인데요.

일본에서 일컫는 アパート와 우리나라의 아파트는 조금 다릅니다. アパート는 5층 이하가 대부분이고 한국의 다세대 주택 내지는 공동주택단지를 떠올리시면 됩니다. 그리고 저렴한 곳이라는 이미지가 있지요. 따라서 한국에서 대부분 아파트 생활을 하시는 분이라면 일본에 가서 「わたしは マンションに 住んで います」라고 하면 우리나라의 일반 아파트를 떠올릴 것입니다. 우리나라에서 떠올리는 아파트는 일본의 「マンション」이라는 점 기억해 두세요.

④ 보기와 같이 앞 문장을 보통체로 바꾸어 뒤 문장을 수식하는 형태로 만드세요. L22-11

보기
　＜黒い　スーツを　着て　います＞　人は　だれですか
　→ 黒い　スーツを　着て　いる　人は　だれですか。 검은 정장을 입고 있는 사람은 누구입니까?

스스로 해본 후에
음성을 들으면서
따라하세요.

1) ＜旅行に　行きません＞　人は　だれですか →
2) ＜パーティーに　来ます＞　人は　何人ですか →
3) ＜初めて　ご主人に　会いました＞　所は　どこですか →
4) ＜京都で　泊まりました＞　ホテルは　どうでしたか →

黒い 검다 ｜ スーツ 정장 ｜ 着る 입다 ｜ 旅行 여행 ｜ だれ 누구 ｜ 何人 몇명 ｜ 初めて 처음으로 ｜ ご主人 남편 분 ｜ 京都 교토(지명) ｜ 泊まる 머물다, 숙박하다 ｜ ホテル 호텔

Answer
1) 旅行に 行かない 人は だれですか。　　2) パーティーに 来る 人は 何人ですか。
3) 初めて ご主人に 会った 所は どこですか。　　4) 京都で 泊まった ホテルは どうでしたか。

⑤ 보기와 같이 앞 문장을 보통체로 바꾸어 뒤 문장을 수식하는 형태로 만드세요. L22-12

보기
　＜奈良で　撮りました＞　写真を　見せて　ください
　→ 奈良で　撮った　写真を　見せて　ください。 나라에서 찍은 사진을 보여주세요.

스스로 해본 후에
음성을 들으면서
따라하세요.

1) ＜彼に　あげます＞　お土産を　買います →
2) ＜要りません＞　物を　捨てます →
3) ＜病院で　もらいました＞　薬を　飲まなければ　なりません →
4) ＜イーさんの　隣に　座って　います＞　人を　知って　いますか →

あげる 주다 ｜ お土産 기념품, 선물 ｜ 要る 필요하다 ｜ 捨てる 버리다 ｜ 薬 약 ｜ 隣 옆 ｜ 座る 앉다

Answer
1) 彼に あげる お土産を 買います。
2) 要らない ものを 捨てます。
3) 病院で もらった 薬を 飲まなければ なりません。
4) イーさんの 隣に 座って いる 人を 知って いますか。

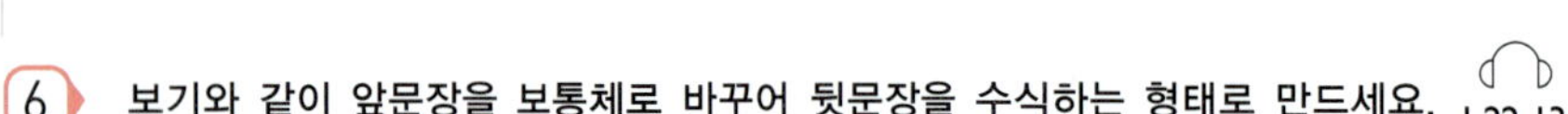 셀로판지를 이용하여 말하기 연습을 해봅시다.

6 보기와 같이 앞문장을 보통체로 바꾸어 뒷문장을 수식하는 형태로 만드세요. L22-13

> 보기
> ＜外で　します＞　スポーツが　好きです
> → 外で　する　スポーツが　好きです。밖에서 하는 운동을 좋아합니다.

스스로 해본 후에
음성을 들으면서
따라하세요.

1) ＜ユーモアが　わかります＞　人が　好きです →
2) ＜パソコンを　置きます＞　机が　欲しいです →
3) ＜会社の　人が　使います＞　日本語が　わかりません →
4) ＜母が　作りました＞　料理が　食べたいです →

ユーモア 유머 ｜ パソコン 컴퓨터 ｜ 置く 두다 ｜ 机 책상 ｜ 欲しい 갖고 싶다 ｜ 使う 사용하다 ｜ 母 (나의)어머니 ｜ 料理 요리

Answer
1) ユーモアが わかる 人が 好きです。　　2) パソコンを 置く 机が ほしいです。
3) 会社の 人が 使う 日本語が わかりません。　4) 母が 作った 料理が 食べたいです。

7 보기와 같이 앞문장을 보통체로 바꾸어 뒤 문장을 수식하는 형태로 만드세요. L22-14

> 보기
> ＜日曜日は　子どもと　遊びます＞　約束が　あります
> → 日曜日は　子どもと　遊ぶ　約束が　あります。일요일에는 아이들과 놀 약속이 있습니다.

스스로 해본 후에
음성을 들으면서
따라하세요.

1) ＜今晩は　友達と　食事します＞　約束が　あります →
2) ＜きょうは　市役所へ　行きます＞　用事が　あります →
3) ＜朝　新聞を　読みます＞　時間が　ありません →
4) ＜電話を　かけます＞　時間が　ありませんでした →

今晩 오늘밤 ｜ 食事 식사 ｜ 約束 약속 ｜ 市役所 시청 ｜ 用事 볼일 ｜ 朝 아침 ｜ 時間 시간 ｜ かける 걸다

Answer
1) 今晩は 友達と 食事する 約束が あります。
2) きょうは 市役所へ 行く 用事が あります。
3) 朝 新聞を 読む 時間が ありません。
4) 電話を かける 時間が ありませんでした。

★ 母が作った料理 엄마가 만들어주신 요리

어머니가 만들어주신 음식. 세상에서 가장 맛있는 음식이겠지요. 특히 대학생이 되면서 대부분 독립해 버리는 일본의 젊은이들에게 있어 어머니의 손맛은 더욱 그리울 지도 모릅니다. '어머니의 손맛', '엄마손'이라는 정겨운 표현이 일본에도 있다고 하니 알아두면 좋겠지요.

직역하면 「母の味」가 되겠지만, 「母」를 좀더 정겹게 칭하는 표현에 「おふくろ」가 있습니다. 주로 남자들이 많이 쓰는 말이기도 하지요.

자, 그럼 엄마의 손맛은? 「おふくろの味」라고 하면 됩니다.

회화랑 친해지기

●찾고 있는 물건이 어디 있는지 질문하기

회화 1

A ① 先週　買った　② 本は　　　　지난 주에 산 책은
どこに　ありますか。　　　　　어디에 있어요?

B えーと、あの　机の　上に　ありますよ。　음~, 저 책상 위에 있어요.

A あ、そうですか。どうも。　　　아, 그래요? 감사합니다.

1) ① 富士山で　撮りました　　　② 写真
2) ① 田中さんに　もらいました　② カタログ
3) ① きのう　借りました　　　　② ビデオ

1) ①후지산에서 찍었습니다 ②사진　　　2) ①다나카 씨에게 받았습니다 ②카탈로그
3) ①어제 빌렸습니다　　　②비디오

えーと
말이 잘 생각나지 않거나 회화가 바로 이어지지 않을 때 일본인들이 습관처럼 하는 감탄사입니다. 한국어의
'음~, 어…, 저…'의 의미와 비슷하다고 할까요. えーと、ええと、えっと등 표기도 다양합니다.

●파티에서 잘 모르는 사람의 인상착의를 설명하고 누군지 알아내기

회화 2

A あの　人は　どなたですか。　　저 사람은 누구십니까?

B どの　人ですか。　　　　　　　누구 말씀이세요?

A ① 赤い　セーターを　着て　いる　빨간 스웨터를 입고 있는

人です。　　　　　　　　　　　사람이에요.

B ああ、② 佐藤さん ですよ。　　아~, 사토 씨에요.

1) ① 眼鏡を　かけて　います　　② 松本さん
2) ① 帽子を　かぶって　います　② 山田さんの　奥さん
3) ① 白い　靴を　はいて　います　② ワットさん

1) ①안경을 쓰고 있습니다　②마츠모토 씨　　2) ①모자를 쓰고 있습니다 ②야마다 씨 부인
3) ①흰 구두를 신고 있습니다 ②왓트 씨

이런 장면처럼 공식적인 느낌이 나는 자리에서 누군지를 물어볼 때에는 だれですか보다는 정중한 표현인 「ど
なたですか」를 쓰는 게 좋습니다.
사람의 인상착의를 설명할 때에 물건과 동사를 잘 연결짓는 것도 중요한 표현이겠죠?

L22-17

회화 3

● 20살이 된 성인에게 앞으로의 계획에 대해 인터뷰하기

A 20歳の　誕生日　おめでとう　ございます。　　20세 생일 축하합니다.

B ありがとう　ございます。　　감사합니다.

A どんな　①仕事を　したいですか。　　어떤 일을 하고 싶어요?

B そうですね。　　글쎄요.

　②日本語を　使う　①仕事を　　일본어를 사용하는 일을

　したいです。　　하고 싶어요.

1) ① 会社で　働きます　　② 大きくて、あまり　残業が　ありません
2) ① 人と　結婚します　　② ユーモアが　あって、明るいです
3) ① 所に　住みます　　② 近くに　山が　あって、スキーが　できます

1) ①회사에서 일합니다 ②크고 잔업이 별로 없습니다
2) ①사람과 결혼합니다 ②유머가 있고 밝습니다
3) ①곳에 삽니다　　　②근처에 산이 있어 스키를 탈 수 있습니다

셀로판지를 이용하여 회화 연습을 해봅시다.

どんな　アパートが　いいですか。(어떤 아파트가 좋아요?)

L22-18

왕 씨가 부동산에 가서 살 집을 찾고 있네요. 부동산에 가서 집을 찾을 때 쓰는 다양한 표현들을 배워 봅시다.

不動産屋 ふ どうさん や	こちらは　いかがですか。家賃は　8万円です。 や ちん　　　まんえん
ワン	うーん……。ちょっと　駅から　遠いですね。 えき　　　とお
不動産屋	じゃ、こちらは？ 便利ですよ。駅から　歩いて　3分ですから。 べん り　　　えき　　　ある　　　ぶん
ワン	そうですね。ダイニングキッチンと　和室が　一つと……。 わ しつ　　ひと すみません。ここは　何ですか。 なん
不動産屋	押し入れです。布団を　入れる　所 ですよ。 お い　　　ふ とん　　い　　　ところ
ワン	そうですか。 この　アパート、きょう　見る　ことが み できますか。
不動産屋	ええ。今から　行きましょうか。 いま　　　い
ワン	ええ、お願いします。 ねが

いかがですか 어떠십니까?(どうですか보다 정중한 말)

家賃(やちん) 집세

遠(とお)い 멀다

便利(べんり) 편리함

歩(ある)いて 걸어서

和室(わしつ) 일본식 다다미방

ダイニングキッチン 다이닝 키친(부엌과 식당을 겸함)

押(お)し入(い)れ 벽장

布団(ふとん) 이불

入(い)れる 넣다

アパート 공동주택

きょう 오늘

부동산 아저씨　：이쪽은 어떠십니까? 집세는 8만엔입니다.

왕　　　　　：응…. 역에서 좀 머네요.

부동산 아저씨　：그럼 이쪽은요?
　　　　　　　편리해요. 역에서 걸어서 3분이니까요.

왕　　　　　：그렇네요. 다이닝 키친과 다다미방이 하나고….
　　　　　　실례지만 여기는 뭡니까?

부동산 아저씨　：오시이레(벽장)입니다. 이불을 넣는 곳이에요.

왕　　　　　：그래요?
　　　　　　이 아파트, 오늘 볼 수 있나요?

부동산 아저씨　：네. 지금 갈까요?

왕　　　　　：네, 부탁드립니다.

① 家賃
_{や ちん}

'집세'란 뜻입니다. 일본의 임대제도를 보면 전세가 없고 모두 월세입니다.
월세는 5만엔부터 비싼 것은 15만엔까지 다양합니다.
집을 구하려면 필요한 명목의 돈이 있는데 차근차근 알아봅시다.

① 家賃 : 집세. 처음 들어갈 때 그달 것과 다음 달 것까지 두 달치를 내는 것이 보통이고, 다음달 부
　　　 터는 한 달치씩 냅니다.
② 手数料 : 수수료. 不動産屋에게 한달치 정도의 수수료를 줍니다.
③ 保証金 : 보증금. 한 달치에서 두 달치 정도의 돈을 보증금으로 냅니다. 퇴거시에 돌려받습니다.
　　　　 하지만 집에 흠집을 내거나 망가트렸을 경우에는 해당량만큼 제하고 돌려줍니다.
④ 礼金 : 집주인(大家さん)에게 집을 빌려줘서 감사하다는 뜻으로 한 두달치 돈을 냅니다. 퇴거 시
　　　 에 돌려받지 못하는 돈입니다.

이렇게 해서 일본에서 처음 집을 구할 때에는 家賃의 5~6개월분이 한꺼번에 필요한 셈입니다.

② ダイニングキッチン 다이닝 키친

일반적으로 한국에서 흔히 볼 수 있는 주방인데, 부엌과 식탁 놓는 공간을 함께 일컫는 곳입니다.
부동산에서 집을 구할 때 3DK 같은 문구가 많은데 방이 3개에 dining과 kitchen이 있고 거실(living
room)은 없다는 뜻이 됩니다. 거실이 있는 경우에는 3LDK가 되겠지요.

③ 和室 일본식 방, 다다미 방
_{わ しつ}

이 단어를 이해하기 위해서는 和를 이해해야 합니다. 일본인들은 和를 좋아하는데, '화합' 내지는
'우리'라는 뜻이랍니다. 따라서 제가 여러분께 우리나라라고 하면 '한국'을 일컫는 것이고 일본인
이 자국민에게 '우리나라'라고 한다면 '일본'을 일컫게 되는 것이겠죠. 일본인들은 예로부터 전체
적인 조화를 중시여겼기 때문에 이 한자를 좋아하게 되었고, 예전의 大和라는 고대 국가명으로도
사용했는데 지금에 와서는 다양한 회사 상호 등으로 사용되기도 합니다. 따라서 일본 단어중 和가
들어가는 것은 '우리나라(일본) 고유의 것'이라는 의미로 사용되고 있답니다. 예를 들면,

　　和室 – 일본식 전통 다다미방
　　和食 – 일본 정식
　　和服 – 일본 기모노
　　和英辞書 – 일영사전

등이 있답니다. 和室는 침대생활을 하는 서양식 洋室와 구별되는 개념으로 사용됩니다.

④ 押し入れ
_{お　 い}

다다미방 한 면에 붙어 있는 붙박이 벽장인데, 문은 미닫이 형식으로 되어 있
고 종이로 발라서 만들었지요. 내부는 두 칸으로 나뉘어져 있는데 위 칸에는
주로 이불(布団)을 넣어두고 아래 칸에는 방석(座布団)같은 것을 넣어둡니다.

1 질문을 듣고 자기의 상황에 비추어 자유롭게 답하세요.

L22-19

1) ____

2) ____

3) ____

4) ____

5) ____

2 대화를 듣고 제시문에 맞으면 ○, 틀리면 ×표를 하세요.

L22-20

1) (　　　　) 　　2) (　　　　) 　　3) (　　　　) 　　4) (　　　　) 　　5) (　　　　)

3 보기와 같이 내용에 맞는 제시어를 골라 알맞은 형태로 _____안에 넣으세요.

~~よく　寝ます~~　　　図書館で　借りました　　　お酒を　飲みません

マリアさんから　来ました　　　庭が　あります

보기　よく　寝る　人は　元気です。 잠을 잘 자는 사람은 건강합니다.

1) わたしは ________________ うちが　欲しいです。

2) わたしは ________________ 人が　好きです。

3) ________________ 本を　なくしました。

4) ________________ 手紙は　机の　上に　あります。

④ 보기와 같이 (   )안에 알맞은 의문사를 넣으세요.

> 보기
>
> A : あの　黒い　シャツを　着て　いる　人は　（ だれ ）ですか。
> 저 검은 셔츠를 입고 있는 사람은 누구입니까?
>
> B : ミラーさんです。 밀러 씨입니다.

1) A : ここに　あった　新聞は　（　　　　　）ですか。

   B : テレビの　上に　あります。

2) A : マリアさんが　作った　ケーキは（　　　　　）でしたか。

   B : とても　おいしかったです。

3) A : いちばん　新しい　パソコンは　（　　　　　）ですか。

   B : これです。

⑤ 보기와 같이 그림을 보고 명사수식 문장으로 표현해 보세요.

> 보기
>
> どこで　撮りましたか → これは　どこで　撮った　写真ですか。

1) いつ　買いましたか。

   → ____

2) だれが　作りましたか。

   → ____

3) だれに　もらいましたか。

   → ____

6 그림을 보고 문장을 완성하세요.

> 보기　銀行へ　行く　時間が　ありません。 은행에 갈 시간이 없습니다.

1) 日曜日は ＿＿＿＿＿＿＿＿＿＿＿＿＿＿ 約束が　あります。

2) ＿＿＿＿＿＿＿＿＿＿＿＿＿＿ 用事が　あります。

3) ＿＿＿＿＿＿＿＿＿＿＿＿＿＿ 時間が　ありません。

연습장

⑦ 다음 본문을 읽고 내용에 맞으면 ○, 틀리면 ×표를 하세요.

日本人は 休みの 日に 何を しますか

	した 人	使った お金
食事に 出かける・・・・・・・・・・・	66.0％	3,480円
カラオケに 行く・・・・・・・・・・・	55％	1,860
ビデオを 見る・・・・・・・・・・・	44％	520
ディズニーランドなどへ 行く・・・・・・・	39.2％	5,810
パチンコを する・・・・・・・・・・・	28.1％	3,140

資料　余暇開発センター「レジャー白書1995」

1)（　　）レストランなどで ごはんを 食べる 人は 少ないです。

2)（　　）カラオケに 行く 人は パチンコを する 人より 多いです。

3)（　　）カラオケは いちばん お金を 使いません。

Lesson 23

가정표현 「〜と(〜하면)」을 익힙시다.

● 중요**단어 파악**하기

〜とき 〜때

〜と 〜하면

1 　図書館で　本を　借りる　とき、
　　　①　　　　②　　　③　　　④
　　①도서관에서　②책을　③빌릴　④때,

　　カードが　要ります。
　　　⑤　　　　⑥
　　⑤카드가　⑥필요합니다.

2 　この　ボタンを　押すと、お釣りが　出ます。
　　①　　②　　　③　　　　④　　　⑤
　　①이　②버튼을　③누르면,　④거스름돈이　⑤나옵니다.

1 ～할 때

～する　とき

💡 「とき」는 '때, 시간'이라는 의미입니다. 만약 '길을 건널 때', '신문을 읽을 때'와 같이 현재시제를 표현하고 싶다면 동사의 사전형을 그대로 쓰면 됩니다.

건너다 → 건널　때　　　　　　읽다 → 읽을 때
わたる → わたる とき　　　　よむ → よむ とき

L23-2

음성을 들으면서
따라하세요.

道を	渡る	とき、	車に　気を　つけます。
新聞を	読む		眼鏡を　かけます。
使い方が	わからない		わたしに　聞いて　ください。

길을 건널 때 자동차를 조심합니다./신문을 읽을 때 안경을 씁니다./사용법을 모를 때 나에게 물어보세요.

時 때
道 길
渡る 건너다
読む 읽다
使い方 사용법
わからない 모른다
気をつけます 조심합니다
眼鏡を かけます 안경을 씁니다
聞いてください 물어보세요

💡 '～를 조심'해야 할까요, '～에 조심'해야 할까요?

'조심합니다'라는 말은 일본어로 「気を つけます」라고 합니다. 「気」는 '정신, 마음'이라는 의미고요, 「つけます」는 '붙입니다'라는 의미지요. 그러므로 「気をつけます」는 정신을 딱! 붙인다는 의미가 될 테고, 그런 의미에서 '조심합니다'라는 의미가 되겠지요.

그런데 이 「気を つけます」를 사용하실 때 정말로 「気を つけます」하셔야 하는 것이 있는데요, 그것은 바로 '～을' 조심하라고 말하고 싶더라도 「を」가 아닌 「に」를 붙여줘야 한다는 겁니다. 「～に 気を つけて ください～！」

자동차를 조심합니다 →　車を 気を つけます(×)
　　　　　　　　　　　→　車に 気を つけます(○)

💡 「～が わからない」를 주의하세요!

「わからない」는 '모른다'는 뜻이죠. 그런데 '～을/를 모른다'라고 할 때는 「を」가 아닌 「が」를 쓴다는 것! 잊지 마세요～!

~た とき

💡 '~했을 때'와 같이 과거나 완료를 나타내고 싶다면 「た형」을 사용합니다.

회사에 올 때	회사에 왔을 때
会社へ　来る　とき	会社へ　来た　とき

L23-3

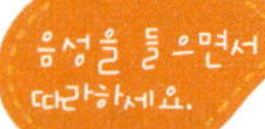

家へ	帰る	とき、	ケーキを　買います。
家へ	帰った		「ただいま」と　言います。
会社へ	来る		駅で　部長に　会いました。
会社へ	来た		受付で　社長に　会いました。

집으로 돌아갈 때 케이크를 삽니다./집에 돌아왔을 때 '다녀왔습니다' 라고 말합니다./
회사에 올 때 역에서 부장님을 만났습니다./회사에 왔을 때 접수처에서 사장님을 만났습니다.

帰る (집, 고향, 고국으로) 돌아가다, 돌아오다
ケーキ(cake) 케이크
買います 삽니다
ただいま 다녀왔습니다 (원래는 '방금, 이제 막'이라는 뜻. 「ただいま 帰りました의 줄임말)
と 言います ~라고 합니다
受付 접수처

※다음을 일본어로 옮겨 보세요.

Ⅰ. (1) 밥을 먹을 때

　　(2) 술을 마실 때

　　(3) 텔레비전을 볼 때

Ⅱ. (1) 미국에 갔을 때

　　(2) 학교에 왔을 때

　　(3) 교실에 들어왔을 때

Answer
Ⅰ. (1) ご飯を 食べる とき　(2) お酒を 飲む とき　(3) テレビを 見る とき
Ⅱ. (1) アメリカへ 行った とき　(2) 学校へ 来た とき　(3) 教室へ 入った とき

3 [い형용사/な형용사/명사]일 때

[〜い／〜な／〜の] とき

이번에는 동사가 아닌 「い형용사, な형용사, 명사」가 「とき」에 연결될 때 어떤 형태로 연결되는지 살펴볼까요? 어려울 것이 하나도 없습니다. 「とき」의 품사가 명사이므로 각각 명사수식형의 형태를 취하면 되지요.

(1) い형용사+「とき」

'졸릴 때' '추울 때'와 같이 い형용사를 「とき」에 연결시키고 싶다면 사전형을 그대로 이용하시면 됩니다. い형용사는 사전형과 명사수식형의 형태가 같다는 거 기억나시죠?

| 졸릴　　때 | 추울　　때 |
| ねむい　とき | さむい　とき |

(2) な형용사+「とき」

「な형용사」의 명사수식형이 어떻게 생겼었는지 기억나시죠? 그렇습니다. 바로 「〜な」 형태이지요. 그렇다면 '한가할 때', '조용할 때'라는 말을 일본어로 만들어볼까요.

| 한가할　때 | 조용할　　때 |
| ひまな　とき | しずかな　とき |

(3) 명사 +「とき」

명사가 명사를 수식할 때는 그냥 갖다 붙이시면 안 됩니다. 중간에 「の」를 넣어주셔야죠.

| 초등학생 때 | 小学生 とき(×) |
| | 小学生の とき(○) |

L23-4

眠い	とき、	コーヒーを　飲みます。
暇な		本を　読みます。
26さいの		結婚しました。

졸릴 때 커피를 마십니다./한가할 때 책을 읽습니다./26살 때 결혼했습니다.

眠い 졸립다
飲みます 마십니다
暇 한가함
結婚しました 결혼했습니다

~と

💡 동사의 사전형+と

동사의 사전형에 「と」를 연결하면 '~하면'이라는 의미가 됩니다. 예를 들어 '손잡이를 돌리면 소리가 커집니다', '오른쪽으로 돌아가면 우체국이 있습니다'와 같은 가정표현을 하고 싶을 때 사용할 수 있습니다.

그런데 한 가지 유의할 점은 **의지, 희망, 권유, 의뢰 등을 나타내는 경우에는 「と」를 사용하지 않는다**는 점입니다. 예를 들면 다음과 같은 문장은 매우 어색합니다.

時間が　あると、映画を　見に　行きます。(의지) (?)

시간이 있으면 영화를 보러 가겠습니다.

時間が　あると、映画を　見に　行きたいです。(희망) (?)

시간이 있으면 영화를 보고 가고 싶습니다.

時間が　あると、映画を　見に　行きませんか。(권유) (?)

시간이 있으면 영화를 보러 가지 않겠습니까?

時間が　あると、ちょっと　手伝って　ください。(의뢰) (?)

시간이 있으면 좀 도와주세요.

이런 경우에는 「と」가 아닌 「たら」를 쓰게 되는데요, 「たら」에 관해서는 25과에서 공부하도록 하겠습니다.

🎧 L23-5

このつまみを	回す	と、	音が　大きくなります。
これを	引く		水が　出ます。
右へ	曲がる		郵便局が　あります。

이 손잡이를 돌리면 소리가 커집니다./이것을 당기면 물이 나옵니다./오른쪽으로 돌아가면 우체국이 있습니다.

つまみ 손잡이
回す 돌리다
音 소리
大きくなります 커집니다
引く 잡아당기다
出ます 나옵니다
曲がる 돌다, 돌아가다

셀로판지를 이용하여 말하기 연습을 해봅시다.

① 보기와 같이 「とき」를 이용하여 두 문장을 연결해 봅시다. L23-6

> 보기
> 新聞を　読みます・眼鏡を　かけます
> → 新聞を　読む　とき、眼鏡を　かけます。 신문을 읽을 때, 안경을 씁니다.

스스로 해본 후에 음성을 들으면서 따라하세요.

1) 病院へ　行きます・保険証を　忘れないで　ください →
2) 散歩します・いつも　カメラを　持って　行きます →
3) 漢字が　わかりません・この　辞書を　使います →
4) 現金が　ありません・カードで　買い物します →

眼鏡を かける 안경을 쓰다 ｜ 保険証 건강보험증 ｜ 忘れる 잊어버리다 ｜ ～ないで ください ～하지 마세요 ｜ 持つ 들다 ｜ ～て 行く ～해 가다, ～하고 가다 ｜ 辞書 사전 ｜ 使う 사용하다, 이용하다 ｜ 現金 현금 ｜ カード 신용카드 ｜ 買い物 쇼핑, 물건 사기

Answer
1) 病院へ 行く とき、保険証 を 忘れないで ください。
2) 散歩する とき、いつも カメラを 持って 行きます。
3) 漢字が わからない とき、この 辞書を 使います。
4) 現金が ない とき、カードで 買い物します。

 하나~더!

★ 辞書와 辞典의 차이점

「辞書」는 보통 단독으로 쓰입니다.
그에 비해 「辞典」은 단독으로 쓰이지 않고, 주로 「○○辞典」이라는 복합어로 쓰입니다.

한일사전 → 韓日辞典 (○)　韓日辞書 (?)
일한사전 → 日韓辞典 (○)　日韓辞書 (?)

그러나 복합어가 아니라 「の」를 사용하여 '사전'을 수식하는 경우에는 「辞書」를 사용합니다. '한일사전'이 아니라 '일본어사전'이라고 하려면 「日本語の辞書」라고 하면 되지요.

② 그림을 보면서 「とき」앞에 어떤 문장을 넣어야 할지 생각해 봅시다. L23-7

보기

1) 「行って　まいります」

→ 出かける　とき、「行って　まいります」と　言います。
외출할 때, '다녀오겠습니다'라고 말합니다.

2) 「ただいま」

→ うちへ　帰った　とき、「ただいま」と　言います。
집에 돌아왔을 때, '다녀왔습니다'라고 말합니다.

1) 「お休みなさい」→

2) 「おはようございます」→

3) 「ごちそうさま」→

4) 「失礼します」→

스스로 해본 후에
음성을 들으면서
따라하세요.

お休みなさい 안녕히 주무세요 ｜ ごちそうさま 잘 먹었습니다 ｜ 失礼します 실례합니다

💡 그림을 보면서 「とき」앞에 들어갈 적당한 표현을 떠올려 보세요.

1) 잠잘 때… 2) 만났을 때… 3) 먹었을 때… 4) 들어갈 때와 같은 표현을 생각해 냈다면 성공입니다. 그 다음에는 시제를 생각해 보세요. 사전형을 그대로 써야할지 「～た」형을 써야할지 말이죠.

Answer

1) 寝る とき、「お休みなさい」と 言います。

2) 朝 出会った とき、「おはようございます」と 言います。

3) ご飯を 食べた とき、「ごちそうさま」と 言います。

4) 人の 部屋へ 入る とき、「失礼します」と 言います。

입에 착 붙게 말하기

셀로판지를 이용하여 말하기 연습을 해봅시다.

③ 보기와 같이 「とき」를 이용하여 두 문장을 연결해 봅시다. 형용사와 명사의 형태에 주의하세요. L23-8

> **보기** 寂しいです・家族に 電話を かけます
> → 寂しいとき、家族に 電話を かけます。 쓸쓸할 때, 가족에게 전화를 겁니다.

1) 頭が 痛いです・この 薬を 飲みます →
2) 暇です・ビデオを 見ます →
3) 妻が 病気です・会社を 休みます →
4) 晩ごはんです・ワインを 飲みます →

頭 머리 ｜ 痛い 아프다 ｜ 薬 약 ｜ 薬を 飲む 약을 먹다 ｜ 暇 한가함, 여유 ｜ ビデオ 비디오 ｜ 見る 보다 ｜ 妻 아내, 처 ｜ 病気 병, 아픔 ｜ 休む 쉬다 ｜ 晩ごはん 저녁밥

💡 단어의 품사를 알아야 풀 수 있는 문제입니다. 품사에 주의하세요!

Answer
1) 頭が 痛い とき、この 薬を 飲みます。　2) 暇な とき、ビデオを 見ます。
3) 妻が 病気の とき、会社を 休みます。　4) 晩ごはんの とき、ワインを 飲みます。

④ 보기와 같이 「とき」를 이용하여 질문을 만들고 답해보세요. L23-9

> **보기** 受付の 人を 呼びます (この ボタンを 押します)
> → Q：受付の 人を 呼ぶ とき、どう しますか。 접수처 사람을 부를 때, 어떻게 합니까?
> 　 A：この ボタンを 押します。 이 버튼을 누릅니다.

1) フィルムを 入れます (ここを 開けて ください) →
2) 切符が 出ません (この ボタンを 押して ください) →
3) 電話番号を 知りたいです (104に 電話を かけます) →
4) 冷蔵庫が 故障です (電気屋を 呼びます) →

フィルム(film) 필름 ｜ 入れる 넣다 ｜ 開ける 열다 ｜ ～てください ～해 주세요, ～하세요 ｜ 切符 표 ｜ 出る 나오다 ｜ ボタン 버튼 ｜ 知りたい 알고 싶다 ｜ 電話を かける 전화를 걸다 ｜ 故障 고장 ｜ 電気屋 전자제품 수리점, 또는 그 가게의 수리공

Answer
1) Q：フィルムを 入れる とき、どう しますか。　A：ここを 開けて ください。
2) Q：切符が 出ない とき、どう しますか。　A：この ボタンを 押して ください。
3) Q：電話番号を 知りたい とき、どう しますか。　A：104に 電話を かけます。
4) Q：冷蔵庫が 故障の とき、どう しますか。　A：電気屋を 呼びます。

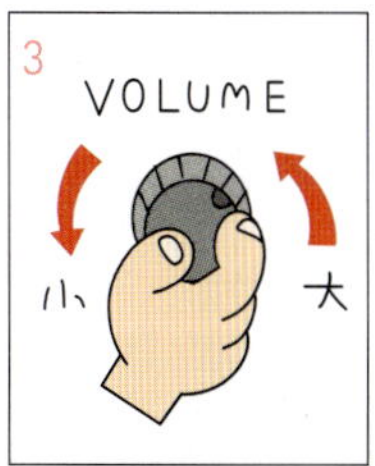

> 보기
> この　ボタンを　押します・切符が　出ます
> → この　ボタンを　押すと、切符が　出ます。 이 버튼을 누르면, 티켓이 나옵니다.

스스로 해본 후에 음성을 들으면서 따라하세요.

1) これを　引きます・いすが　動きます →

2) これに　触ります・水が　出ます →

3) この　つまみを　左へ　回します・音が　小さく　なります →

4) この　つまみを　右へ　回します・電気が　明るく　なります →

引く 당기다 │ 動く 움직이다 │ 触る 만지다 │ つまみ 손잡이 │ 回す 돌리다 │ 音 소리 │ 小さく なる 작아지다 │ 電気 전기, 전기불 │ 明るくなる 밝아지다

💡 「～に 触ります」에 주의하세요.

한국어로는 '～을/를 만집니다' 라고 하지만, 일본어로는 「～に 触ります」라고 합니다. 그렇다면 '작품을 만지지 마세요' 라고 말하고 싶다면 어떻게 하면 될까요? 「作品に 触らないで ください」라고 하면 되겠군요!

💡 「～なります」 기억나세요?

「～なります」는 '～해집니다, ～이 됩니다' 라는 뜻이죠. 19과에서 공부했지만 잠깐 복습해 볼까요.

い형용사	ちいさい → ちいさく なります		あかるい → あかるく なります
	작다　　　작아집니다		밝다　　　밝아집니다
な형용사	げんき → げんきに なります		きれい → きれいに なります
	건강함　　건강해집니다		예쁨　　　예뻐집니다
명사	25歳 → 25歳に なります		大学生 → 大学生に なります
	25살　　25살이 됩니다		대학생　　대학생이 됩니다

Answer
1) これを 引くと いすが 動きます。
2) これに 触ると 水が 出ます。
3) この つまみを 左へ 回すと 音が 小さく なります。
4) この つまみを 右へ 回すと 電気が 明るく なります。

6 보기와 같이 위치를 묻고 대답해 봅시다. 그림을 잘 보고 어떻게 대답하는 것이 좋을지 생각해 봅시다. L23-11

보기　ぎんこう　銀行 → Q：銀行は どこですか。 은행은 어디입니까?

A：あの 交差点を 右へ 曲がると、左に あります。
저 교차로를 오른쪽으로 돌면, 왼쪽에 있습니다.

스스로 해본 후에 음성을 들으면서 따라하세요.

1) しやくしょ 市役所 →

2) びじゅつかん 美術館 →

3) ちゅうしゃじょう 駐車場 →

4) でんわ 電話 →

しやくしょ 市役所 시청 ｜ びじゅつかん 美術館 미술관 ｜ ちゅうしゃじょう 駐車場 주차장

이 문제는 다양한 대답이 가능합니다. 그림을 잘 보고 추측해 봅시다.

1)번과 같은 경우에는 '두번째 골목을 오른쪽으로 돌아서…' 라고 표현하면 어떨까요?

2)번은 '교차로를 왼쪽으로 돌아서…' 라고 할 수도 있지만 신호등 그림이 있으니, '신호등을 왼쪽으로 돌아서…' 라고 표현할 수도 있겠네요.

3)번은 다리를 건너야겠군요.

4)번은 50미터 정도 '가면…' 이라고 할 수도 있겠고 '걸으면…' 이라고 할 수도 있겠죠.

Answer

1) Q：しやくしょ 市役所は どこですか。
A：ふたつ目の 角を 右に 曲がると 左に あります。

2) Q：びじゅつかん 美術館は どこですか。
A：あの 信号を 左に 曲がると 右に あります。

3) Q：ちゅうしゃじょう 駐車場は どこですか。
A：あの 橋を 渡ると 左に あります。

4) Q：でんわ 電話は どこですか。
A：50メートルぐらい 歩くと 右に あります。

※보충문제

1. 다음을 일본어로 옮겨 보세요.

(1) 젊을 때 여행을 하세요.

(2) 더울 때 에어컨을 켭니다.

(3) 추울 때 난방기를 켭니다.

(4) 조용할 때 책을 읽습니다.

(5) 건강할 때 몸에 신경쓰세요.

(6) 학생 때 열심히 공부하세요.

Answer

(1) 若い とき 旅行を して ください。

(2) 暑い とき クーラー(エアコン)を つけます。

(3) 寒い とき だんぼう(エアコン)を つけます。

(4) 静かな とき 本を 読みます。

(5) 元気な とき 体に 気を つけて ください。

(6) 学生の とき 一生懸命 勉強して ください。

2. 다음을 일본어로 옮겨 보세요.

(1) 길을 모를 때 지도를 봅니다.

(2) 아무도 없을 때 노래를 부릅니다.

(3) 시간이 없을 때 택시를 탑니다.

(4) 전철이 오지 않을 때 버스로 갑니다.

(5) 자동차가 움직이지 않을 때 보험회사에 전화를 겁니다.

Answer

(1) 道が わからない とき 地図を 見ます。

(2) だれも いない とき 歌を 歌います。

(3) 時間が ない とき タクシーに 乗ります。

(4) 電車が 来ない とき バスで 行きます。

(5) 車が 動かない とき 保険会社に 電話を かけます。

L23-12

● 「とき」를 이용하여 '~할 때'라는 표현을 연습해 봅시다.

회화 1

A すみません。この ①機械（きかい）の 使い方（つかいかた）を 教（おし）えて ください。
죄송합니다. 이 기계의 사용법을 가르쳐 주십시오.

B ええ。
네.

A ②お金（かね）を 出（だ）す とき、どう しますか。
돈을 꺼낼 때, 어떻게 합니까?

B この ボタンを 押（お）します。
이 버튼을 누릅니다.

1) ① ビデオ　② テープを 止（と）めます　　2) ① ファックス ② 紙（かみ）を 入（い）れます

3) ① コピー　② サイズを 変（か）えます

止（と）める 멈추다 ｜ 紙（かみ） 종이 ｜ コピー (copy) 복사 ｜ 変（か）える 바꾸다
1) ①비디오 ②테이프를 멈춥니다　2) ①팩스 ②종이를 넣습니다　3) ①복사 ②사이즈를 바꿉니다

L23-13

● 「とき」를 이용하여 '~했을 때'라는 표현을 연습해 봅시다.

회화 2

A すみません。
실례합니다.

B 何（なん）ですか。
무슨 일이시죠?

A ① 友達（ともだち）が 会社（かいしゃ）に 入（はい）った とき、日本人（にほんじん）は どんな 物（もの）を あげますか。
친구가 회사에 들어갔을 때, 일본사람들은 어떤 선물을 주나요?

B そうですね。② ネクタイや かばん などですね。
글쎄요. 넥타이나 가방 같은 것이죠.

A そうですか。
그래요~.

1) ① 友達（ともだち）が 結婚（けっこん）します　　② お金（かね）や 電気製品（でんきせいひん）

2) ① 子供（こども）が 生（う）まれました　　② お金（かね）や 服（ふく）

3) ① 友達（ともだち）が 新（あたら）しい うちに 引（ひ）っ越（こ）ししました　　② 絵（え）や 時計（とけい）

結婚（けっこん） 결혼 ｜ お金（かね） 돈 ｜ 電気製品（でんきせいひん） 전기제품 ｜ 子供（こども） 어린이, 아이 ｜ 生（う）まれる 태어나다 ｜ 服（ふく） 옷 ｜ 新（あたら）しい 새롭다 ｜ 引（ひ）っ越（こ）し 이사 ｜ 絵（え） 그림
1) ①친구가 결혼합니다　　②돈이나 전기제품　2) ①아이가 태어났습니다 ②돈이나 옷
3) ①친구가 새 집으로 이사를 갔습니다 ②그림이나 시계

회화 3

● 「と」를 이용하여 길안내를 해 봅시다.

A ちょっと　すみません。この　近^{ちか}くに
① 銀行^{ぎんこう} が　ありますか。

잠깐 실례합니다. 이 근처에
은행이 있습니까?

B ① 銀行 ですか。あそこに　信号^{しんごう}が
ありますね。

은행이요? 저기에 신호등이
있지요?

A ええ。

네.

B あそこを　渡^{わた}って、② まっすぐ　行^いく と、
右^{みぎ}に　あります。

저기를 건너서, 곧장 가면
오른쪽에 있습니다.

---

1) ① スーパー　② 1つ目^{ひと め}の　角^{かど}を　右^{みぎ}へ　曲^まがります
2) ① 郵便局^{ゆうびんきょく}　② 2つ目^{ふた め}の　角を　左^{ひだり}へ　曲がります
3) ① 本屋^{ほん や}　② 100メートルぐらい　歩^{ある}きます

1) ①슈퍼마켓　②첫 번째 모퉁이를 오른쪽으로 돕니다
2) ①우체국　②두 번째 모퉁이를 왼쪽으로 돕니다
3) ①서점　②100미터 정도 걷습니다

셀로판지를 이용하여 회화 연습을 해봅시다.

どうやって　行きますか (어떻게 해서 갑니까?)

L23-15

외국어로 길을 묻고 답하기는 참 어려운 일이죠. 어떻게 묻고 어떻게 설명해야 하는지 잘 익혀 둡시다.

図書館の人	はい、みどり図書館です。
カリナ	あのう、そちらまで　どうやって　行きますか。
図書館の人	本田駅から　12番の　バスに　乗って、 図書館前で　降りて　ください。 3つ目です。
カリナ	3つ目ですね。
図書館の人	ええ。降りると、前に　公園が　あります。 図書館は　その　公園の　中の　白い　建物です。
カリナ	わかりました。 あ、それから　本を　借りる　とき、何か　要りますか。
図書館の人	外国の　方ですか。
カリナ	はい。
図書館の人	じゃ、外国人登録証を　持って　来て　ください。
カリナ	はい。どうも　ありがとう　ございました。

どうやって 어떻게, 어떻게 해서

3つ目(みっつめ) 세 번째

降(お)りる 내리다

借(か)りる (남에게서) 빌리다

何(なに)か 뭔가, 무언가

要(い)ります 필요합니다 ▶要(い)る

도서관 직원 : 네, 미도리 도서관입니다.
카리나 : 저…. 거기까지 어떻게 해서 가나요?
도서관 직원 : 혼다역에서 12번 버스를 타고, 도서관 앞에서 내리세요. 세 번째입니다.
카리나 : 세 번째죠?
도서관 직원 : 네. 내리면 앞에 공원이 있습니다. 도서관은 그 공원 안의 하얀 건물입니다.
카리나 : 알겠습니다. 아, 그리고 책을 빌릴 때 뭔가 필요한가요?
도서관 직원 : 외국분이세요?
카리나 : 네.
도서관 직원 : 그럼, 외국인등록증을 가지고 오세요.
카리나 : 네. 대단히 감사합니다.

① **どうやって** 어떻게, 어떻게 해서

「どう」는 '어떻게' 라는 뜻이죠. 「やって」는 '해서' 라는 의미로 「やります(합니다)」에서 왔어요. 그러므로 「どうやって」는 '어떻게 해서' 라는 뜻이 되지요. 간혹 호기심이 왕성한 어린 아이들이 「どうやって、どうやって?」를 연발하며 어려운 질문을 해서 부모님을 당황하게 하곤 하기도 하죠. ^^;

② **출발지점을 나타내는 「から」**

'혼다역에서(버스를 타고…)' 라고 말하고 싶을 때 「本田駅で」라고 해도 되지만, 이 회화문에서는 「本田駅から」라고 했습니다. 「から」는 출발지점을 나타내는 의미가 있으므로 '혼다역에서부터 (버스를 타고…)' 라는 의미로 썼다고 생각하면 되겠지요.

③ **3つ目ですね。** 세 번째(정거장이)죠?

3つ目란 '세 번째' 라는 뜻입니다. 이 회화문에서는 문맥상 세 번째 정거장을 가리키겠지요. 「～ですね」는 상대방의 말을 다시 한 번 확인하고 싶을 때 쓸 수 있습니다. '세번째 정거장이죠?', '세 번째 정거장이요?' 라는 의미라고 생각하면 되겠습니다.

④ **「借ります」는 '빌립니다' 「貸します」는 '빌려줍니다'**

「借ります」와 「貸します」는 아주 헷갈리는 단어입니다. 「借ります」는 '내가 남에게 물건을 빌립니다' 라는 의미이고, 반대로 「貸します」는 '내가 남에게 물건을 빌려줍니다' 라는 뜻입니다. 헷갈리시면 빌**리**다→카**리**루(かりる)로 하나만 확실히 외워두세요.
시험기간이 되면 항상 친구의 노트를 「借ります」하는 학생이 있고, 반대로 「貸します」하는 학생이 있죠. 여러분은 어느 쪽???

⑤ **「何か」는 뭔가? 「何が」는 무엇이?**

「何か 要りますか」는 '뭔가 필요합니까?' 라는 뜻으로, 무언가가 필요한지 안 필요한지를 묻는 의문문입니다. 그에 반해 「何が 要りますか」는 '무엇이 필요합니까?' 라는 뜻으로, 뭔가가 필요하다는 것은 아는데 무엇이 필요한지를 묻는 의문문이죠.

⑥ **持って 来て ください** 가지고 오세요

「～て 来ます」는 '~하고 옵니다' 라는 의미입니다. 「持ちます」가 '집습니다, 듭니다, 갖습니다' 라는 의미이므로, 「持って 来ます」는 '가지고 옵니다' 라는 뜻이 되지요. 그럼 「行って 来ます」는 무슨 뜻이지요? 「行きます」가 '갑니다' 라는 뜻이니까 '갔다 오겠습니다' 즉, '다녀오겠습니다' 라는 뜻이지요.

1 질문을 듣고 자기의 상황에 비추어 자유롭게 답하세요.

L23-16

1) ____

2) ____

3) ____

4) ____

5) ____

2 대화를 잘 듣고 상황에 맞게 표현한 그림을 고르세요.

L23-17

1

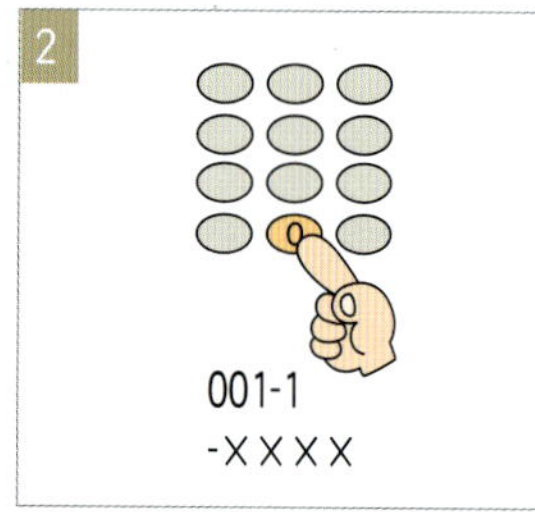

2

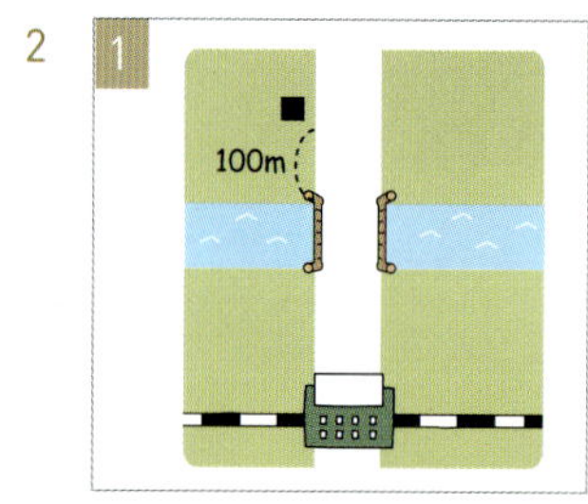

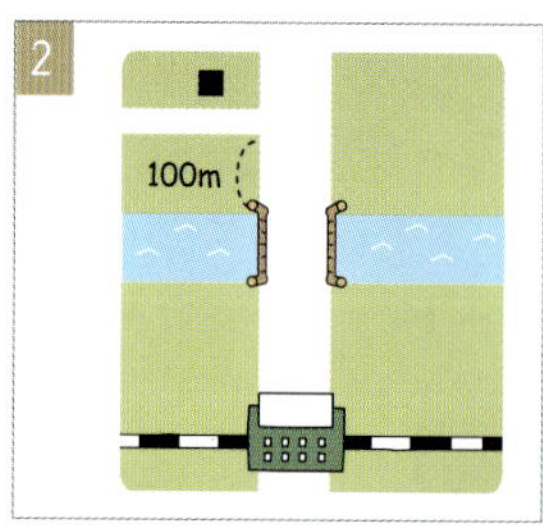

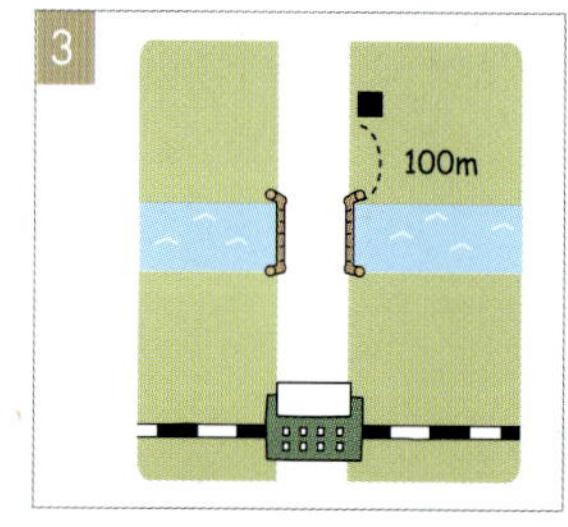

3 대화를 듣고 제시문에 맞으면 ○, 틀리면 ×표를 하세요.

L23-18

1) (   )   2) (   )   3) (   )

④ 보기와 같이 단어를 골라 알맞은 형태로 바꾸어 문장을 완성하세요.

あります　~~います~~　借ります　行きます　渡ります　出ます

보기
1) 買い物に　（行く）　とき、カードを　持って　行きます。
쇼핑하러 갈 때, 카드를 가지고 갑니다.

2) 妻が　（いない）　とき、レストランで　食事します。
아내가 없을 때, 레스토랑에서 식사합니다.

1) 図書館で　本を　（　　　　　）　とき、カードが　要ります。

2) 道を　（　　　　　）　とき、左と　右を　よく　見なければ　なりません。

3) 時間が　（　　　　　）　とき、朝ごはんを　食べません。

4) お釣りが　（　　　　　）　とき、この　ボタンを　押して　ください。

⑤ 문맥상 （　　）안에 들어갈 적당한 표현을 고르세요.

보기
うちへ　（　帰る　(帰った)　）　とき、「ただいま」と　言います。
집에 돌아왔을 때, '다녀왔습니다'라고 말합니다.

1) （疲れる、疲れた）　とき、熱い　おふろに　入って、早く　寝ます。

2) うちを　（出る、出た）　とき、電気を　消しませんでした。

3) 朝　（起きる、起きた）　とき、家族の　写真に　「おはよう」と　言います。

4) きのうの　夜　（寝る、寝た）　とき、少し　お酒を　飲みました。

⑥ (　　) 안에 주어진 표현을 「とき」에 연결될 수 있도록 고치세요.

> 보기　(眠いです → 眠い)　とき、顔を　洗います。졸릴 때 세수합니다.

1) (暇です →　　　　)　とき、遊びに　来て　ください。

2) (独身です →　　　　)　とき、よく旅行を　しました。

3) 母は　(若いです →　　　　)　とき、とても　きれいでした。

⑦ (　　) 안에 들어갈 적당한 말을 쓰세요.

> 보기　この　お茶を　(飲む)と、元気に　なります。이 차를 마시면 건강해집니다.

1) あの　交差点を　左へ　(　　　　　　)と、銀行が　あります。

2) この　つまみを　右へ　(　　　　　　)と、音が　大きく　なります。

3) この　料理は　少し　お酒を　(　　　　　　)と、おいしく　なります。

⑧ 다음은 일본의 聖徳太子에 관한 글입니다. 글을 잘 읽고 주어진 제시문이 맞으면 ○, 틀리면 ×표를 하세요.

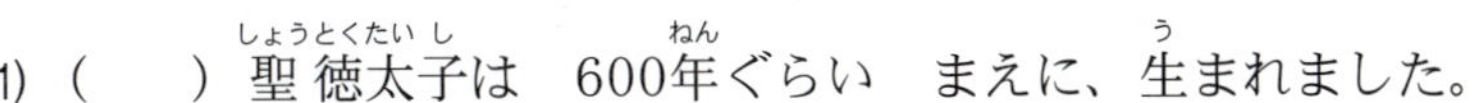

聖徳太子

聖徳太子は　574年に　奈良で　生まれました。子どもの　とき、勉強が　好きで、馬の　乗り方も　上手で、友達が　たくさん　いました。一度に　10人の　人の　話を　聞く　ことが　できました。

　20歳に　なった　とき、国の　政治の　仕事を　始めました。そして　お寺を　造ったり、日本人を　中国に　送ったりしました。中国から　漢字や政治の　し方や　町の　造り方などを　習いました。本も　書きました。

　聖徳太子が　造った　法隆寺は　奈良に　あります。世界の　木の　建物の　中で　いちばん　古い　建物です。

1) (　　) 聖徳太子は　600年ぐらい　まえに、生まれました。

2) (　　) 聖徳太子は　友達が　10人　いました。

3) (　　) 聖徳太子は　中国へ　行って、漢字や　馬の　乗り方を　習いました。

4) (　　) 法隆寺は　世界の　建物の　中で　いちばん　古いです。

Lesson 24

'～해 줍니다', '～해 받습니다'라는

표현을 익힙시다.

중요단어 파악하기

나 ➡ 남
～て あげます (내가 남에게 ～해 줍니다)

나 ⬅ 남
～て くれます (남이 나에게 ～해 줍니다)

나 ⬅ 남
～て もらいます (내가 남에게 ～해 받습니다)

※○표 한 쪽이 주어, 화살표는 행동의 방향

1 佐藤さんは　わたしに　クリスマスカードを
　　①　　　　　　②　　　　　③
①사토 씨는　　②나에게　　③크리스마스카드를

くれました。
④
④주었습니다.

2 わたしは　木村さんに　本を　貸して　あげました。
　　①　　　　②　　　　③　　④　　　⑤
①나는　　②기무라 씨에게　③책을　④빌려　⑤주었습니다.

3 わたしは　山田さんに　病院の　電話番号を
　　①　　　　②　　　　③　　　④
①나는　　②야마다 씨에게　③병원　④전화번호를

教えて　もらいました。
⑤　　　⑥
⑤가르쳐　⑥받았습니다.

4 母は　わたしに　セーターを　送って　くれました。
　　①　　②　　　　③　　　　④　　　⑤
①어머니는　②나에게　③스웨터를　④보내　⑤주었습니다.

1 (남이) 나에게 ~을 주었습니다.

わたしに　～を　くれました。

누군가에게 물건을 준다는 표현을 할 때 주의해야 할 점이 있습니다. 준다는 의미의 단어가 두 가지로 구분되어 있거든요!
내가 남에게 무언가를 줄 때는 「あげます」를 사용합니다.
남이 나에게 무언가를 줄 때는 「くれます」를 사용합니다.
간단히 나타내면 다음과 같습니다.

나 ——→ 남　　　나 ←—— 남　　　나 ←—— 남
　あげます　　　　　くれます　　　　　もらいます

자, 그럼 먼저 「くれます」를 연습해 보겠습니다.

L24-2

음성을 들으면서 따라하세요.

ミラーさんは	わたしに	ワイン	を	くれました。
		はな		
		カード		

ワイン 와인
はな
花 꽃

밀러 씨는 나에게 [와인/꽃/카드]를 주었습니다.

2 (남)이 주었습니다.

～が　くれました。

누군가가 무엇을 주었다는 표현입니다. 조사 「が」를 씁니다.

L24-3

음성을 들으면서 따라하세요.

これは	ブラジルの　コーヒーです。	サントスさん	が　くれました。
	メキシコの　帽子です。	ミラーさん	
	中国の　お茶です。	ワンさん	

이것은 [브라질 커피입니다/멕시코 모자입니다/중국차입니다].
[산토스 씨/밀러 씨/왕 씨]가 주었습니다.

～に　～て　あげます。

💡「あげます」와「くれます」는 동사의「て형」에 연결되어 '～해 줍니다'라는 뜻을 나타냅니다. 다만 이 때도 조심하실 것은 내가 남에게 해 줄 때는「～て あげます」를 쓰고 남이 나에게 해 줄 때는「～て くれます」를 쓴다는 점입니다.

나 ―――→ 남　　　나 ←――― 남　　　나 ←――― 남
　～て あげます　　　　～て くれます　　　　～てもらいます

🎧 L24-4

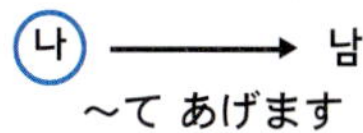

음성을 들으면서 따라하세요.

言葉 단어
意味 의미
説明 설명

私は　カリナさんに	CDを	貸して	あげました。
	電話番号を	教えて	
	ことばの　意味を	説明して	

나는 카리나 씨에게 [CD를 빌려/전화번호를 가르쳐/단어의 의미를 설명해] 주었습니다.

💡「～て あげます」를 잘못 쓰면 생색내는 느낌?!

「～て あげます」라는 표현을 쓸 때 또 한 가지 주의할 점이 있다면 잘못하면 남에게 생색을 내는 듯한 느낌을 줄 수 있다는 점입니다. 예를 들어 상대방에게 '택시를 불러 드릴까요?'라고 말하고 싶을 때「タクシーを 呼んで あげましょうか」라고 하거나 '도와드릴까요?'라고 말하고 싶을 때「手伝って あげましょうか」라고 한다면 문법적으로는 아무 문제가 없으나, 자칫 '내가 너를 위해서 해 준다'는 건방진 느낌을 줄 수 있습니다.

이와 같이 내가 이야기를 듣는 상대방에게 어떤 행동을 해 줄 때는「～て あげます」를 굳이 쓰지 않는 것이 좋습니다. 하지만 제삼자끼리 어떤 행동을 해 주었다는 말을 할 때는 크게 신경 쓰지 않으셔도 됩니다.

그나저나 그럼 상대방에게 직접 어떤 행동을 해 줄 때는 어떻게 말하면 되냐고요?「～て あげます」를 빼고 그냥「～ましょうか」를 써서「タクシーを 呼びましょうか。」「手伝いましょうか」라고 하시면 됩니다. 겸양표현을 이용한 정중한 표현도 있으나 그것은 나중에 공부하기로 하죠.

4 (내가) 남에게 ~해 받습니다.

～に　～て　もらいます。

동사의 「て형」에 「もらいます」를 연결하면 '~해 받습니다'라는 뜻이 됩니다. 한국어로는 '~해 받습니다'라는 말투가 매우 어색하지만 일본어에서는 자주 쓰는 표현입니다. 「～て もらいます」를 연습하기 위해 일단은 '~해 받습니다'라고 번역하기로 하겠습니다.

L24-5

私は　山田さんに	大阪城へ	連れて　いって	もらいました。
	引っ越しを	手伝って	
	旅行の　写真を	見せて	

나는 야마다 씨에게 [오사카성에 데려가/이사를 도와/여행 사진을 보여] 받았습니다.

한국어로 자연스럽게 의역하자면 다음과 같습니다.

야마다 씨는 [나를 오사카성에 데려가/나의 이사를 도와/나에게 여행 사진을 보여] 주었습니다.

위의 「～てもらいます」 예문은 다음과 같이 「～てくれます」로 바꿀 수 있습니다.

・私は　山田さんに　大阪城へ　連れていって　もらいました。

→山田さんは(が)　私を　大阪城へ　連れていって　くれました。

・私は　山田さんに　引っ越しを　手伝って　もらいました。

→山田さんは(が)　(私の)引っ越しを　手伝って　くれました。

・私は　山田さんに　旅行の　写真を　見せて　もらいました。

→山田さんは(が)　私に　旅行の　写真を　見せて　くれました。

음성을 들으면서 따라하세요.

大阪城　오사카성(16세기 말 도요토미 히데요시(豊臣秀吉)가 건축. 오사카의 관광명소)

連れて いく 데려가다

引っ越し 이사

手伝う 돕다

見せる (남에게) 보이다, 보여주다

5 (남이) 나에게 ~해 줍니다.

私に　～て　くれます

💡「～て くれます」는 '남이 나에게 ~해 줍니다'라는 의미입니다.

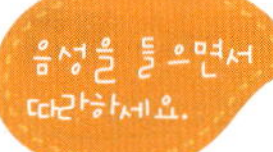

地図 지도

かきます 그립니다, 씁니다

コーヒーを 入れます 커피
　를 탑니다

お風呂 욕조, 목욕

お風呂に 入ります 목욕을
　합니다

お風呂の 入り方 목욕하는
　법

説明 설명

L24-6

山田さんは　私に	地図を	かいて	くれました。
	コーヒーを	入れて	
	おふろの　入り方を	説明して	

[야마다 씨는 나에게 [지도를 그려/커피를 타/목욕하는 법을 설명해] 주었습니다.

💡 여기서도 「～て くれます」는 「～て もらいます」로 바꿀 수 있습니다. 다만 이 경우에 주어가 달라지겠지요.

(가)　山田さんは　私に　地図を　かいて　<u>くれました</u>。

(가´)　私は　　　　山田さんに　地図を　かいて　<u>もらいました</u>。
　　　야마다씨는　나에게　　　　지도를 그려 주었습니다.
　　　나는　　　　야마다 씨에게 지도를 그려 받았습니다.

(나)　山田さんは　私に　写真を　見せて　<u>くれました</u>。

(나´)　私は　　　　山田さんに　写真を　見せて　<u>もらいました</u>。
　　　야마다 씨는　나에게　　　　사진을 보여 주었습니다.
　　　나는　　　　야마다 씨에게 사진을 보여 받았습니다.

※ 그렇다면 같은 의미인데 왜 두 가지 표현이 있을까요?

엄밀히 말하면 「～て くれます」보다 「～て もらいます」를 사용하는 쪽이 더 감사의 느낌이 강하게 나타난다고 할 수 있습니다. 위의 문장 중 (가´)와 같이 「地図を かいて もらいました」라고 하면 '나 자신이 지도를 원하고 있어서 야마다씨에게 부탁을 하였으며 그 결과 야마다씨가 지도를 그려 주어서 난 너무나 감사한다'라는 의미가 내포되어 있다고나 할까요. 그러나 (가´)에 비해 상대적으로 (가)는 그와 같은 절박함과 감사의 마음이 덜 나타난다고 할 수 있습니다.

셀로판지를 이용하여 말하기 연습을 해봅시다.

① 그림을 보고 「もらいました」와 「くれました」를 이용하여 두 가지 문장을 만들어 봅시다. L24-7

보기
→ わたしは　イーさんに　プレゼントを　もらいました。 나는 이 씨에게 선물을 받았습니다.

→ イーさんは　わたしに　プレゼントを　くれました。 이 씨는 나에게 선물을 주었습니다.

스스로 해본 후에 음성을 들으면서 따라하세요.

1) →
　 →

2) →
　 →

3) →
　 →

4) →
　 →

サッカー 축구 ｜ 帽子（ぼうし） 모자 ｜ 花束（はなたば） 꽃다발

Answer

1) → わたしは サントスさんに コーヒーを もらいました。
　 → サントスさんは わたしに コーヒーを くれました。
2) → わたしは シュミットさんに サッカーの チケットを もらいました。
　 → シュミットさんは わたしに サッカーの チケットを くれました。
3) → わたしは マリアさんに 帽子（ぼうし）を もらいました。
　 → マリアさんは わたしに 帽子（ぼうし）を くれました。
4) → わたしは ミラーさんに 花束（はなたば）を もらいました。
　 → ミラーさんは わたしに 花束（はなたば）を くれました。

② 보기와 같이 「〜て あげました」를 이용하여 문장을 만들어 봅시다. L24-8

보기
おじいさん・道（みち）を　教（おし）えます

→ わたしは　おじいさんに　道（みち）を　教（おし）えて　あげました。 나는 할아버지에게 길을 가르쳐 주었습니다.

스스로 해본 후에 음성을 들으면서 따라하세요.

1) テレサちゃん・自転車（じてんしゃ）を　貸（か）します →

2) おばあさん・手紙（てがみ）を　読（よ）みます →

3) 友達（ともだち）・スペイン 料理（りょうり）を　作（つく）ります →

4) 太郎君（たろうくん）・飛行機（ひこうき）の　雑誌（ざっし）を　見（み）せます →

<ruby>自転車<rt>じ てんしゃ</rt></ruby> 자전거 ｜ <ruby>貸<rt>か</rt></ruby>します (남에게) 빌려주다 ｜ <ruby>手紙<rt>て がみ</rt></ruby> 편지

Answer
1) わたしは テレサちゃんに <ruby>自転車<rt>じ てんしゃ</rt></ruby>を <ruby>貸<rt>か</rt></ruby>して あげました。
2) わたしは おばあさんに <ruby>手紙<rt>て がみ</rt></ruby>を <ruby>読<rt>よ</rt></ruby>んで あげました。
3) わたしは <ruby>友達<rt>ともだち</rt></ruby>に スペイン <ruby>料理<rt>りょうり</rt></ruby>を <ruby>作<rt>つく</rt></ruby>って あげました。
4) わたしは <ruby>太郎君<rt>たろうくん</rt></ruby>に <ruby>飛行機<rt>ひこうき</rt></ruby>の <ruby>雑誌<rt>ざっし</rt></ruby>を <ruby>見<rt>み</rt></ruby>せて あげました。

③ 그림에 제시된 동사에 「〜て もらいました」와 「〜て くれました」를 연결하여 두 가지 문장을 만들어 봅시다.  L24-9

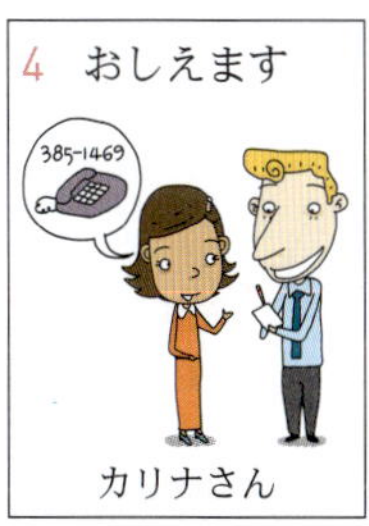

보기
→ わたしは <ruby>佐藤<rt>さ とう</rt></ruby>さんに <ruby>傘<rt>かさ</rt></ruby>を <ruby>貸<rt>か</rt></ruby>して もらいました。 나는 사토 씨에게 우산을 빌려 받았습니다.
→ <ruby>佐藤<rt>さ とう</rt></ruby>さんは わたしに <ruby>傘<rt>かさ</rt></ruby>を <ruby>貸<rt>か</rt></ruby>して くれました。 사토 씨는 나에게 우산을 빌려 주었습니다.

1) →
　 →

2) →
　 →

3) →
　 →

4) →
　 →

스스로 해본 후에 음성을 들으면서 따라하세요.

<ruby>紹介<rt>しょうかい</rt></ruby> 소개 ｜ <ruby>地図<rt>ち ず</rt></ruby> 지도 ｜ <ruby>教<rt>おし</rt></ruby>える 가르치다

Answer
1) → わたしは ワンさんに <ruby>写真<rt>しゃしん</rt></ruby>を <ruby>見<rt>み</rt></ruby>せて もらいました。
　 → ワンさんは わたしに <ruby>写真<rt>しゃしん</rt></ruby>を <ruby>見<rt>み</rt></ruby>せて くれました。
2) → わたしは タワポンさんに <ruby>田中<rt>た なか</rt></ruby>さんを <ruby>紹介<rt>しょうかい</rt></ruby>して もらいました。
　 → タワポンさんは わたしに <ruby>田中<rt>た なか</rt></ruby>さんを <ruby>紹介<rt>しょうかい</rt></ruby>して くれました。
3) → わたしは ワットさんに <ruby>地図<rt>ち ず</rt></ruby>を かいて もらいました。
　 → ワットさんは わたしに <ruby>地図<rt>ち ず</rt></ruby>を かいて くれました。
4) → わたしは カリナさんに <ruby>電話番号<rt>でん わ ばんごう</rt></ruby>を <ruby>教<rt>おし</rt></ruby>えて もらいました。
　 → カリナさんは わたしに <ruby>電話番号<rt>でん わ ばんごう</rt></ruby>を <ruby>教<rt>おし</rt></ruby>えて くれました。

💡 「〜て もらいます」를 처음 공부하는 분들은 「〜て くれます」라는 문장을 만들기가 쉽지 않을 것입니다. 직역하자면 1)번은 '보여 받습니다' 2)번은 '소개해 받습니다' 3)번은 '써 받습니다' 4)번은 '가르쳐 받습니다'라고 할 수 있습니다. 어려워하지 마시고 꼼꼼히 따져서 꼭 맞추세요!

④ 보기와 같이 「～て もらいます」를 이용하여 묻고 답하세요. L24-10

보기
日本語を 教えます（小林 先生）→

Q : だれに 日本語を 教えて もらいましたか。 누구에게서 일본어를 가르쳐 받았습니까?

A : 小林先生に 教えて もらいました。 고바야시 선생님에게서 가르쳐 받았습니다.

스스로 해본 후에 음성을 들으면서 따라하세요.

1) 本を 貸します（佐藤さん）→
2) コピーを 手伝います（山田さん）→
3) 京都を 案内します（木村さん）→
4) すき焼きを 作ります（松本さん）→

💡 매우 어려운 문제입니다. 정답을 꼼꼼히 확인하시기 바랍니다. 한국인으로서는 의미 파악이 쉽지 않기 때문에 한국어의 직역과 의역을 덧붙였습니다.

Answer

1) Q : だれに 本を 貸して もらいましたか。 누구에게서 책을 빌려 받았습니까? = 누가 책을 빌려 주었습니까?
　 A : 佐藤さんに 貸して もらいました。 사토 씨에게서 빌려 받았습니다. = 사토 씨가 빌려 주었습니다.

2) Q : だれに コピーを 手伝って もらいましたか。 누구에게서 복사를 도와 받았습니까? = 누가 복사를 도와 주었습니까?
　 A : 山田さんに 手伝って もらいました。 야마다 씨에게서 도와 받았습니다. = 야마다 씨가 도와 주었습니다.

3) Q : だれに 京都を 案内して もらいましたか。 누구에게서 교토를 안내해 받았습니까? = 누가 교토를 안내해 주었습니까?
　 A : 木村さんに 案内して もらいました。 기무라 씨에게서 안내해 받았습니다. = 기무라 씨가 안내해 주었습니다.

4) Q : だれに すき焼きを 作って もらいましたか。 누구에게서 스키야키를 만들어 받았습니까? = 누가 스키야키를 만들어 주었습니까?
　 A : 松本さんに 作って もらいました。 마츠모토 씨에게서 만들어 받았습니다. = 마츠모토 씨가 만들어 주었습니다.

5 보기와 같이 「～て くれます」를 이용하여 묻고 답하세요. L24-11

보기 お金を　払います（山田さん）

Q：だれが　お金を　払って　くれましたか。 누가 돈을 내 주었습니까?

A：山田さんが　払って　くれました。 야마다 씨가 내 주었습니다.

1) セーターを　送ります（母）

2) 大阪城へ　連れて　行きます（会社の　人）

3) 駅まで　送ります（友達）

4) 写真を　撮ります（サントスさん）

Answer

1) Q：だれが セーターを 送って くれましたか。
　　A：母が 送って くれました。

2) Q：だれが 大阪城へ 連れて 行って くれましたか。
　　A：会社の人が 連れて 行って くれました。

3) Q：だれが 駅まで 送って くれましたか。
　　A：友達が 送って くれました。

4) Q：だれが 写真を 撮って くれましたか。
　　A：サントスさんが 撮って くれました。

L24-12

● 「とき」를 이용하여 '~했을 때'라는 표현을 연습해 봅시다.

회화 1

A すてきな ① かばん ですね。　　멋진 가방이군요.

B ありがとう ございます。　　감사합니다.

② 大学に 入った とき、　　대학에 들어갔을 때,

③ 姉 が くれました。　　언니가 줬어요.

1) ① スーツ　② 大学を 出ました　③ 母
2) ① ネクタイ　② 会社に 入りました　③ 兄
3) ① 時計　② 結婚しました　③ 父

スーツ[suit] 남성, 여성의 양복 정장
1) ①정장 ②대학을 나왔습니다 ③어머니　　2) ①넥타이 ②회사에 들어갔습니다 ③형
3) ①시계 ②결혼했습니다　③아버지

L24-13

● 「~て もらいます」를 이용하여 '~해 받았습니다'라는 표현을 연습해 봅시다.

회화 2

A ① 一人で 来 ましたか。　　혼자서 왔습니까?

B いいえ。佐藤さんに ② 連れて 来て　　아니요, 사토 씨에게서 데리고 와

もらいました。　　받았습니다.(사토 씨가 데려다 주었습니다)

A そうですか。　　그래요~.

1) ① 電車で 来ます　　② 車で 送ります
2) ① 使い方が すぐ わかります　　② 説明します
3) ① 全部 一人で します　　② 手伝います

1) ①전철로 옵니다　②자동차로 태워줍니다　2) ①사용법을 금방 알 수 있습니다 ②설명합니다
3) ①전부 혼자서 합니다 ②도와줍니다

L24-14

회화 **3**

● 「～て くれました」를 이용하여 '남이 나에게 ～해 주었습니다'라는 표현을 연습해 봅시다.

A もう　出張の　準備を　しましたか。　　　　　벌써 출장 준비를 했습니까?

B はい。　　　　　네.

A ① 資料 は？　　　　　자료는요?

B 佐藤さんが　② コピーして　くれました。　사토 씨가 복사해 주었습니다.

1) ① 新幹線の　切符　　② 買いに　行きます　　2) ① 荷物　　② 送ります

3) ① ホテル　　　　　② 予約します

1) ①신칸센 열차표 ②사러 갑니다　　2) ①짐 ②보냅니다　　3) ①호텔 ②예약합니다

셀로판지를 이용하여 회화 연습을 해봅시다.

手伝って　くれますか。(도와 줄래요?)

L24-15

이사를 가려고 하는 왕선생님께 뭔가 도움이 되어 드리고 싶습니다. 도움을 주고 싶다는 의사를 표현하고 도움을 받는 감사의 마음을 표현하는 연습을 해 볼까요.

カリナ	ワンさん、あした　引っ越しですね。
	手伝いに　行きましょうか。
ワン	ありがとう　ございます。
	じゃ、すみませんが、9時ごろ　お願いします。
カリナ	ほかに　だれが　手伝いに　行きますか。
ワン	山田さんと　ミラーさんが　来て　くれます。
カリナ	車 は?
ワン	山田さんに　ワゴン車を　貸して　もらいます。
カリナ	昼ごはんは　どう　しますか。
ワン	えーと……。
カリナ	わたしが　お弁当を　持って　行きましょうか。
ワン	すみません。お願いします。
カリナ	じゃ、また　あした。

引(ひ)っ越(こ)し 이사

ほかに 그 외에, 그 밖에

ワゴン[wagon] 웨건차, 승합차

카리나 : 왕선생님, 내일 이사가시죠. 도와드리러 갈까요?
왕 　 : 고마워요. 그럼 미안하지만 9시쯤 와 주세요.
카리나 : 저 말고 또 누가 도와주러 가나요?
왕 　 : 야마다 씨와 밀러씨가 와 줄 거예요.
카리나 : 차는요?
왕 　 : 야마다 씨한테서 웨건을 빌릴 거예요.
카리나 : 점심식사는 어떻게 하실 거죠?
왕 　 : 음… 그게…
카리나 : 제가 도시락을 가지고 갈까요?
왕 　 : 미안해요. 부탁할게요.
카리나 : 그럼 내일 봐요.

① <ruby>手伝<rt>てつだ</rt></ruby>いに <ruby>行<rt>い</rt></ruby>きましょうか。 도와드리러 갈까요?

'도와드리러 갈까요?'를 일본어로 직역하면 「<ruby>手伝<rt>てつだ</rt></ruby>って あげに <ruby>行<rt>い</rt></ruby>きましょうか」가 됩니다. 하지만 그렇게 말하는 일본사람은 없어요. 「～て あげる」는 생략하고 「<ruby>手伝<rt>てつだ</rt></ruby>いに <ruby>行<rt>い</rt></ruby>きましょうか」라고 합니다. 남에게 '～해 주다'는 말이 「～て あげる」인데 왜 생략하는 거죠?

〈문형 꼭꼭 익히기〉에서 설명드렸듯이 자칫하면 남에게 생색을 내는 느낌이 드니까 생략하는 게 더 자연스럽습니다.

② 9<ruby>時頃<rt>じ ごろ</rt></ruby> お<ruby>願<rt>ねが</rt></ruby>いします。 9시쯤 와 주세요.

「9<ruby>時頃<rt>じごろ</rt></ruby> お<ruby>願<rt>ねが</rt></ruby>いします」를 직역하면 '9시쯤 부탁합니다'가 되지요. 그런데 9시쯤 뭘 부탁한다는 말입니까? 그렇죠. 9시쯤 와 주기를 부탁한다는 의미겠지요. 한국어라면 그냥 '9시쯤 와주세요'라고 직접적으로 말하면 될 것을 일본어로는 「9<ruby>時頃<rt>じごろ</rt></ruby> お<ruby>願<rt>ねが</rt></ruby>いします」라고 완곡하게 표현하는 경우가 있으니, 그 말뜻을 잘 알아듣고 행동해야겠죠. ^^

③ <ruby>山田<rt>やま だ</rt></ruby>さんに ワゴン<ruby>車<rt>しゃ</rt></ruby>を <ruby>貸<rt>か</rt></ruby>して もらいます。

야마다씨한테서 웨건을 빌릴 겁니다.
직역을 하자면 '야마다 씨한테서 웨건을 빌려줘 받겠습니다'가 됩니다.
한 가지 유의하실 점은 「<ruby>貸<rt>か</rt></ruby>します(남에게 빌려주다)」와 「<ruby>借<rt>か</rt></ruby>ります(남에게서 빌려오다)」를 구분해야 한다는 점입니다. 다음 예문을 보시죠. 「～て もらいます」를 사용하지 않고 단순히 「<ruby>貸<rt>か</rt></ruby>します」「<ruby>借<rt>か</rt></ruby>ります」만 쓴다면 다음과 같습니다.

    (가) <ruby>山田<rt>やま だ</rt></ruby>さんに <ruby>借<rt>か</rt></ruby>ります。 야마다 씨에게서 빌립니다.
    (나) <ruby>山田<rt>やま だ</rt></ruby>さんに <ruby>貸<rt>か</rt></ruby>します。 야마다 씨에게 빌려줍니다.

그런데 「～て もらいます」를 쓰려고 한다면 '빌려줘 받습니다'라는 의미가 되어야 하므로 '빌려주다'라는 의미의 「<ruby>貸<rt>か</rt></ruby>します」를 써야 합니다. 즉, 「<ruby>貸<rt>か</rt></ruby>して もらいます」가 돼야 한다는 거죠. 만약 「<ruby>借<rt>か</rt></ruby>りて もらいます」라고 하면 야마다 씨가 빌려주는 것이 아니라 야마다 씨가 빌려가는 것이 되고 맙니다!? 정리하면 다음과 같습니다.

    (가) <ruby>山田<rt>やま だ</rt></ruby>さんに <ruby>借<rt>か</rt></ruby>ります。 야마다 씨에게서 빌립니다.
    ≒ (가´) <ruby>山田<rt>やま だ</rt></ruby>さんに <ruby>貸<rt>か</rt></ruby>して もらいます。

그렇다면 간단하게 (가)처럼 말하면 될 것을, 왜 복잡하게 (가´)처럼 말하는 것일까요? (가)와 (가´)는 비슷한 의미이지만 뉘앙스의 차이가 있습니다. 「<ruby>借<rt>か</rt></ruby>ります」라고 하면 빌린다는 단순한 사실만 서술하는 느낌이고, 「<ruby>貸<rt>か</rt></ruby>して もらいます」라고 하면 도움을 받는다는 느낌, 고맙다는 느낌이 들어가게 됩니다.

1 L24-16 질문을 듣고 자기의 상황에 비추어 자유롭게 답하세요.

1) ____

2) ____

3) ____

4) ____

5) ____

2 L24-17 대화를 잘 듣고 상황에 맞게 표현한 그림을 고르세요.

1) (　　　)　　　2) (　　　)　　　3) (　　　)　　　4) (　　　)　　　5) (　　　)

3 (　　)안의 단어 중 문맥에 맞는 것을 고르세요.

> 보기 太郎君は　テレサちゃんに　花を　（ <u>あげました</u> 、　くれました　）。
> 타로는 테레사에게 꽃을 주었습니다.

1) ワットさんは　わたしに　英語の　辞書を　（ あげました、くれました ）。

2) わたしは　カリナさんに　大学を　案内して　（ くれました、もらいました ）。

3) 休みの　日　夫は　よく　料理を　作って　（あげます、くれます）。

4) 駅で　友達に　細かい　お金を　貸して　（もらいました、くれました）。

4  보기와 같이 대화를 읽고 이어지는 표현이 맞으면 ○, 틀리면 ×표를 하세요.

> 보기
>
> ミラー：すみません。塩を　取って　ください。 미안합니다. 소금을 집어 주세요.
>
> わたし：はい、どうぞ。 네, 여기요.
>
> → わたしは　ミラーさんに　塩を　取って　あげました。（○）
> 나는 밀러 씨에게 소금을 집어 주었습니다.

1) グプタ：あ、細かい　お金が　ない。

   わたし：グプタさん。この　テレホンカードを　使って　ください。

   グプタ：すみません。

   → わたしは　グプタさんに　テレホンカードを　貸して　あげました。（　　）

2) 男の　人：重いでしょう？　持ちましょうか。

   わたし：ありがとう　ございます。

   → 男の　人は　わたしの　荷物を　持って　くれました。（　　）

3)（エレベーターで）

   ミラー：すみません。6階　お願いします。

   わたし：はい。

   → わたしは　ミラーさんに　エレベーターの　ボタンを　押して　もらいました。（　　）

5 ( ) 안에 알맞는 조사를 쓰세요.

> 보기 わたしは　ミラーさん（に）　チョコレートを　あげました。
> 나는 밀러 씨에게 초콜릿을 주었습니다.

1) 父は　誕生日に　時計（　　）　くれました。

2) だれ（　　）　引っ越しを　手伝って　くれますか。

　　……カリナさん（　　）　手伝って　くれます。

3) わたしは　山田さん（　　）　駅まで　送って　もらいました。

4) わたしは　彼（　　）　旅行の　本を　送って　あげました。

연습장

6 다음 본문을 읽고 내용에 맞으면 ○, 틀리면 ×표를 하세요.

僕の おばあちゃん

　僕の おばあちゃんは 88歳で、元気です。一人で 住んで います。天気が いい とき、おばあちゃんは 病院へ 友達に 会いに 行きます。病院に 友達が たくさん いますから。天気が 悪い とき、足の 調子が よくない ですから、出かけません。

　おばあちゃんは 僕の うちへ 来た とき、僕は 学校で 習った 歌を 歌って あげます。おばあちゃんは 僕に 古い 日本の お話を して くれます。そして パンや お菓子を 作って くれます。おばあちゃんが うちへ 来ると、うちの 中が とても にぎやかに なります。

1) (　　) おばあちゃんは 僕の 家族と いっしょに 住んで います。

2) (　　) おばあちゃんは 足の 調子が 悪い とき、病院へ 行きます。

3) (　　) おばあちゃんは 僕に 日本の 古い 歌を 歌って くれます。

4) (　　) 僕は おばあちゃんが 好きです。

Lesson 25

가정표현 「〜たら (〜하면)」을 익힙시다.

중요단어 파악하기

〜たら 〜하면

〜ても 〜해도

1 <ruby>雨<rt>あめ</rt></ruby>が　<ruby>降<rt>ふ</rt></ruby>ったら　<ruby>出<rt>で</rt></ruby>かけません。
　①　②　③
　①비가　②내리면　③외출하지 않습니다.

2 <ruby>雨<rt>あめ</rt></ruby>が　<ruby>降<rt>ふ</rt></ruby>っても　<ruby>出<rt>で</rt></ruby>かけます。
　①　②　③
　①비가　②내려도　③외출합니다.

1 ~하면/~해도

~たら／～ても

「〜たら」는 '〜하면'이라는 뜻으로 '〜하면 ~됩니다', '〜하면 ~하겠습니다'와 같은 표현을 하고 싶을 때 사용할 수 있습니다. 「た형」이라고 해서 '〜했다면'으로 잘못 아는 분이 많습니다. 주의하세요.

「〜ても」는 '〜해도'라는 뜻으로 '〜해도 ~하겠습니다', '〜해도 ~합니다'와 같은 표현을 하고 싶을 때 사용할 수 있습니다.

구체적인 용례를 잠시 미루고 우선 각 품사별로 어떻게 연결되는지부터 확인해 봅시다.

L25-2

동사	동사 た형+ら	동사 て형+も
飲みます 마십니다	飲んだら 마시면	飲んでも 마셔도
待ちます 기다립니다	待ったら 기다리면	待っても 기다려도
食べます 먹습니다	食べたら 먹으면	食べても 먹어도
見ます 봅니다	見たら 보면	見ても 보아도
来ます 옵니다	来たら 오면	来ても 오더라도
します 합니다	したら 하면	しても 하더라도
い형용사	**た형+ら**	**어간+くて+も**
暑いです 덥습니다	暑かったら 더우면	暑くても 덥더라도
いいです 좋습니다	よかったら 좋으면	よくても 좋더라도
な형용사	**た형+ら**	**な형용사 어간+でも**
好きです 좋아합니다	好きだったら 좋아하면	好きでも 좋아하더라도
簡単です 간단합니다	簡単だったら 간단하면	簡単でも 간단하더라도
명사	**명사+だった+ら**	**명사+でも**
病気です 아픕니다	病気だったら 아프면	病気でも 아프더라도
雨です 비가 옵니다	雨だったら 비가 오면	雨でも 비가 오더라도

1 ~하면 (~합니다 · 하겠습니다)

～たら（～します）

「と」와「たら」의 차이점

「と」와「たら」는 둘 다 '～하면'이라는 의미지만, 의지·희망·권유·의뢰 등을 나타내는 문장이 이어질 경우에「と」는 쓰지 않지만「たら」는 쓸 수 있다는 점입니다.

23과에서 보여드린 바와 같이 다음 문장은「と」를 사용하면 어색합니다. 하지만「たら」를 쓰면 자연스러워집니다.

(의지)　時間が　あると　（?）、映画を　見に　行きます。
　　　　　　　　　　あったら（○）
　　　　시간이 있으면 영화를 보러 가겠습니다.

(희망)　時間が　あると　（?）、映画を　見に　行きたいです。
　　　　　　　　　　あったら（○）
　　　　시간이 있으면 영화를 보러 가고 싶습니다.

(권유)　時間が　あると　（?）、映画を　見に　行きませんか。
　　　　　　　　　　あったら（○）
　　　　시간이 있으면 영화를 보러 가지 않겠습니까?

(의뢰)　時間が　あると　（?）、ちょっと　手伝って　ください。
　　　　　　　　　　あったら（○）
　　　　시간이 있으면 좀 도와주세요.

L25-3

雨が	降った	ら、	行きません。
時間が	なかった		映画を　見ません。
	安かった		あの店で　買います。
	暇だった		遊びに　行きます。
いい	天気だった		散歩します。

비가 오면 가지 않습니다(가지 않겠습니다)./시간이 없으면 영화를 보지 않습니다(보지 않겠습니다)./싸면 저 가게에서 삽니다(사겠습니다)./짬이 나면 놀러 갑니다(놀러 가겠습니다)./날씨가 좋으면 산책을 합니다(산책을 하겠습니다).

2 ~하면 (그 후에~하겠습니다)

> ### ~たら　（~します）

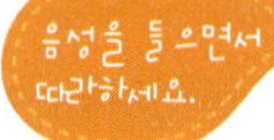

2)번의 「たら」와 3)번의 「たら」를 구분하자면, 3)번의 경우는 앞 문장이 완료된 후에 뒷 문장을 하겠다는 의미가 있다고 할 수 있겠습니다.

하지만 이러한 분류는 매우 구체적인 분류이므로 굳이 2)번과 3)번을 구분하려고 할 필요는 없습니다. 문장의 의미만 파악되면 초급수준에서는 훌륭하다고 생각됩니다.

L25-4

10時に	なった	ら、	出かけましょう。
うちへ	帰った		すぐ シャワーを 浴びます。
会社を	辞めた		田舎に 住みたいです。

で
出かける 외출하다
や
辞める (회사를) 그만두다
いなか
田舎 시골

10시가 되면 나갑시다./집에 돌아오면 바로 샤워를 합니다./회사를 그만두면 시골에서 살고 싶습니다.

3 ~해도 (~합니다)

> ### ~ても　（~します）

「~ても」는 '~해도'라는 의미이지요.

세상에는 너무나 ~하면 포기하는 게 낫다고 생각되는 것이 있습니다. 그러나 아무리 ~해도 이루고 싶은 것도 있습니다. 여러분의 꿈은 무엇인가요? 일본어가 아무리 어렵더라도 (日本語が いくら 難しくても) 포기하지 마세요!

L25-5

いくら	考えて	も	わかりません。
お金が	なくて		毎日 楽しいです。
	高くて		この うちを 買いたいです。
	便利で		カードは 使いません。
	日曜日で		働きます。

かんが
考える 생각하다
たか
高い 비싸다
べんり
便利 편리
つか
使う 사용하다

아무리 생각해도 모르겠습니다./돈이 없어도 즐겁습니다./비싸더라도 이 집을 사고 싶습니다./편리하더라도 카드는 쓰지 않습니다(쓰지 않겠습니다)./일요일이라도 일합니다.

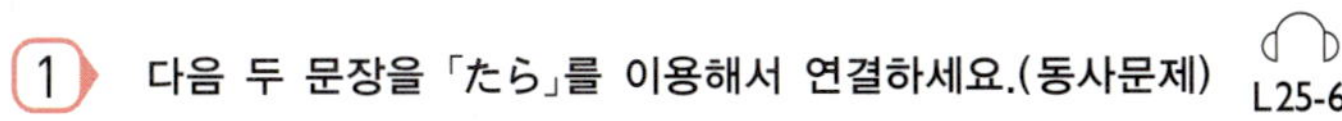

입에 착 붙게 말하기

1 다음 두 문장을 「たら」를 이용해서 연결하세요.(동사문제) L25-6

> 보기
> お金が あります・パソコンを 買いたいです
> → お金が あったら、パソコンを 買いたいです。 돈이 있으면, 컴퓨터를 사고 싶습니다.

1) 駅まで 歩きます・30分 かかります →
2) この 薬を 飲みます・元気に なります →
3) バスが 来ません・タクシーで 行きます →
4) 意見が ありません・終わりましょう →

歩く 걷다 | かかる (시간이)걸리다 | 元気になる 건강해지다 | 意見 의견 | 終わる 끝내다

Answer
1) 駅まで 歩いたら、30分 かかります。　　2) この 薬を 飲んだら、元気に なります。
3) バスが 来なかったら、タクシーで 行きます。　　4) 意見が なかったら、終わりましょう。

2 다음 두 문장을 「たら」를 이용해서 연결하세요.(형용사와 명사문제) L25-7

> 보기
> 1) 安いです・パソコンを 買います
> → 安かったら、パソコンを 買います。 싸면, 컴퓨터를 삽니다.
> 2) 雨です・出かけません
> → 雨だったら、出かけません。 비가 오면, 외출하지 않습니다.

1) 駅が 近いです・便利です →
2) 寒いです・エアコンを つけて ください →
3) 使い方が 簡単です・買います →
4) 速達です・あした 着きます →

寒い 춥다 | エアコンをつける 에어컨을 켜다 | 簡単 간단 | 速達 속달 | 着く 도착하다

Answer
1) 駅が 近かったら、便利です。　　2) 寒かったら、エアコンを つけて ください。
3) 使い方が 簡単だったら、買います。　　4) 速達だったら、あした 着きます。

추운데 에어컨을 켜라니요??!
위의 2)번을 풀어보셨나요? '추우면 에어컨을 켜세요'라는 문장이 되죠? 추운데 에어컨을 켜라니, 이 무슨 상식에 어긋난 행동입니까?! 이상하게 생각하실 것 없습니다. 일본에서 「エアコン」이라고 하면 냉방과 난방을 겸하는 장치거든요. 그러므로 위의 경우에는 난방을 하라는 의미로 쓰인 것이지요. 이와는 별도로 냉방만 가능한 장치는 「クーラー(cooler)」라고 한답니다.

셀로판지를 이용하여 말하기 연습을 해봅시다.

③ 「たら」를 이용하여 질문을 만들고 그림을 보며 대답을 만들어 봅시다. L25-8

보기

1) パソコンが 故障します・どうしますか

Q：パソコンが 故障したら、どうしますか。 컴퓨터가 고장 나면, 어떻게 합니까?

A：電気屋へ 持って 行きます。 전기 수리점에 가지고 갑니다.

2) 日曜日 天気が 悪いです・何を しますか

Q：日曜日 天気が 悪かったら、何を しますか。 일요일 날씨가 나쁘면, 무엇을 합니까?

A：うちで 音楽を 聞きます。 집에서 음악을 듣습니다.

스스로 해본 후에 음성을 들으면서 따라하세요.

1) パスポートを なくします・どう しますか →

2) 細かい お金が ありません・どう しますか →

3) 日曜日 いい 天気です・何を しますか →

4) 休みを 1か月 もらいます・何を しますか →

パスポート(passport) 여권, 패스포트 │ なくす 잃어버리다 │ 細かい (크기가) 작다, (금액이) 작다, 소액이다 │ 細かいお金 잔돈 │ 大使館 대사관 │ 両替 돈을 교환하는 것. 환전을 하거나 잔돈을 바꾸는 것 │ 釣り 낚시 │ 世界旅行 세계여행

Answer

1) Q：パスポートを なくしたら、どうしますか。
A：大使館へ 行きます。

2) Q：細かい お金が なかったら、どうしますか。
A：両替を します。

3) Q：日曜日 いい 天気だったら、何をしますか。
A：海で 釣りをします。

4) Q：休みを 1か月 もらったら、何をしますか。
A：世界旅行を します。

4 「たら」를 이용하여 두 문장을 연결해 봅시다. L25-9

> 보기
> 昼ごはんを　食べます・映画を　見に　行きませんか
> → 昼ごはんを　食べたら、映画を　見に　行きませんか。
> 점심을 먹으면, 영화를 보러 가지 않겠습니까?

1) 駅に　着きます・電話を　ください →

2) 仕事が　終わります・飲みに　行きましょう →

3) 18歳に　なります・アメリカへ　留学します →

4) 会社を　やめます・本を　書きたいです →

留学 유학

Answer
1) 駅に　着いたら、電話を　ください。　　2) 仕事が　終わったら、飲みに　行きましょう。
3) 18歳に　なったら、アメリカへ　留学します。　4) 会社を　やめたら、本を　書きたいです。

---

5 「ても」를 이용해 두 문장을 연결해 봅시다. L25-10

> 보기
> 覚えます・すぐ　忘れます
> → 覚えても、すぐ　忘れます。　외워도 금방 잊어버립니다.

1) 考えます・わかりません →

2) 練習を　します・上手に　なりません →

3) 年を　取ります・働きたいです →

4) 結婚します・名前を　変えません →

上手に なる 능숙해지다, 잘하게 되다 ｜ 年を 取る 나이를 먹다 ｜ 変える 바꾸다

Answer
1) 考えても、わかりません。　　2) 練習をしても、上手になりません。
3) 年を取っても、働きたいです。　4) 結婚しても、名前を変えません。

4)의 '결혼해도 이름을 바꾸지 않겠습니다' 가 어떤 의미일까요? 232p 하나~더!를 참조하세요.

셀로판지를 이용하여 말하기 연습을 해봅시다.

6 「ても」를 이용하여 두 문장을 연결해 봅시다.(형용사 문제) L25-11

> 보기
> 1) 安いです・買いません → 安くても、買いません。 싸더라도, 사지 않습니다.
>
> 2) 嫌いです・食べます → 嫌いでも、食べます。 싫더라도, 먹습니다.

스스로 해본 후에 음성을 들으면서 따라하세요.

1) 眠いです・レポートを 書かなければ なりません →
2) 高いです・日本の 車が 欲しいです →
3) 病気です・病院へ 行きません →
4) 歌が 下手です・カラオケは 楽しいです →

眠い 졸립다 | レポート(report) 레포트, 보고서 | 欲しい 갖고 싶다 | 下手 서투름

Answer
1) 眠くても、レポートを書かなければなりません。　2) 高くても、日本の 車が欲しいです。
3) 病気でも、病院へ行きません。　4) 歌が下手でも、カラオケは楽しいです。

★ **결혼해도 이름을 바꾸지 않겠습니다??**

결혼해도 이름을 바꾸지 않겠다니 그게 무슨 말인가요? 일본에서는 결혼을 하면 이름이 바뀌는 것인가요?

한국에서는 결혼을 한다고 해서 여성이 성을 바꾸는 일이 없지만, 일본에서는 대개 여성이 남편의 성을 따라 바꾸는 경우가 많습니다. 결혼 전에는 「田中智子」였다고 해도 「鈴木」 성을 가진 남자와 결혼을 하면, 「鈴木智子」로 바뀌는 것이 일반적이지요. 그런데 간혹 남성이 여성의 성으로 바꾸는 경우도 있으며 최근에는 부부가 다른 성을 쓰는 경우도 있답니다.

보기

1) デザインが　よかったら、買いますか。（はい） 디자인이 좋으면, 삽니까? (네)
   → はい、デザインが　よかったら、買います。 네, 디자인이 좋으면 삽니다.

2) 安かったら、買いますか。（いいえ） 싸면, 삽니까? (아니요)
   → いいえ、安くても、買いません。 아니요, 싸더라도 사지 않습니다.

스스로 해본 후에 음성을 들으면서 따라하세요.

1) 年を　取ったら、田舎に　住みたいですか。（いいえ）→

2) この　本を　読んだら、日本人の　考え方が　わかりますか。（はい）→

3) チャンスが　あったら、留学したいですか。（はい）→

4) お酒を　飲んだら、楽しく　なりますか。（いいえ）→

Answer

1) いいえ、年を　取っても　田舎に　住みたく　ないです（ありません）。

2) はい、この　本を　読んだら、日本人の　考え方が　わかります。

3) はい、チャンスが　あったら、留学したいです。

4) いいえ、お酒を　飲んでも、楽しく　ならないです（なりません）。

회화랑 친해지기

● 「〜たら〜に 行きませんか」라는 표현을 연습해 봅시다. 남에게 무언가를 권할 때 유용하게 사용할 수 있을 겁니다.

회화 1

A あした ① 時間が あったら、　　　　내일 시간이 있으면,

　　② お酒を 飲みに 行きませんか。　술을 마시러 가지 않을래요?

B いいですね。どこへ 行きますか。　좋죠. 어디로 가나요?

A 神戸に いい 所が ありますよ。　고베에 좋은 곳이 있습니다.

1) ① 天気が いいです　　② ゴルフを します
2) ① 暇です　　　　　　② ジャズを 聞きます
3) ① 仕事が 早く 終わります　② フランス料理を 食べます

1) ①날씨가 좋습니다　②골프를 칩니다　　2) ①한가합니다 ②재즈를 듣습니다
3) ①일이 빨리 끝납니다 ②프랑스요리를 먹습니다

「たら」와 「に 行きませんか」에 제대로 연결했는지 꼭 확인하세요!

● 「〜たら〜てください」라는 표현을 연습해 봅시다. 남에게 무언가를 요청할 때 유용하게 사용할 수 있을 겁니다.

회화 2

A 会議室に いますから、① その 仕事が　회의실에 있으니까, 그 일이

　終わったら、② 来て ください。　끝나면, 와 주십시오.

B はい、わかりました。　네, 알겠습니다.

1) ① アキックスの 牧野さんが 来ます　② 教えます
2) ① 資料を コピーします　　② 持って 来ます
3) ① グプタさんから 電話が あります　② 呼びます

1) ①아킥스(회사이름)의 마키노 씨가 옵니다 ②가르칩니다　2) ①자료를 복사합니다 ②가져 옵니다
3) ①구푸타 씨한테서 전화가 옵니다　　②부릅니다

L25-15

회화 3

● 「たら」와 「ても」를 적절히 이용하여 보기와 같이 대화문을 만들어 봅시다.

A 来週の　①サッカーの　試合、　　다음 주에 있는 축구 시합,

　　②雨でも　ありますか。　　　　비가 오더라도 있습니까?

B いいえ、②雨だったら、ありません。　아니요, 비가 오면 없습니다.

A そうですか。　　　　　　　　　그렇습니까.

1) ① お花見　　　　② 天気が　悪いです
2) ① テニスの　試合　② 雨が　降ります
3) ① スキー旅行　　　② 雪が　少ないです

1) ①꽃구경 ②날씨가 나쁩니다　　2) ①테니스 시합 ②비가 옵니다　　3) ①스키 여행 ②눈이 적습니다

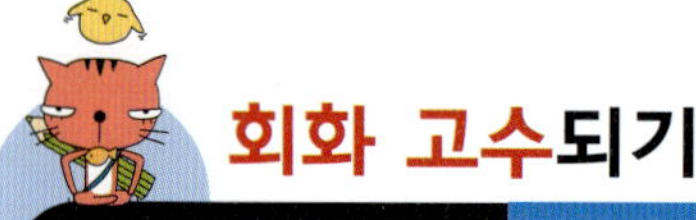

いろいろ お世話に なりました。(여러 가지로 신세 많이 졌습니다.)

L25-16

밀러 씨가 오사카에서 도쿄로 전근을 가게 되었습니다. 그동안 신세졌던 동료들에게 일본인들은 어떻게 작별인사를 나누는지 살펴봅시다.

山田（やまだ）	転勤（てんきん）、おめでとう ございます。
ミラー	ありがとう ございます。
木村（きむら）	ミラーさんが 東京（とうきょう）へ 行（い）ったら、寂（さび）しく なりますね。
	東京（とうきょう）へ 行（い）っても、大阪（おおさか）の ことを 忘（わす）れないで くださいね。
ミラー	もちろん。木村（きむら）さん、暇（ひま）が あったら、ぜひ 東京（とうきょう）へ 遊（あそ）びに 来（き）て ください。
サントス	ミラーさんも 大阪へ 来たら、電話（でんわ）を ください。一杯飲（いっぱいの）みましょう。
ミラー	ええ、ぜひ。皆（みな）さん、ほんとうに いろいろ お世話（せわ）に なりました。
佐藤（さとう）	体（からだ）に 気（き）を つけて、頑張（がんば）って ください。
ミラー	はい、頑張（がんば）ります。皆さんも どうぞ お元気（げんき）で。

お世話(せわ) 신세, 돌봄
お世話(せわ)に なりました 신세졌습니다, 보살핌을 받았습니다
転勤(てんきん) 전근
体(からだ) 몸
気(き)を つける 조심하다, 유의하다
頑張(がんば)る 분발하다, 열심히 하다

야마다 : 전근, 축하합니다.
밀러 : 고맙습니다.
기무라 : 밀러 씨가 도쿄로 가면 쓸쓸해지겠어요.
　　　　도쿄에 가더라도 오사카를 잊지 마세요.
밀러 : 물론이죠. 기무라 씨, 시간 나면 꼭 도쿄로 놀러 오세요.
산토스 : 밀러 씨도 오사카에 오면 전화 주세요.
　　　　한 잔 합시다.
밀러 : 네, 꼭(그러겠습니다). 여러분, 정말 여러 가지로 신세 많이 졌습니다.
사토 : 건강 조심 하시고 힘내세요.
밀러 : 네, 분발하겠습니다. 여러분도 부디 건강하세요.

① **大阪の ことを 忘れないで ください。**
おおさか / わす

오사카를 잊지 마세요.

「大阪の こと」를 직역하면 '오사카의 일'이 되겠지요. 좀 더 정확히 말하자면 '오
おおさか

사카에 관한 일, 오사카에서 있었던 일, 오사카의 추억' 등등의 의미가 있을 겁니다.

이와 같이 일본어에서는 「こと」를 다른 명사 뒤에 붙여서 '~에 관한 일'이라는 의미로 쓰는 경우
가 있습니다.

다만, 번역을 할 때는 '~에 관한 일'이라고 해야 할지 아예 생략해 버리는 것이 좋을지 한 번쯤 고
민해 보시기 바랍니다. 생략해야 자연스러운 경우가 꽤 많거든요.

> 예 **試験の ことを 話す。** 시험에 관한 일을 이야기하다.
> しけん / はな
>
> **彼の ことだから うまく 処理するだろう。** 그 남자니까 잘 처리할 거야.
> かれ / しょり
>
> **彼は 彼女の ことが 好きらしい。** 그는 그녀를 좋아하는 모양이다.
> かれ / かのじょ / す

② **東京と 大阪は 라이벌?!**
とうきょう / おおさか

현재 일본의 수도는 東京이고 일본 제1의 도시를 꼽으라고 한다면 역시 東京를 꼽을 수밖에 없
とうきょう / とうきょう

지만, 그래도 大阪 사람들의 자부심과 긍지는 東京에 못지 않습니다.
おおさか

그도 그럴 것이 東京에 버금가는 제2의 도시이자 서일본의 경제, 교통의 중심지이거든요. 16세기
말 豊臣秀吉가 大阪에 大阪城를 건축한 이래 상업이 발달하여 크게 번성하기 시작했습니다.
とよとみひでよし / おおさかじょう

그러다 보니 이 두 도시 사이에 미묘한 라이벌 의식이 있다고나 할까요. 비교하자면 東京는 도시적
이며 조용한 분위기이고, 大阪는 활기가 넘치고 분주한 분위기라고 할 수 있습니다. 여러분이라면
어느 쪽을 택하시겠습니까? 일단 양쪽 다 한 번 가보시지요. ^^

③ **暇があったら** 시간이 나면
ひま

「暇」는 어떤 일을 하는데 드는 시간, 특히 짧은 시간, 짬 등을 나타냅니다. 그래서 「暇がある」또는
「暇」라고만 해도 '시간이 나다, 짬이 나다'가 됩니다. 다음 예를 보세요.

> 예 **明日、時間ある？** 내일 시간 있어?
> あした / じかん
>
> ≒**明日、暇？**
> ひま
>
> **暇があったら、ぜひ来てください。** 시간이 나면 꼭 와 주세요.
> き
>
> ≒**暇だったら、ぜひ来てください。**

④ **いろいろ お世話に なりました。** 여러 가지로 신세 많이 졌습니다.
せ わ

'신세 많이 졌습니다'라는 말은 한국에서는 정말 신세를 많이 진 사람에게만 하는 말이지만 일본의
「お世話に なりました」는 아주 작은 도움을 받은 사람에게도 자주 쓰는 말입니다. 직장 동료나 이
せ わ

웃주민이라면 큰 신세는 아닐지언정 작은 도움이라도 받은 것이 있을 겁니다. 그런 경우에 「お世話
せ わ

に なりました」라고 싹싹하게 이야기한다면 서로 기분 좋겠죠.

1) 질문을 듣고 자기의 상황에 비추어 자유롭게 답하세요.

L25-17

1) ____

2) ____

3) ____

4) ____

5) ____

2) 대화를 듣고 제시문이 맞으면 ○, 틀리면 ×표를 하세요.

L25-18

1) (　　　)　　　2) (　　　)　　　3) (　　　)　　　4) (　　　)　　　5) (　　　)

3) (　　)안의 단어를 보기와 같이 문맥에 맞게 고치세요.

> 보기　雨が　（ 降ります → 降った ）ら、出かけません。비가 오면, 나가지 않습니다.

1) 毎日　日本語を　（ 使います →　　　　　）ら、上手に　なります。

2) バスが　（ 来ません →　　　　　）ら、タクシーで　行きましょう。

3) 月曜日が　（ 無理です →　　　　　）ら、火曜日に　レポートを　出して　ください。

4) 日曜日　天気が　（ いいです →　　　　　）ら、ゴルフに　行きませんか。

5) いくら　（ 考えます →　　　　　）も、わかりません。

6) パソコンは　高いですから、（ 便利です →　　　　　）も、買いません。

4 보기와 같이 문맥에 맞도록 두 문장을 연결하세요.

보기 時間が あったら、　　　　　　　　　・a エアコンを　つけて　ください。

1) お金が　あっても、　　　　　・　　　　・b 洗濯しなければ　なりません。

2) 暑かったら、　　　　　　　・　　　　・c 何も　買いません。

3) 仕事が　忙しくても、　・　　　　・d 遊びに　行きましょう。

4) いい　会社だったら、　・　　　　・e 毎晩　日本語を　勉強します。

5) 雨でも、　　　　　　　　・　　　　・f 入りたいです。

5 (　　)안의 제시문을 이용하여 질문에 대한 대답을 만드세요.

보기 いつ　旅行に　行きますか。(夏休みに　なります)。언제 여행을 갑니까?

→ 夏休みに　なったら、すぐ　行きます。여름방학이 되면 바로 갑니다.

1) 何時に　パワー電気へ　行きますか。(会議が　終わります)

→

2) いつ　結婚したいですか。(大学を　出ます)

→

3) 何時ごろ　出かけましょうか。(昼ごはんを　食べます)

→

4) いつごろ　新しい　仕事を　始めますか。(国へ　帰ります)

→

6 다음 본문을 읽고 내용에 맞으면 〇, 틀리면 ✕표를 하세요.

わたしが　欲しい　物

いろいろな　人に　いちばん　欲しい　物を　聞きました。

① 「時間」です。会社へ　行って、働いて、うちへ　帰ったら、1日が　終わります。 1日が　短いです。1日　36時間ぐらい　欲しいです。

（女の人、25歳）

② 「僕の　銀行」が　欲しいです。銀行を　持って　いたら、好きな　とき、お金を 出して、好きな　物を　買う　ことが　できます。

（男の子、10歳）

③ 「若く　なる　薬」です。わたしは　若い　とき、あまり　勉強しませんでした。 もう　一度　若く　なったら、頑張って、勉強して、いい　仕事を　したいです。

（女の人、60歳）

④ 「ユーモア」が　欲しいです。わたしが　話を　すると、妻は　すぐ　「あしたも 忙しいでしょう？　早く　寝て　ください。」と　言います。子どもは　「お父さ ん、その　話は　もう　3回ぐらい　聞いたよ。」と　言います。わたしは　おも しろい　人に　なりたいです。

（男の人、43歳）

⑤ 「わたし」が　もう　1人　欲しいです。わたしは　毎日　学校で　勉強しなけれ ば　なりません。「わたし」が　2人　いたら、1人が　学校で　勉強して　いる とき、もう　1人の　「わたし」は　好きな　ことが　できます。わたしは　2人 に　なりたいです。

（女の子、14歳）

1) （　　）①の　女の人は　暇な　時間が　あまり　ありません。

2) （　　）②の　男の子は　今　お金が　たくさん　あります。

3) （　　）③の　女の人は　若い　とき、勉強しませんでした。

4) （　　）④の　男の人は　話しても、おもしろくないです。

5) （　　）⑤の　女の子は　2人に　なったら、いっしょに　学校へ　行きます。

기말고사

1 다음 보기와 같이 a~c 중 알맞은 단어를 선택하여 동그라미 하세요.

보기 (ⓐ.ちょっと　b.早く　c.すぐ) 待って　ください。

1) きのう　だれと　買い物に　行きましたか。

　…（a.みんな　　b.一人で　　c.いっしょに）行きました。

2) もう　外国人登録を　しましたか。

　…いいえ、（a.もう　　b.まだ　　c.また）です。

3) 9時ですね。（a.そろそろ　　b.今　　c.あとで）失礼します。

4) きょうは　（a.とても　　b.よく　　c.あまり）寒くないです。

5) 英語が　（a.たくさん　　b.よく　　c.全然）わかります。

6) 東京は　大阪より　（a.ずっと　　b.いちばん　　c.どちらも）人が

　多いです。

7) 日本語が　あまり　わかりませんから、（a.だんだん　　b.速く

　c.ゆっくり）話して　ください。

8) 相撲を　（a.なかなか　　b.まず　　c.一度も）見た　ことが　ありません。

9) もう　6月です。（a.最近　　b.次に　　c.これから）（a.だんだん

　b.そんなに　　c.たくさん）暑く　なります。

10) あまり　食べませんね。

　…（a.もちろん　　b.ほんとうに　　c.実は）ダイエットを　して　います。

11) ミラーさんは　（a.きっと　　b.ぜひ　　c.だいたい）来ると　思います。

12) パーティーの　料理で　（a.全部で　　b.みんな　　c.特に）野菜カレーが

　おいしかったです。

② 다음 보기와 같이 a~c 중 알맞은 표현을 선택하여 동그라미 하세요.

> 보기
>
> 東京は　にぎやかです。（ ⓐ.そして　b.でも　c.じゃ ）、おもしろいです。

1) 旅行は　楽しかったです。(a. ですから　　b. でも　　c. それから)、疲れました。

2) 毎朝　ジョギングを　します。(a. でも　　b. じゃ　　c. それから)、会社へ
   行きます。

3) あした　暇ですか。
   …ええ。(a. じゃ　　b. そして　　c. それから)　神戸へ　行きませんか。

③ 활용표의 빈 곳을 채우세요.

	かきます	かく	かかない	かいた	かかなかった
①		おく			
②			いかない		
③		いそぐ			
④				のんだ	
⑤	あそびます				
⑥			とらない		
⑦	あります				
⑧					かわなかった
⑨	たちます				
⑩		はなす			
⑪				たべた	
⑫			おぼえない		
⑬					みなかった
⑭			できない		
⑮	べんきょうします				
⑯	（日本へ）　きます				
⑰	いいです				
⑱		いきたい			
⑲	ひまです				
⑳			あめじゃない		

4 괄호 안의 단어를 문맥에 맞게 고치세요.

> 보기 あしたは　雨が　（ 降ります → 降る ）と　思います。

1) ミラーさんは　傘を　（ 持って　いません →　　　　　　　）と　思います。

2) サントスさんは　（ 親切です →　　　　　　　）、

（ おもしろいです →　　　　　　　）（ いい　人です →　　　　　　　）と

思います。

3) 太郎君は　何も　（ 知りません →　　　　　　　）と　言いました。

4) 課長は　会議は　（ 大変です →　　　　　　　）と　言いました。

5) 山田さんは　（ 来ません →　　　　　　　）でしょう？

6) あしたは　（ 暇です →　　　　　　　）でしょう？

7) ワットさんは　青い　スーツを　（ 着て　います →　　　　　　　）人です。

8) 行った　ことが　（ ありません →　　　　　　　）国は　1つだけです。

9) （ 読みたいです →　　　　　　　）本が　たくさん　あります。

10) 子どもに　飛行機の　本を　（ あげます →　　　　　　　）約束を　しました。

11) （ 買い物します →　　　　　　　）時間が　ありません。

5 （　　　）안의 제시어 중 문맥상 가장 적당한 것을 고르세요.

> 보기 お元気ですか。
> … （ a. はい、そうです。 b. はい、元気です。 c. はい、どうも。 ）

1) 初めまして。どうぞ　よろしく。

… （ a. そろそろ　失礼します。　b. どう　いたしまして。　c. こちらこそ

よろしく。）

2) これ、ほんの　気持ちです。どうぞ。

… (a. どうぞ　よろしく　お願いします。　b. おめでとう　ございます。

c. ありがとう　ございます。)

3) コーヒーは　いかがですか。

… (a. おかげさまで。 b. ごちそうさま。 c. いただきます。)

4) どう　しましたか。

… (a. 熱が　あります。　b. しかたが　ありません。　c. いろいろ　お世話に

なりました。)

5) ただいま。

… (a. お帰りなさい。　b. しばらくですね。　c. こんにちは。)

6) もう　一杯　いかがですか。

… (a. いいえ、違います。　b. いいえ、けっこうです。　c. いいえ、嫌いです。)

7) 行って　いらっしゃい。

… (a. いらっしゃいませ。　b. 行って　まいります。　c. ごめん　ください。)

8) あしたは　試合です。

… (a. じゃ、また　あした。　b. 疲れましたね。　c. 頑張って　ください。)

9) 熱が　ありますから、きょうは　早く　帰ります。

… そうですか。(a. お大事に。　b. おかげさまで。　c. お帰りなさい。)

10) 木村さんは　パーティーに　来ません。

… そうですか。(a. いいですね。　b. 大変ですね 。　c. 残念ですね。)

11) 来月　結婚します。

… (a. よろしく　お願いします。　b. ありがとう　ございます。

c. おめでどう　ございます。)

12) あした　国へ　帰ります。

… そうですか。(a. どうぞ　よろしく。　b. どうぞ　お元気で。　c. はい、どうぞ。)

6 괄호 안의 단어를 문맥에 맞게 고치세요.

> 보기　ちょっと　（待ちます → 待って）　ください。

1) （散歩します →　　　　　　）　とき、いつも　カメラを　持って　行きます。

2) （暇です →　　　　　　）とき、ビデオを　見ます。

3) 夫が　（病気です →　　　　　　）とき、会社を　休みます。

4) この　つまみを　右へ　（回します →　　　　　　）と、音が　大きく
なります。

5) カリナさんに　引っ越しを　（手伝います →　　　　　　）　もらいました。

6) 山田さんが　駅まで　迎えに　（来ます →　　　　　　）　くれました。

7) おじいさんに　ファックスの　使い方を　（教えます →　　　　　　）
あげました。

8) お金が　（あります →　　　　　　）ら、世界の　いろいろな　所を　旅行
したいです。

9) あした　荷物が　（着きません →　　　　　　）ら、電話を　ください。

10) （暑いです →　　　　　　）ら、エアコンを　つけても　いいです。

11) あした　（雨です →　　　　　　）ら、お祭りは　ありません。

12) いくら　（考えます →　　　　　　）も、思い出す　ことが　できません。

13) （忙しいです →　　　　　　）も、新聞は　毎日　読みます。

14) （嫌いです →　　　　　　）も、野菜は　食べなければ　なりません。

15) わたしは　（日曜日です →　　　　　　）も、早く　起きます。

7) 다음 보기와 같이 a, b 중 알맞은 표현을 선택하여 동그라미 하세요.

> 보기 頭が (ⓐ.痛くても　　b.痛かったら)、勉強します。

1) みんなで ビールを (a.飲む　b.飲んだ)とき、「乾杯」と 言います。

2) 夜 (a.寝る　b.寝た)とき、ちょっと お酒を 飲みます。

3) タクシーに (a.乗る　b.乗った) お金が ありませんでしたから、
バスで 帰りました。

4) 右へ 曲がると、(a.郵便局へ 行きます　b.郵便局が あります)。

5) すてきな シャツですね。
…これですか。誕生日に 母が (a.あげました　b.くれました)。

6) 先週の 土曜日 田中さんに 大阪城へ 連れて 行って(a.くれました
b.もらいました)。

7) 昼ごはんを (a.食べた とき　b.食べたら)、すぐ 出かけます。

점수 환산(문제당 1점) : 합계득점÷80×100점 　　　점

주요문법정리

- 꼭 알아두어야 할 조사
- 필수 활용형
- 표현이 풍부해지는 부사 표현
- 문장을 잇는 중요 접속사

꼭 알아두어야 할 조사

※ ● 의 숫자는 첫 등장한 과

1. 〔は〕 ~은/는

A: 1) わたしは　マイク・ミラーです。　①
나는 마이크 밀러입니다.

2) わたしは　朝　6時に　起きます。　④
나는 아침 6시에 일어납니다.

3) 桜は　きれいです。　⑧
벚꽃은 아름답습니다.

B: 1) ニューヨークは　今　何時ですか。　④
뉴욕은 지금 몇 시입니까?

2) 日曜日は　友達と　奈良へ　行きました。　⑥
일요일에는 친구와 나라에 갔습니다.

3) 東京ディズニーランドは　千葉県に
あります。　⑩
도쿄디즈니랜드는 치바현에 있습니다.

4) 資料は　ファックスで　送って　ください。
자료는 팩스로 보내 주십시오.　⑰

2. 〔も〕 ~도, ~이나

A: 1) マリアさんも　ブラジル人です。　①
마리아 씨도 브라질인 입니다.

2) この　荷物も　お願いします。　⑪
이 짐도 부탁합니다.

3) どちらも　好きです。　둘 다 좋습니다.　⑫

4) 何回も　ダイエットを　した　ことが
あります。　⑲
몇 번이나 다이어트를 한 적이 있습니다.

B: 1) どこ〔へ〕も　行きませんでした。　⑤
아무데도 가지 않았습니다.

2) 何も　食べませんでした。　⑥
아무것도 먹지 않았습니다.

3) だれも　いませんでした。　⑩
아무도 없었습니다.

3. 〔の〕 ~의, ~것

A: 1) あの　人は　IMCの　ミラーさんです。　①
저 사람은 IMC의 밀러 씨입니다.

2) これは　コンピューターの　本です。　②
이것은 컴퓨터 책입니다.

3) それは　わたしの　傘です。　②
그것은 나의 우산입니다.

4) これは　日本の　自動車です。　③
이것은 일본 자동차입니다.

5) きのうの　晩　勉強しましたか。　④
어젯밤에 공부했습니까?

6) 日本語の　勉強は　どうですか。　⑧
일본어 공부는 어떻습니까?

7) 机の　上に　写真が　あります。　⑩
책상 위에 사진이 있습니다.

8) この　漢字の　読み方を　教えて　くだ
さい。　이 한자의 읽는 법을 가르쳐 주세요.　⑭

9) インドネシアの　バンドンから　来ました。
인도네시아 반동에서 왔습니다.　⑯

B: 1) この　かばんは　佐藤さんのです。　②
이 가방은 사토 씨의 것입니다.

2) これは　どこの　カメラですか。
이것은 어디 카메라입니까?
…日本のです。　일본 것입니다.　③

C: もう　少し　大きいのは　ありませんか。
조금 더 큰 것은 없습니까?　⑭

4. 〔を〕 ~을

A: 1) わたしは　ジュースを　飲みます。　⑥
나는 주스를 마십니다.

2) 1週間旅行を　します。　⑪
1주일 동안 여행을 합니다.

3) 2時に　子どもを　迎えに　行きます。
2시에 아이를 마중하러 갑니다. | 13

B : 1) きのう　会社を　休みました。
어제 회사를 쉬었습니다. | 11

2) 毎朝　8時に　うちを　出ます。
매일 아침 8시에 집을 나섭니다. | 13

3) 京都で　電車を　降ります。
교토에서 전철를 내립니다. | 16

C : 1) 毎朝　公園を　散歩します。
매일 아침 공원을 산책합니다. | 13

2) あの　信号を　渡って　ください。
저 신호등을 건너 주세요. | 23

3) この　道を　まっすぐ　行くと、駅が
あります。
이 길을 곧장 가면, 역이 있습니다. | 23

5. 〔が〕～이/가, ～을/를

A : 1) わたしは　イタリア料理が　好きです。
나는 이탈리아 요리를 좋아합니다. | 9

2) ミラーさんは　料理が　上手です。
밀러 씨는 요리를 잘합니다. | 9

3) わたしは　日本語が　少し　わかります。
나는 일본어를 조금 압니다. | 9

4) 細かい　お金が　ありますか。
잔돈이 있습니까? | 9

5) わたしは　子どもが　2人　います。
나는 아이가 두 명 있습니다. | 11

6) わたしは　パソコンが　欲しいです。
나는 컴퓨터가 갖고 싶습니다. | 13

7) スキーが　できますか。
스키를 탈 수 있습니까? | 18

8) ビザが　要りますか。
비자가 필요합니까? | 20

B : 1) あそこに　男の　人が　います。
저기에 남자가 있습니다. | 10

2) 机の　上に　写真が　あります。
책상 위에 사진이 있습니다. | 10

3) 来月　京都で　お祭りが　あります。
다음 달 교토에서 축제가 있습니다. | 21

C : 1) 東京は　人が　多いです。
도쿄에는 사람이 많습니다. | 12

2) サントスさんは　背が　高いです。
산토스 씨는 키가 큽니다. | 16

3) わたしは　のどが　痛いです。
나는 목이 아픕니다. | 17

D : 1) バスと　電車と　どちらが　速いですか。
버스와 전철 중 어느 쪽이 빠릅니까?
…電車の　ほうが　速いです。
전철이 빠릅니다. | 12

2) スポーツで　野球が　いちばん　おもし
ろいです。
스포츠 중에서 야구가 제일 재미있습니다. | 12

E : 1) 雨が　降って　います。
비가 내리고 있습니다. | 14

2) これに　触ると、水が　出ます。
이것을 만지면 물이 나옵니다. | 23

3) 音が　小さいです。 소리가 작습니다. | 23

F : 1) コンサートが　終わってから、食事に
行きます。
콘서트가 끝나고 나서, 식사하러 갑니다. | 16

2) 約束の　時間に　友達が　来なかったら、
どう　しますか。
약속 시간에 친구가 안 오면 어떻게 합니까? | 25

3) 妻が　病気の　とき、会社を　休みます。
아내가 아플 때, 회사를 쉽니다. | 23

4) カリナさんが　かいた　絵は　どれですか。
카리나 씨가 그린 그림은 어느 것입니까? | 22

G : 1) 佐藤さんが　ワインを　くれました。
사토 씨가 와인을 주었습니다. | 24

2) だれが　お金を　払って　くれましたか。
누가 돈을 지불해 주었습니까? | 24

6. 〔に〕～에, ～에게서, ～을/를, ～하러

A : 1) わたしは　朝　6時に　起きます。
나는 아침 6시에 일어납니다. | 4

2) 3月25日に　日本へ　来ました。
3월 25일에 일본에 왔습니다. | 5

B : 1) わたしは　木村さんに　花を　あげまし
た。 나는 기무라 씨에게 꽃을 주었습니다. | 7

2) 家族と　友達に　クリスマスカードを
書きます。
가족과 친구에게 크리스마스 카드를 씁니다. | 7

C : 1) わたしは　サントスさんに　お土産を
もらいました。 | 7

나는 산토스 씨에게서 선물을 받았습니다.

2) わたしは　会社の　人に　本を　借りました。　나는 회사 사람에게서 책을 빌렸습니다. 〔7〕

D: 1) 机の　上に　写真が　あります。　〔10〕
책상 위에 사진이 있습니다.

2) 家族は　ニューヨークに　います。　〔10〕
가족은 뉴욕에 있습니다.

3) マリアさんは　大阪に　住んで　います。　〔15〕
마리아 씨는 오사카에 살고 있습니다.

E: 1) あした　友達に　会います。　〔6〕
내일 친구를 만납니다.

2) もう　日本の　生活に　慣れましたか。　〔8〕
이제 일본생활에 익숙해졌습니까?

3) あの　喫茶店に　入りましょう。　〔13〕
저 찻집에 들어갑시다.

4) ここに　座って　ください。　〔15〕
여기에 앉아 주세요.

5) 梅田から　電車に　乗ります。　〔16〕
우메다에서 전철을 탑니다.

6) ここに　名前を　書いて　ください。　〔14〕
여기에 이름을 써 주십시오.

7) これに　触ると、水が　出ます。　〔23〕
이것을 만지면 물이 나옵니다.

F: 1週間に　1回　テニスを　します。　〔11〕
1주일에 한 번 테니스를 칩니다.

G: 1) 日本へ　経済の　勉強に　来ました。　〔13〕
일본에 경제 공부를 하러 왔습니다.

2) 京都へ　花見に　行きます。　〔13〕
교토에 꽃구경을 하러 갑니다.

H: テレサちゃんは　10歳に　なりました。　〔19〕
테레사는 10살이 되었습니다.

7. 〔へ〕　～에, ～으로

1) 友達と　京都へ　行きます。　〔5〕
친구와 교토에 갑니다.

2) フランスへ　料理を　習いに　行きます。　〔13〕
프랑스에 요리를 배우러 갑니다.

3) あの　信号を　右へ　曲がって　ください。　〔14〕
저 신호등에서 오른쪽으로 돌아 주십시오.

8. 〔で〕　～로, ～에서

A: 1) タクシーで　うちへ　帰ります。　〔5〕
택시로 집에 돌아갑니다.

2) ファックスで　資料を　送ります。　〔7〕
팩스로 자료를 보냅니다.

3) 日本語で　レポートを　書きますか。　〔7〕
일본어로 레포트를 씁니까?

B: 1) 駅で　新聞を　買います。　〔6〕
역에서 신문을 삽니다.

2) 7月に　京都で　お祭りが　あります。　〔21〕
7월에 교토에서 축제가 있습니다.

C: わたしは　1年で　夏が　いちばん　好きです。　〔12〕
나는 1년 중에서 여름이 가장 좋습니다.

9. 〔と〕　～와/과

A: 1) わたしは　家族と　日本へ　来ました。　〔5〕
나는 가족과 일본에 왔습니다.

2) 佐藤さんは　会議室で　部長と　話して　います。　〔14〕
사토 씨는 회의실에서 부장님과 이야기하고 있습니다.

B: 1) 休みは　土曜日と　日曜日です。　〔4〕
휴일은 토요일과 일요일입니다.

2) 本屋は　花屋と　スーパーの　間に　あります。　〔10〕
서점은 꽃가게와 슈퍼 사이에 있습니다.

3) サッカーと　野球と　どちらが　おもしろいですか。　〔12〕
축구와 야구 중에서 어느 쪽이 재미있습니까?

C: 1) あした　雨が　降ると　思います。　〔21〕
내일 비가 올 것 같습니다.

2) 首相は　来月　アメリカへ　行くと　言いました。　〔21〕
수상은 다음 달 미국에 간다고 말했습니다.

10. 〔や〕　～랑

箱の　中に　古い　手紙や　写真が　あります。　〔10〕
상자 안에 오래된 편지랑 사진이 있습니다.

11. 〔から〕〔まで〕　～부터/에서 ～까지

A: 1) わたしは　9時から　5時まで　働きます。　〔4〕
나는 9시부터 5시까지 일합니다.

2) 銀行は　9時から　3時までです。　〔4〕
은행은 9시부터 3시까지입니다.

3) きのう　10時まで　働きました。　〔4〕
어제 10시까지 일했습니다.

B : 1) チリソースは 下から 2段目です。 〔10〕
칠리소스는 밑에서 두 번째 단입니다.

2) わたしの 国から 日本まで 飛行機で 4時間 かかります。 〔11〕
우리나라에서 일본까지 비행기로 4시간 걸립니다.

3) 駅まで 迎えに 行きましょうか。 〔14〕
역까지 마중 갈까요?

12. 〔までに〕 ~까지, ~안으로
土曜日までに 本を 返さなければ なりません。 〔17〕
토요일까지 책을 반납하지 않으면 안 됩니다. (반납해야 합니다)

13. 〔より〕 ~보다
中国は 日本より 大きいです。 〔12〕
중국은 일본보다 큽니다.

14. 〔でも〕 ~라도
ちょっと ビールでも 飲みませんか。 〔21〕
맥주라도 좀 마시지 않겠습니까?

15. 〔か〕 ~까?
A : 1) サントスさんは ブラジル人ですか。 〔1〕
산토스 씨는 브라질인 입니까?

2) それは シャープペンシルですか、ボールペンですか。 〔2〕
그것은 샤프입니까, 볼펜입니까?

3) いっしょに 映画を 見ませんか。 〔6〕
함께 영화를 보지 않겠습니까?

B : すみません。ユニューヤ・ストアは どこですか。 실례합니다. 유뉴야 스토어는 어디입니까?
… ユニューヤ・ストアですか。あの ビルの 中です。 〔10〕
유뉴야 스토어말입니까. 저 빌딩의 안입니다.

C : この 傘は あなたのですか。
이 우산은 당신의 것입니까?
… いいえ、違います。シュミットさんのです。 아니요, 아닙니다. 슈미트 씨의 것입니다.
そうですか。 그렇습니까. 〔2〕

16. 〔ね〕 ~네요, ~죠?
1) きのうも 12時まで 勉強しました。
어제도 12시까지 공부했습니다.
… 大変ですね。 고생 많으시네요. 〔4〕

2) その スプーン、すてきですね。 〔7〕
그 스푼 멋지네요

3) えーと、871の6813です。 음~, 871의 6813입니다.
…871の6813ですね。 〔4〕
871의 6813이죠?

4) あそこに 男の 人が いますね。あの 人は だれですか。 〔10〕
저기에 남자가 있네요. 저 사람은 누구입니까?

17. 〔よ〕 ~에요
この 電車は 甲子園へ 行きますか。
이 전철은 고시엔에 갑니까?
… いいえ。次の 「普通」ですよ。 〔5〕
아니요, 다음의 보통열차예요(다음에 오는 보통 열차가 고시엔에 갑니다)

필수 활용형

1. 〔ます형〕
- ます형+ませんか ~하지 않겠습니까?
  いっしょに お茶を 飲みませんか。 〔6〕
  함께 차를 마시지 않겠습니까?

- ます형+ましょう ~합시다
  5時に 会いましょう。 5시에 만납시다. 〔6〕

- ます형+たいです ~하고 싶습니다
  わたしは カメラを 買いたいです。 〔13〕
  나는 카메라를 사고 싶습니다.

- ます형+に 行きます ~하러 갑니다
  わたしは 映画を 見に 行きます。 〔13〕
  나는 영화를 보러 갑니다.

- ます형+ましょうか ~할까요?
  タクシーを 呼びましょうか。 〔14〕
  택시를 부를까요?

2. 〔て형〕
- て형+ください ~해 주십시오

すみませんが、ボールペンを 貸して くださ
い。미안합니다만, 볼펜을 빌려 주십시오.　⑭

●て形+います ～하고 있습니다
佐藤さんは 今 ミラーさんと 話して
います。　⑭
사토 씨는 지금 밀러 씨와 이야기하고 있습니다.
マリアさんは 大阪に 住んで います。
마리아 씨는 오사카에 살고 있습니다.　⑮

●て形+も いいです ～해도 됩니다
たばこを 吸っても いいですか。　⑮
담배를 피워도 됩니까?

●て形+は いけません ～해서는 안 됩니다
美術館で 写真を 撮っては いけません。
미술관에서 사진을 찍어서는 안 됩니다.　⑮

●て形+から ～하고 나서
仕事が 終わってから、泳ぎに 行きます。
일이 끝나고 나서, 수영하러 갑니다.　⑯

●て形、て形 ～하고 ～하고
朝 ジョギングを して、シャワーを 浴びて、
会社へ 行きます。　⑯
아침에 조깅을 하고 샤워를 하고 회사에 갑니다.

●て形+あげます (내가 남에게) ～해 줍니다
ミラーさんに CDを 貸して あげます。
밀러 씨에게 CD를 빌려 줍니다.　㉔

●て形+もらいます ～해 받습니다
佐藤さんに 大阪城へ 連れて 行って
もらいました。　㉔
사토 씨에게 오사카성에 데려가 받았습니다.(사토 씨
가 오사카성에 데려가 주었습니다)

●て形+くれます (남이 나에게) ～해 줍니다
山田さんが 車で 送って くれました。
야마다 씨가 차로 바래다 주었습니다.　㉔

3. 〔ない形〕

●ない形+ないで ください ～하지 마세요
ここで 写真を 撮らないで ください。
여기서 사진을 찍지 마세요.　⑰

●ない形+なければ なりません ～해야 합니다
パスポートを 見せなければ なりません。
여권을 보여주지 않으면 안 됩니다. (보여줘야 합니다)
　⑰

●ない形+なくても いいです ～하지 않아도 됩니다
靴を 脱がなくても いいです。　⑰
구두를 벗지 않아도 됩니다.

4. 〔사전형〕

●사전형+ことが できます ～할 수 있습니다
わたしは ピアノを 弾く ことが できます。
나는 피아노를 칠 수 있습니다.　⑱

●사전형+ことです ～하는 것입니다
趣味は 映画を 見る ことです。　⑱
취미는 영화를 보는 것입니다.

●사전형+まえに ～하기 전에
寝る まえに、本を 読みます。　⑱
자기 전에 책을 읽습니다.

●사전형+と ～하면
右へ 曲がると、郵便局が あります。
오른쪽으로 돌면, 우체국이 있습니다.　㉔

5. 〔た形〕

●た形+ことが あります ～한 적이 있습니다
北海道へ 行った ことが あります。
홋카이도에 간 적이 있습니다.　⑲

●た形+たり、た形+たり します
～하거나 ～하거나 합니다
休みの 日は テニスを したり、散歩に
行ったり します。　⑲
휴일에는 테니스를 치기도 하고, 산책하러 가기도 합니다.

6. 〔보통형〕

●보통형+と 思います 　～인 것 같습니다,
　　　　　　　　　　　　～라고 생각합니다
ミラーさんは もう 帰ったと 思います。
밀러 씨는 벌써 돌아간 것 같습니다.　㉑
日本は 物価が 高いと 思います。　㉑
일본은 물가가 비싸다고 생각합니다.
家族が いちばん 大切だと 思います。
가족이 가장 소중하다고 생각합니다.　㉑

●보통형+と いいます ～라고 (말)합니다
兄は 10時までに 帰ると 言いました。
형은 10시까지 돌아오겠다고 했습니다.　㉑

●동사
い형용사 ┐ 보통형+でしょう ~지요?
な형용사 ┘

あしたの パーティーに 行くでしょう?
내일 파티에 가죠?　　21

朝の ラッシュは すごいでしょう?　21
아침 러시아워는 굉장하지요?

パソコンは 便利でしょう?　21
컴퓨터는 편리하죠?

●명사+でしょう? ~지요?
彼はアメリカ人でしょう? 그는 미국인이죠? 21

●동사보통형의 명사수식
これは わたしが 作った ケーキです。
이것은 내가 만든 케이크입니다.　　22

7. 동사 보통형
い형용사 ┐
な형용사+な ├ とき、~할 때
명사+の ┘

新聞を 読む とき、眼鏡を かけます。
신문을 읽을 때, 안경을 씁니다.　　23

眠い とき、コーヒーを 飲みます。　23
졸릴 때, 커피를 마십니다.

暇な とき、ビデオを 見ます。　23
한가할 때, 비디오를 봅니다.

雨の とき、タクシーに 乗ります。　23
비가 올 때, 택시를 탑니다.

8. 보통형 과거+ら ~하면

パソコンが あったら、便利です。　25
컴퓨터가 있으면, 편리합니다.

パソコンが 安かったら、買います。　25
컴퓨터가 싸면 사겠습니다.

使い方が 簡単だったら、買います。　25
사용법이 간단하면 사겠습니다.

いい天気だったら、散歩します。　25
날씨가 좋으면 산책을 하겠습니다.

9. 동사 て형
い형용사 어간+くて ┐
な형용사 어간+で ├ も ~해도, ~라도
명사+で ┘

辞書を 見ても、意味が わかりません。
사전을 봐도 의미를 모르겠습니다.　　25

パソコンが 安くても、買いません。　25
컴퓨터가 싸더라도 사지 않습니다.

嫌いでも、食べなければ なりません。　25
싫더라도 먹어야 합니다.

彼は 日曜日でも、働きます。　25
그는 일요일에도 일합니다.

표현이 풍부해지는 부사 표현

1.

●みんな 모두
外国人の 先生は みんな アメリカ人です。
외국인 선생님은 모두 미국인입니다.　11

●ぜんぶ 전부
宿題は 全部 終わりました。　24
숙제는 전부 끝났습니다.

●たくさん 많이
仕事が たくさん あります。　9
일이 많이 있습니다.

●とても 아주, 매우
ペキンは とても 寒いです。　8
베이징은 아주 춥습니다.

●よく 자주, 잘
ワンさんは 英語が よく わかります。
왕 씨는 영어를 잘 압니다.　9

●だいたい 대체로, 대충
テレサちゃんは ひらがなが だいたい
わかります。　9
테레사는 히라가나를 대충 압니다.

●すこし 조금
マリアさんは かたかなが 少し わかります。
마리아 씨는 가타카나를 조금 압니다.　9

●ちょっと 잠깐
ちょっと 休みましょう。 잠깐 쉽시다.　6

●もう すこし 조금 더
もう 少し 小さいのは ありませんか。

조금 더 작은 것은 없습니까?　14

● もう 더
　もう　1枚　コピーを　して　ください。
　한 장 더 복사해 주십시오.　14

● ずっと 훨씬
　東京は　ニューヨークより　ずっと　人が
　多いです。
　도쿄는 뉴욕보다 훨씬 사람이 많습니다.　12

● いちばん 가장, 제일
　日本料理で　てんぷらが　いちばん　好きです。
　일본요리 중에서 튀김을 가장 좋아합니다.　12
　ノートは　あの　棚の　いちばん　上です。
　노트는 저 선반 제일 위입니다.　10

2.

● いつも 항상
　いつも　大学の　食堂で　昼ごはんを　食べ
　ます。　항상 대학 식당에서 점심을 먹습니다.　6

● ときどき 때때로
　時々　レストランで　ごはんを　食べます。
　때때로 레스토랑에서 식사를 합니다.　6

● はじめて 처음으로(경험상)
　きのう　初めて　おすしを　食べました。
　어제 처음으로 초밥을 먹었습니다.　12

● また 또
　また　あした　来て　ください。　14
　내일 또 오십시오.

● もう いちど 한번 더
　もう　一度　お願いします。　11
　한 번 더 부탁합니다.

3.

● いま 지금
　今　2時10分です。　지금 2시 10분입니다.　4

● すぐ 바로, 당장
　すぐ　レポートを　送って　ください。
　바로 레포트를 보내 주십시오.　14

● もう 벌써
　もう　新幹線の　切符を　買いました。　7

벌써 신칸센 티켓을 샀습니다.
　もう　8時ですね。벌써 8시군요.　8

● まだ 아직
　もう　昼ごはんを　食べましたか。
　벌써 점심을 먹었습니까?
　… いいえ、まだです。아니요, 아직입니다.　7

● これから 이제부터, 앞으로
　これから　昼ごはんを　食べます。
　이제부터 점심을 먹습니다.　7

● そろそろ 슬슬
　そろそろ　失礼します。
　슬슬 실례하겠습니다.　8

● あとで 나중에
　また　あとで　来ます。
　나중에 또 오겠습니다.　14

● さいきん 최근
　最近　日本は　サッカーが　強く
　なりました。　21
　최근 일본은 축구가 강해졌습니다.

4.

● まず 우선
　まず　この　ボタンを　押して　ください。
　우선 이 버튼을 눌러 주십시오.　16

● つぎに 다음에
　次に　カードを　入れて　ください。　16
　다음에 카드를 넣어 주십시오.

5.

● じぶんで 스스로
　パーティーの　料理は　全部　自分で　作
　りました。　24
　파티 요리는 전부 스스로 만들었습니다.

● ひとりで 혼자서
　一人で　病院へ　行きます。　5
　혼자서 병원에 갑니다.

● いっしょに 함께
　いっしょに　ビールを　飲みませんか。　6
　함께 맥주를 마시지 않겠습니까?

● べつべつに 따로따로
別々に お願いします。
따로 따로 부탁합니다. 13

● ぜんぶで 전부해서
全部で 500円です。 전부해서 500엔입니다 11

● はやく 빨리, 일찍
早く うちへ 帰ります。 9
일찍 집에 돌아갑니다.

● ゆっくり 천천히, 푹
ゆっくり 話して ください。 14
천천히 이야기해 주십시오.

きょうは ゆっくり 休んで ください。
오늘은 푹 쉬십시오. 17

● だんだん 점점
これから だんだん 暑く なります。
이제부터 점점 더워집니다. 19

● まっすぐ 곧장
まっすぐ 行って ください。 14
곧장 가 주십시오.

6.

● あまり 그다지
その 辞書は あまり よくないです。 8
그 사전은 별로 좋지 않습니다.

● ぜんぜん 전혀
インドネシア語が 全然 わかりません。 9
인도네시아어를 전혀 모릅니다.

● なかなか 좀처럼
日本では なかなか 馬を 見る ことが
できません。 18
일본에서는 좀처럼 말을 볼 수 없습니다.

● いちども 한번도
一度も すしを 食べた ことが ありませ
ん。 한 번도 초밥을 먹어 본 적이 없습니다. 19

● ぜひ 꼭
ぜひ 北海道へ 行きたいです。 18
꼭 홋카이도에 가고 싶습니다.

● たぶん 아마
ミラーさんは たぶん 知らないと 思い
ます。

밀러 씨는 아마 모를거에요. 21

● きっと 분명, 필시
あしたは きっと いい 天気に なると
思います。 21
내일은 분명 날씨가 좋아질거라고 생각합니다.

● もし 만약
もし 1億円 あったら、会社を 作りたいです。
만약 1억엔이 있다면 회사를 만들고 싶습니다. 25

● いくら 아무리
いくら 安くても、グループ旅行が 嫌いです。
아무리 싸도 그룹여행을 싫어합니다. 25

7.

● とくに 특히
あの 映画で 特に お父さんが よかった
です。 그 영화에서 특히 아버님이 좋았습니다. 15

● じつは 실은
実は ダイエットを して います。 19
실은 다이어트를 하고 있습니다.

● ほんとうに 정말로
日本は 本当に 食べ物が 高いと 思い
ます。 일본은 정말 음식이 비싼 것 같습니다. 21

● もちろん 물론
試合は もちろん ブラジルが 勝つと
思います。 21
시합은 물론 브라질이 이길거라고 생각합니다.

문장을 잇는 중요 접속사

1.

● そして 그리고
東京の 地下鉄は きれいです。そして
便利です。 8
도쿄의 지하철은 깨끗합니다. 그리고 편리합니다.

● ～で ～하고
奈良は 静かで、きれいな 町です。 16
나라는 조용하고, 깨끗한 도시입니다.

●～くて ～하고
この パソコンは 軽くて、便利です。 16
이 컴퓨터는 가볍고, 편리합니다.

●それから 그리고
これ、速達で お願いします。それから
この 荷物も お願いします。 11
이거, 속달로 부탁합니다. 그리고 이 짐도 부탁합니다.

●～たり ～하거나
休みの 日は テニスを したり、散歩に
行ったり します。 19
휴일에는 테니스를 치기도 하고, 산책을 가기도 합니다.

●～が ～하지만
すみませんが、ボールペンを 貸して
ください。 14
미안합니다만, 볼펜을 빌려 주십시오.

2.

●それから 그리고 나서
日本語を 勉強しました。それから 映画を
見ました。 6
일본어를 공부했습니다. 그리고 나서 영화를 보았습니다.

●～てから ～하고 나서
コンサートが 終わってから、レストランで
食事しました。 16
콘서트가 끝나고 나서, 레스토랑에서 식사했습니다.

●～て、～て ～하고 ～하고
朝 ジョギングを して、シャワーを 浴びて、
会社へ 行きます。 16
아침에 조깅을 하고, 샤워를 하고 회사에 갑니다.

●～まえに ～하기 전에
寝る まえに、日記を 書きます。 18
자기 전에 일기를 씁니다.

●～とき ～때
図書館で 本を 借りる とき、カードが
要ります。 23
도서관에서 책을 빌릴 때, 카드가 필요합니다.

3.

●から ～하기 때문에
時間が ありませんから、どこも 行きません。
시간이 없기 때문에 아무데도 가지 않습니다. 9

●ですから 그래서
きょうは 妻の 誕生日です。ですから
早く 帰らなければ なりません。 17
오늘은 아내의 생일입니다. 그래서 빨리 집에 가야 합니다.

4.

●～が ～하지만
「七人の 侍」は 古いですが、おもしろい
映画です。 8
[7인의 사무라이]는 오래되었지만 재미있는 영화입니다.

●でも 하지만
旅行は おもしろかったです。でも、疲れ
ました。 12
여행은 재미있었습니다. 하지만 피곤합니다.

●しかし 그러나
ダンスは 体に いいですから、あしたか
ら 毎日 練習します。
댄스는 몸에 좋기 때문에, 내일부터 매일 연습합니다.
…しかし 無理な 練習は 体に よくな
いですよ。 19
그러나 무리한 연습은 몸에 좋지 않습니다.

5.

●じゃ 그럼
これは イタリアの ワインです。
이것은 이탈리아 와인입니다.
…じゃ、それを ください。 3
그럼, 그것을 주십시오.

●～と ～하면
この ボタンを 押すと、お釣りが 出ます。
이 버튼을 누르면, 거스름돈이 나옵니다. 23

●～たら ～하면
雨が 降ったら、出かけません。
비가 내리면 외출하지 않습니다. 25

6.

●～て(で)も ～해도
雨が 降っても、出かけます。 25
비가 와도 외출합니다.

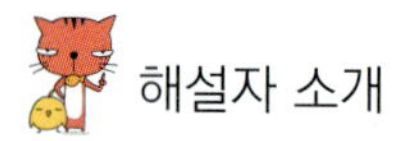 해설자 소개

장성숙

    한국외국어대학교 일본어과 졸업

    동 대학 대학원 석사과정 졸업, 박사과정 수료

    전 한국외국어대학교 일본어과 강사

조수진

    한국외국어대학교 일본어과 졸업

    동 대학 대학원 석사과정 졸업, 박사과정 수료

    전 한국외국어대학교 일본어과 강사

임성훈

    전 시사일본어학원 강사

일러스트

김문수 · 야하타 에미코

말하기집중트레이닝/일본어 제대로 말문트기!!

민나노 독학일본어 공부 초급완성코스

초판발행	2008년 1월 25일
1판 11쇄	2024년 9월 15일
저자	スリーエーネットワーク
해설	조수진 · 장성숙 · 임성훈
책임 편집	조은형, 김성은, 오은정, 무라야마 토시오
펴낸이	엄태상
콘텐츠 제작	김선웅, 장형진
마케팅	이승욱, 왕성석, 노원준, 조성민, 이선민
경영기획	조성근, 최성훈, 김다미, 최수진, 오희연
물류	정종진, 윤덕현, 신승진, 구윤주
펴낸곳	시사일본어사(시사북스)
주소	서울시 종로구 자하문로 300 시사빌딩
주문 및 교재 문의	1588-1582
팩스	0502-989-9592
홈페이지	www.sisabooks.com
이메일	book_japanese@sisadream.com
등록일자	1977년 12월 24일
등록번호	제 300-2014-92호

ⓒ 1998 by 3A Corporation

ISBN 978-89-402-0704-8 18730

    978-89-402-0702-4 18730 (set)